失われた〈心の眼〉

——人間の自然とベルクソン

田中智志

TANAKA Satoshi

一藝社

はしがき

本書は、当初、自己創出の支援としての教育概念を敷衍する内容になるはずであった。「自己創出」の原語である「オートポイエーシス」は、ニクラス・ルーマンが用いたことで広く知られるようになったが、もともとウンベルト・マトゥラーナとフランシスコ・ヴァレラの著作『知恵の樹』で用いられた言葉である。私は、この言葉を教育学の基礎概念として再構成しようと試み、「自己創出」という訳語をあてた。当初、この自己創出概念を敷衍するために、ヨーロッパの古いキリスト教思想を援用しようと考えていた。

しかし、古いキリスト教思想で語られていたフマニタス（人間性）、ナートゥーラ・フーマーナ（人間の自然）の含意を確認しているうちに、しだいにそれらが主題になっていった。私は、これらの概念を、有用性・公正性・平準性などの現代の通念を越えて、自己創出が体現すべきベクトルとして描こう、と思うようになった。現代の通念としての教育は、実利・順応・学力といった「強さの力」に傾き、人間の形成を目指していないようであるが、古い人間の概念は、そうした時代の風潮・趨勢を越えて、さまざまな意味・価値を語る土台としての、古くて新しい人間の概念として語りなおすことができる、と。

こうして、本書の主題は、ヨーロッパの古いキリスト教思想の人間概念に立ちかえることで、現代の人間概念を豊穣化し反時代的なものにずらすこと、そうすることで一人ひとりの自己創出の営みを方向づける台座ないし下地（marge）を設え、あらたに選択し思考する可能性を広げることに、変わっていった。本書でいう自己創出は、おのずから・みずから固有特異に〈よりよく〉創始することを意味している。みずからの営みの源泉は自己と述定可能であるが、おのずからの源泉は述定不能である。この「おのずから」は、古いキリスト教思想において「アニマ」「アニムス」「知性」「霊性」と呼ばれた概念に見いだされる。

本書で取りあげられる古いキリスト教思想は、限られている。アウグスティヌス、トマス・アクィナス、エックハルト、エラスムス、スピノザである。彼らを取りあげたのは、彼らが神の語りにくさに挑みつづけていたように思われたからである。そのスタンスを象徴する概念が、アウグスティヌスの「心の眼」、トマスの「神を見る」、エックハルトの「魂の根底」、エラスムスの「アニマ」、スピノザの「アニムス」である。これらの概念は、一つの類縁的な特徴をもっている。それは、認識の先導性であり、実存の生動性である。この先導性と生動性は、理解から区別される知性（インテレクトゥス）に見いだされる力動でもあれば、知覚から区別される感覚（情感センスス）に見いだされる力動でもある。

こうした古いキリスト教思想で語られるフマニタスと深くかかわる概念が、フミリタスである。神を宗教のなかに封じこめる時代は、このフミリタスを看過しがちである。フミリタス、すなわち無条件に他者を下支えすることは、鷲田清一に代表される臨床哲学が説得的に語ってきた「弱さの力」、すなわち弱さから多様で豊穣な力が湧出するという逆理をふくんでいる。この弱さの力の淵源は、キリスト教思想をさかのぼれば、神へのフミリタスを語ったパウロにいたるが、この概念は、神の宗教内概念化によって、また強さの力を求め、根づくものを軽んじる時代風潮によって、訴求力を大きく失っているように見える。しかし、そうした世界においてこそ「弱さの力」は、くりかえし語られるであろう。

ベルクソンの生命論は、ここで取りあげた古いキリスト教思想に一つの通奏低音を見いだすうえでも、また宗教内概念としての神に替わる超越性概念を構想するうえでも、示唆的である。ベルクソンの神へのスタンスは、カントのそれとちがい、共振的という意味で実在的である。ベルクソンの神は、心が生動化され、先導されるところに見いだされる形なき象りである。彼にとって、それは、無条件の愛としての慈愛であった。ここで取りあげた古いキリスト教思想は、ベクトルの生命論を理解するための不可欠な文脈であり、また人間と自然の関係をとらえなおす契機にもなろう。

目次

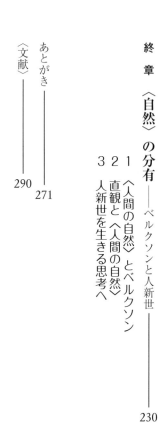

〈凡例〉

・引用文献の書誌は、各章末に〈文献〉としてまとめて記載した。
・挙示している邦訳書は、私がふだん参照しているものを挙げているだけで、網羅的ではない。
・引用文献の指示は、著者名・出版年、ないし略号、記載ページないし章・節などの番号で行った。
・本文中の引用箇所を示す丸括弧内のスラッシュのあとは邦訳書のページである。また、略号、章・節の表記の仕方は、〈文献〉の各文献に記している。
・引用文内の［］で括られた言葉は、引用者の補足であり、……は、引用者による省略である。
・注は、アスタリスク（*、**）を付けて指示し、各節の末尾に置いている。
・外国人名は、初出にかぎり、原綴り、生没年を記載し、二回め以降は、必要に応じて、原綴りのみを記している。
・訳語については、恐縮ながら、私の勝手な訳語がしばしば使われている。たとえば「魂」と訳されてきた anima は「アニマ」と表記し、同じく「魂」と訳されがちな animus も「アニムス」と表記している。また「精神」と訳されてきた mens は「心」と訳し、Geist は「精神」と訳し、âme は「魂」と訳している。humanitas は「人間性（フマニタス）」、humanus は「人間の」、homo は「人（人間）」と訳している。
・〈自然〉と表記するものは、「じねん」の意味である。また、存在論的な意味で用いる場合、「存在」と括弧付きで表記している。「本性」は、ingenia の訳語として用い、natura には充てない。
・ギリシア語の表記は、ギリシア文字ではなく、アルファベットで行った。

序章 〈心の眼〉と人間性
――ベルクソンの方へ

Eyes of Mind and Humanity : Toward Henri Bergson

〈概要〉序章においては、古いキリスト教思想で用いられた「**心の眼**」（「**心の鏡**」）という概念が敷衍される。語りえないが語られるべきこととして、**鷲田清一**が語った**ホスピタリティ**、**ヴァルネラビリティ**、「**弱さのちから**」がある。それらは、古いラテン語の**フミリタス**、**フマニタス**に通じている。それらはまた、**ハイデガー**のいう「**聴従する**」、**アーレント**のいう「**共生する**」にも通じている。それらに共通する特徴を「**支援**」と呼ぶなら、この営みは、古来、キリスト教思想で語られた「**知性**」（インテレクトゥス）の内容、すなわち「**知解する**」ことである。この知解という営みは、しばしば「心の眼」と重ねられてきた。この「心の眼」に映しだされるものは「**神の像**」であるが、それは先導性をふくむ「**存在**」である。この「神の像」による**メタノイア**（思考創生）は、「**自己形成**」「人間形成」という考え方の思想史的源泉である。このメタノイアは、**ベルクソン**を踏まえつつ、それが前提にしているキリスト教的な「神の像」が存在論的な**未然の超越性**にずらされるときに、より開かれた概念になるはずであり、また**人間性**をとらえなおすことになるはずである。

1　おのずから聴く

「欲望」とは無関係な希み

「対話」という言葉は、沈黙の対極にある状態を意味しているが、情況によっては、沈黙のなかでも、「対話」といえる状態が、生じる。たとえば、大切なだれかと、黙ったまま一緒に浜辺を歩いているときに、また「阿吽の呼吸」といわれるような、視線だけで意思が疎通するときに、発話なき対話が、生じる（場合がある）。のちに取りあげる中世の思想家エックハルト（Meister Eckhart 1260?-1328?）は、「沈黙する者は、応答し……心は、声をともなうことなく、語りかける」と述べている（LW 4, S. 46: 391-2 [pr. 473]）。大切なだれかとただ一緒にすごすこと、ただともに在ることにふくまれる発話なき対話は、とても重要なことに思われるが、なぜ重要なのか、と問われると、答えに窮してしまう。おそらく発話なき対話は、通常の言葉では語りえない営みなのだろう。

こうした語りえないことを語ることは、形式論理学において「パラドクス」と呼ばれる。このパラドクスがなぜ生じるのか、といえば、語りえないことに向かうというベクトルがあるからである。どこにあるのか。おそらく自分の心のなかにあるのだろう。この心のなかにあるベクトルは、自分を先導するがゆえに、自分を迷わせる希み、といえるだろう。この希みは、いわゆる「欲望」とは無関係である。この希みは、たとえば、現代社会でよく見られる「購買欲」「達成欲」「利益追求」「承認欲求」などとは、異質な希求である。それは、語りえないが語るべきであるという想い、とにかく大切であるという想いである。

語りえないが語るべきことは、発話なき対話だけではない。たとえば、鷲田清一の臨床哲学、とりわけ『「聴く」ことの力』（鷲田 1999）で語られている「ホスピタリティ」は、この語りえないが語るべきことである、といえるだろう。ホスピタリティは、得体の知れない異邦人を迎え入れ、無心に気遣う「歓待」である（鷲田 1999 : 236）。このホスピタリティは、いわゆる「能力」（ability/capacity）の現れではない。いわゆる「能力」は、欲望し意図し操作する「私」という自己を主体とするが、ホスピタリティのような無心の気遣いは、そうする人を自分の自己から逸脱させるからである。いいかえれば、ホスピタリティは、人を自己（エゴ）のもとではなく、自分がかかわる「他者」（アリウス）のもとに置くからである。

ホスピタリティのように、意図や思惑抜きで他者を気遣うことは、たとえば、ブーバー（Martin Buber 1878-1965）が語る「出会い」（Begegnung）や「相互性」（Mutualität）の本質である。どちらも、「顔」と「顔」を合わせる対面の関係であり、心の受容性かつ喚起性が、不可欠である（MBW I, ID）。自己抜きで他者を気遣うことはまた、鷲田もふれているように、レヴィナス（Emmanuel Lévinas 1906-95）が一九七八年の『存在の彼方へ』で語っている「ヴァルネラビリテ／ヴァルネラビリティ」（vulnérabilité/vulnerability）に通じている（Lévinas 2013: 93; 鷲田 1999 : 152-5）。英語の「ヴァルネラビリティ」という言葉は、「可傷性（傷つきやすさ）」「脆弱性（ひ弱さ）」とも訳され、否定的に意味づけられることもあるが、少なくともレヴィナス、鷲田においては、それは、人の感受性、心の受容性、すなわち他者の傷みによっておのずから自分が傷むことであり、肯定的に意味づけられている。それは、いいかえれば、他者の傷みが、自分の言動への問い質しになり、相手に対し何もせずにはいられなくなること、何かをするように強く迫られることである。

ホスピタリティを支えるヴァルネラビリティ

ホスピタリティとヴァルネラビリティは、外的現象とその内的契機という関係にある、といえるだろう。すなわち自己抜きで他者を気遣うという、外に現れるホスピタリティの営みは、心の受容性という、内に潜むヴァルネラビリティの営みに支えられている、と。心が他者の傷みをおのずから受け容れてしまうということは、意図的に他者の感情を推測することではない。心の受容性としてのヴァルネラビリティは、教育・看護・介護に必要であるが、それらの通常の職務からずれている。通常の職務としての仕事は、相手に向かいつつも規則に従う行動であり、相手の具体的な生から隔たることを要するからである。鷲田は、こうした相手への不即不離と職務的対応を、「実存的」な生と「職業的」な生の交差と形容している（鷲田 1999: 246）。

したがって、ホスピタリティを支えるヴァルネラビリティは、私事化ないし私秘化されてしまうだろう。ヴァルネラビリティの私事化は、ヴァルネラビリティは大切な営みであるが、それを公共の場所、仕事の世界にもちこんではならない、と考えることである。なぜなら、公共の場所、仕事の世界には、かならず何らかの規則があるが、ヴァルネラビリティは、そうした規則を無視する行動に人を駆り立てるからである。そうした行動は、およそ援助、つまり人助けであるが、それでも、それらの行動は、ときに、社会秩序、業務命令、遂行手順を無視することになり、場合によっては、混乱を招いたり、嫉みを生みだしたりするからである。したがって、ヴァルネラビリティは、私人として、私的な場面で、発揮するべきである、と。

しかし、鷲田が論じているように、ヴァルネラビリティは、仏教で語られる「解脱」や「救済」へと高められうるだろう。端的にいえば、解脱は、「煩悩」（俗世の迷い・煩い）からの解放、すなわち意図し欲望する自己を解き、それから脱することで、他者の生を自分の生として生きるという「投影的な同一化」であり、救済は、「悟り」によって意図し欲望する自己に超越者を呼び込むことで、超越者と自分が一体化するという「併合的な同一化」である。どちらも、自分と他者・超越者の同一化であり、自分と他者・超越者の「間あい」を無化することである（鷲田 1999: 97-8）。仏教概念としての解脱や救済については、さまざまな議論があるらしいが、あまりにも不案内なので、これ以上、ふれないでおく。

フミリタスとフマニタスの重なり

ともあれ、こうした含意をもつホスピタリティを支えるヴァルネラビリティを、ヨーロッパのキリスト教思想に引きつけていえば、それは「フミリタス」（humilitas 支援・謙虚）に通じているが、それと同じではない。フミリタスは、自分本位の自己を放逐しないからである。というよりも、自分本位の自己は、どうやっても、放逐できない。放逐不可能な自分本位の自己を抱えながら、「私」がその自己を他者の下に置くことが、フミリタスである。したがって、フミリタスであるかぎり、「［私と］他者との関係は対称的な関係を構成しない」（鷲田 1999: 156）。「対等な個人と個人」という近代の平等概念は、フミリタスと無縁である。

鷲田は、このフミリタスを、私たちが体現するべき倫理規範として語っている。鷲田は「ひとはどこまでもじぶんの低さにとどまらなければならない」と述べているからである。なるほど、人は「他の人格を手段にできる」し、「自分を偽ることもできる」。「他者への想像力を失うこと」もある。人は、大切な人から捨てられたという辛い経験によって、ときとして、そのような思いあがり（傲慢・驕慢）に陥る。しかし、人は、そうした思いあがりの可能性をただ具現化するのではなく、そうした可能性をもつものという自覚をもちながら、「じぶんをいちばん下に置く」べきであると、鷲田は説いている（鷲田 1999: 256-7）。

どうすれば、人は「じぶんの低さ」にとどまり、フミリタスを体現できるのか。鷲田の答えは、明快で困難である。それは「ばかばかしいほど哀しいところに身を置」く経験によってである。「ばかばかしいほど哀しいところに身を置いたことのない人間に、本当にホスピタブルな心持ちなんてありうるのだろうか。ホスピタリティは希望の印ではなく、絶望の印だと、ちょっとひねて考えてみることもできるとおもう。どう考えても絶望するしかない、そういう事態から目を背けず、それを『認める』ところにしか、フムス（腐葉土）としての人間（ヒューマニティ）に可能なホスピタリティはないのではないかとおもう」（鷲田 1999: 257）。

こうした鷲田の言述には、フミリタスと「フマニタス」（humanitas 人間性）のつながりを見いだせる。なるほど、どのように高尚なことを語り行っていても、人は高慢・思いあがり（ヒュブリス〔hubris〕／スペルビア〔superbia〕）から逃れられない。たとえば、「自己賛美」「自己顕示」はもちろん、「自己卑下」「謙遜」すらも、高慢となりうる。自分を卑下する人間は、そうしながら、ときに（しばしば?）「私はつまらない人間です」と卑下する自分を、「つまらない人間」と卑下される自分の上位に、置いているからである。それは、自己卑下する自己が、そうする自分の倫理性を誇ることである。にもかかわらず、人は無心にフミリタスであろうとする（ことがある）。そのフミリタスへというフマニタスのベクトルは、何に由来するのだろうか。

〈弱さ〉の思想へ

フミリタス／フマニタスの重なりは、次章以降で確認するが、それらは、いわゆる「シンパシー」（共感）をはるかに超えていく営みである。いわゆる「シンパシー」は、意図し欲望する自己が、自分の趣向・意向、また「社会」の通念・常識に大きく重なる他者の心の動きに対していだく感情である。しかし、フミリタスは、そのような「シンパシーが届く地点ではなく、シンパシーが不可能な地点で、しかも〔その〕他者に手を差しのべること」である。いいかえれば、もはや「人間的」という形容詞が使えない人に対しても、なおフミリタス（自分を下に置くこと）によって、フマニタスを見いだそうとし続けることである。「『人間』でなくなるかもしれないひとに、それでも触れようとすること」である（鷲田 1999: 258）。

フミリタス／フマニタスは、古いキリスト教思想の二つの言葉、すなわち〈肉〉（サルクス〔sárx〕／カロ〔caro〕）と〈光〉（ポース〔phoos〕／ルーメン〔lumen〕）を借りていえば、〈肉〉のさまざまな可能性（能力）のただなかに見られる、〈肉〉を超える〈光〉の可能性である、といえるだろう。〈肉〉は、意図し欲望する自己を象徴する言葉であり、〈光〉は、そうした自己を超えて浴する超越性を暗示する言葉である。この逆理の思考は、いいかえれば、人を評価し利用するという通俗的可能性から逃れられないなかで、何とかして人を気遣い下支えしようとする可能性がある、と信じることである。それも、自己や「社会」を前提にしているふつうの生活のなかで。鷲田は「[私には]このような地点ではじめて、ひとのみすぼらしさ、ひとの〈弱さ〉が、思想にまで高められることになるような予感がある」と述べている（鷲田 1999: 258）。

鷲田は、その〈弱さ〉の思想を、のちに「〈弱さ〉のちから」として語っている（鷲田 2001）。〈弱さ〉は、声にならない助けを求める声を発する。それは、そこにいるだけで、私たちの多くが心を動かされ、「何かしなければ」と思ってしまう人の在りようである。したがって、この〈弱さ〉は、いわゆる「弱者」の「弱さ」ではない。むろん、いわゆる「弱者」がこの〈弱さ〉を体現していることも、多いだろう。しかし、「弱者」の「弱さ」は、経済的・社会的・身体的な「能力」を規準にした概念であり、ここでいう〈弱さ〉は、私とあなたの呼応の関係を前提にした概念である。あなたの〈弱さ〉が私の心を動かすことが、〈弱さ〉のちからである。たとえば、「介助」と呼ばれる営みは、他者を「『支える』という視点からだけでなく、[他者から]『力をもらう』という視点からも考える必要がある」。人は、「他者の存在の光景」に巻き込まれることで、自分のなかに眠っている、他人を助けるという自分の「力」を呼び覚ます（鷲田 2001: 190-2）。

この〈弱さ〉のちからは、とりわけ「臨床の場」で、すなわち他者が横たわる床に私が臨む場で、顕わになる。たとえば、生誕の床、病いの床、臨終の床で。そうした床に横たわるとき、人は、すべての社会的地位・評価から解放されて、人と知覚を超えてつながるからである。この他者とのつながりは「co-presence（たがいに傍らに居合わせること）」と形容されている。それは「他者を深く迎え入れること」であり、「〈わたし〉をほどきあ」うことである。それを可能にするものが「感覚が消え入りそうなほど微弱な共振」、「ひりひりするような微弱な感受性」である（鷲田 2001: 196）。ちなみに、アメリカの教育学者のデューイ（John Dewey 1859-1952）が「依存」（dependence）という「力」（power）と形容したものも、この〈弱さ〉のちからである。それは、私が他者に依存でき、かつ他者が私に依存できることであり、協同性の基礎である相互支援を可能にする心の営みである（CW, mw. 9, DE: 49; 田中 2017）。さしあたり、〈弱さ〉のちからは、他者を動かし操る力ではなく、招き容れる力であり、制御する力ではなく、歓待する力である、と考えておこう。

聴従する思考と共生する思考

　フミリタスにつながる概念として、ハイデガー（Martin Heidegger 1889-1976）の「聴従する」（hören）にふれておこう。デューイと同時代を生きたハイデガーは、一九五三年の「技術への問い」において、「自由」（Freiheit）の名のもとに、人が「技術」（Thecnik）に執着し、「存在」（Sein）の自然版である「大地」（Erde）を客体として利用し操作していることを憂慮している。「人が自由になるのは、人がそれぞれの命運（Geschickes 未然のテロス）の領域に聴従し（gehören）、［自己・規範の］隷属者（Hörger）ではなく、［存在の呼び声の］聴従者（Hörender）になるときである」。「自由の本質は、根源的に考えるなら、意志ではなく、人の意志の因果性に配置されたものでもない」（GA 7, FT: 26/44）。にもかかわらず、「人は、大地の主人であるという尊大な態度をとっている」。したがって人は「自分の本質に、もはやけっして出会えない」（GA 7, FT: 28/48）。

　ハイデガーのいう「聴従する」は、「存在」に対するスタンスである。「『形而上学とは何か』の後記」で、ハイデガーは「思考は、存在の呼び声に聴従し（gehorsam der Stimme des Seins）、存在のために言葉を求め、その言葉から存在の真実が語られる」と述べている（GA 9, NWM: 311）。人が「存在」にいたる「命運」は、一人ひとりに固有である「テロス」（telos）であるが、このテロスも、本来、人が決定する「目的」「目標」

ではなく、それぞれの「終わりであるもの、完全であるもの」（Das Beendende, Vollendende）であり、「犠牲となりともに責を負う人（mitverschuldet）とともに責めを負う（verschuldet）」ことである（GA 7, FT: 11/16）。この「ともに責めを負う人」がイエスであると考えれば、わかりやすいが、だれであれ、「存在」に聴従しテロスに向かうことは、自分の「有益」「快適」「便利」などをただ追い求めていている（バウマンのいう）「リキッドモダンな生」に違和感を覚える人にとっては、忘却されているが、想起されるべきスタンスである。

ハイデガーの「聴従する」は、ハイデガーと深くかかわってきたアレント（Hannah Arendt 1906-75）の「共生する」（live together）にいくらか通じている。アレントは、一九六三年の『イェルサレムのアイヒマン』のなかで、残酷さを嫌いつつも殺人を厭わなかったナチス・ドイツの戦犯アイヒマン（Adolf Otto Eichmann）の「所与の性状」（predisposed）を「無思想性」（thoughtlessness）と形容している（HA, JE: 287-8/221）。アレントは、また二〇〇三年に編まれた『責任と判断』のなかで、「無思想性」とは「人格（person）であることを拒絶する人間（human beings）」が示す性状である、と述べている（HA, RJ: 111）。一九七八年に編まれた『精神の生活』から引けば、「無思想性」の「思想」は「何らかのより深い層にある根源や動因に由来する」ものである（HA, LMI: 4）。アレントにとって、この「思想」が「人間」が「人格」であるための必須要件である。

アレントは、この「思想」が由来する「根源や動因」を「自分自身」（oneself）と形容している。アレントは、『責任と判断』において、人が殺人を犯さないのは、「汝、殺すなかれ」という聖書の教えを墨守しているからではなく、「殺人者である自分と共生する（live together）ことができない［と判断している］からである」と述べ、この判断をもたらすのは、「知性」でも「道徳規範」でもなく、「自分自身（oneself）と顕在的に共生するという性状（disposition）、自分自身と交わるというそれ、つまり自分と自分自身の沈黙の対話（dialogue）をつづけるというそれである」と述べている。それは「ソクラテス、プラトン以来、思考する（thinking）と呼ばれてきた営みである」と（HA, RJ: 44）。そこでアレントは、ソクラテス、プラトンの名を挙げているが、この「自分自身」は、アウグスティヌス（Aurelius Augustinus　354-430）のいう「内なる人」（homo interior）である、とも考えられる（AA, C: 10. 6. 9）（この「内なる人」については、第2章であらためて取りあげる）。

ハイデガーの「存在」の呼び声に聴従することと、アレントの「自分自身」と対話し共生することは、まったく同じではないが、どちらも、いわゆる自己を越えて、〈よりよく〉生きようとするという意志的な営みである。さしあたり、こうした、鷲田の〈弱さ〉のちから、ハイデガーの聴従すること、アレントの共生することといった、自己を超越し、他者を下から支え援ける営みを、端的に「支援」と呼ぶとすれば、この支援の起源が、次章以降で思想史的に敷衍するフマニタス、フミリタスの中核である。

おのずからの営みとこの世性

この支援は、おのずからの営みである。おのずからの営みをあれこれ意図的に試みることは、はじめから破綻している。意図する試みは、おのずからではないという意味で、目的手段関係に落とし込まれている。つまり、おのずからの営みは方法化しえない。おのずからの営みはただ生じ、人は思わず引き込まれる。いつ・どのように・だれになど、わからない。啓示が予見も予期もないままに、唐突に到来するように。だからこそ、人は、その瞬間を繰りかえし語ろうとする。その言説実践は、あるとき、唐突に自分に襲いかかる命令に驚き、それがどのように生じたのか、なんとか知ろうとする試みである。なお、「聴従」の「聴く」は「聞く」よりも意志に傾く営みを指す言葉であるが、のちに確認するように、ヨーロッパのキリスト教思想史においては、「意志」（voluntas）は「意図」（intentio）とかならずしも同じではない。意図は、およそ自己「意識」を前提としているが、意志は、かならずしも自己「意識」を前提としていない。

思うに、〈弱さ〉のちから、聴従・共生にふくまれる支援は、「神秘的」に見えるかもしれない。それは、おそらく「アニマ（アニムス）」ないし「コナトゥス」のようなもの、「力への意志」のようなもの、つまり語りえない・見えない力動性が、「私」のなかに激しく渦巻いていて、それが、あるとき、唐突に意味・価値、自己・社会、規約・制度を無視し表出すること、といえるだろう。「私」があっけにとられているそのとき、たとえば、おのずから声が聴こえてくることであり、おのずから像が見えてくることである。おそらく、はるか昔、サウロ（改名するまえのパウロの名前）が経験したといわれる「眼からうろこが落ちるような」現象は、こうしたおのずからの声・像の出来であった、と思われる。私が論じたいことの一つは、こうしたおのずからの営みが、存在論的認識である、ということである。

この、存在論的に認識される支援は、またこの世界で生きながらこの世界を超えること、すなわちこの世界を変革するためにこの世界で生きることに、つながっている。その生の様態は、金子晴勇の『キリスト教霊性思想史』に触発されていえば（金子 2012: 524-5）、ヒトラー暗殺計画に関与し処刑された神学者ボンヘッファー（Dietrich Bonhoeffer 1906-45）が「この世性」（Diesseitigkeit）と呼んだ生の様態である。ボンヘッファーは、獄中書簡集の『抵抗と信従』において「イエスは……ヨハネとちがい、人間であった」と述べ、「キリスト者も、同じく単純に人間である」と述べている。この人間イエスが体現したことが「この世性」である。それは「あの死と復活の認識がつねに現在的である」こと（DBW 8, WE: 431/260）、すなわちイエスの語り行ったことが、この世界のなかでこの世界を変革する活動であった、ということである。

「この世性」は、一九三七年の『服従』の言葉を引きつつ敷衍するなら、「自分の〈この世に対する異質性〉（Weltfremdheit）をすべて開示するために、この世のなかで自分の使命を生きること」である（DBW 4, N: 260/300）。それは、「人が自己から何かを創りだすことを断念して」生きることであり、「もはや自分の苦難など気にせず、この世界のなかであの神の苦難を真剣に考えること」である。端的にいえば、反時代的に生きること、通念に抗い生きること、たとえば、他者と「連帯」することである。しかし、ボンヘッファーにとって、この他者との連帯は、イエスという「仲保者」を必要としていた。「私たちを他の人から隔てている亀裂、克服しがたい隔たりを、自然な心理的結合によって克服しようとする試みは、すべて挫折する。人から人に直接につながる道などない。純粋な愛情に満ちた共感も、十全に考察された心理的技法も、もっとも自然である開放性も、他者に近づけない。キリストが、その［＝人と人の］間に立つ」（DBW 4, N: 91/90）。

　こうしたボンヘッファーの「この世性であれ」という呼びかけは、さかのぼれば、キェルケゴール（Søren Aabye Kierkegaard 1813-55）が、一八五一年の『自省のために、現代に勧める』のなかで、「イエスの言葉」を聴く人は、ただそれを聞く人ではなく、聴きつつみずからそれを遂行する人である、と論じたことに行き着くだろう（KSV 14, TSS: 78/46）。こうしたボンヘッファー、キェルケゴールのプラクシス（実際の対他応答活動）重視は、重要な考え方であると思われるが、本書の試みは、最終的にボンヘッファーのいう「仲保者」を棚上げしたかたちで、人と人の無媒介のつながりを具現化する「心」の営みを素描することである。その下準備として、次節で、「知性」というヨーロッパの古い概念の内容にふれておこう。

2　「心の眼」について

出来を知解する営み

支援（フミリタス）を知るためには、いわゆる知性ではない「知性」が必要である。この「知性」は、アウグスティヌス以来、「インテレクトゥス」(intellectus) と呼ばれ、そのはたらきは「インテレゲーレ」(intellegere) と呼ばれてきた。以下、「知性」と表記する場合、それは「インテレクトゥス」の訳語であり、「知解する」と表記する場合、それは「インテレゲーレ」の訳語である (インテレゲーレは「知性認識」とも訳されている)。アウグスティヌスにおいて、ふつうの言葉の意味を超える、「存在」(esse エッセ)、すなわち「まさに生き生きと生存し活動していること」を把握することが、知解することである。それは、トマス・アクィナス (Thomas Aquinas 1225-74) においても、同じである (第1章、第2章参照)。

現代社会においては、「ビッグデータ解析」「知識集積社会」といった言葉に象徴されるように、人が知るべきものは、およそ「知識」(knowledge/intelligence) という様態で占められている。そして「知識」のなかでも有用なそれをより多く有すること・使うこと・作ることが、広く求められている。その「知識」を作成する能力が、およそいわゆる「インテリジェンス」としての知性である。私たちの多くは、そうした知性が、基本的に感情・情感・心情などとは無縁である、と考えている。しかし、いくら有用な「知識」を産出し集積し記憶しても、それは知解することではない。それは「知識」が目的合理性のもとで形成されている命題の集合であり、知解される「存在」は、そうした目的合理性を超えている。

この古来の知性・知解は、たとえば、さきにふれたブーバーが一九二三年の『我と汝』で語っている「ふれること」(Berührung) にふくまれている。ブーバーは、私たちがだれかに「ふれる」ことは「……それぞれのあなたにふれること (Berührung) を通じて、永遠のいのちの息吹 (ein Hauch des ewigen Lebens) が、私たちにふれる (anrühren)」ことである、と述べている (MBW I, ID: 120)。「永遠のいのちの息吹」は、神が人に贈っているいのちであり、そうであると知ることは、知性の営みである。確認しておくなら、ブーバーの想定している神は、否定神学的な神である。すなわち「〜である」と肯定的に規定できないが、存在すると信じられている神である。フォイエルバッハ（Ludwig Feuerbach 1804-72）の言葉を引けば、「私たちが表象し思考する神」は「私たちに対し現象したものであり、神自体ではない」（LFW 2, GPZ: pr. 17）。

　ともあれ、人であれ、犬であれ、いのちあるものに「ふれる」とき、その脈動・温もり・呼吸などから、たんにいのちあるものが「生きている」と感じるだけでなく、神に由来する「息吹」（プネウマ）を知ることは、通俗的言説のなかで思考することではなく、キリスト教思想という言説のなかで知解することである。この知解する営みは、一七世紀から一八世紀において、デカルトやカントによって、「理性」（raison/Vernunft）が思考の基礎として高く宣揚され、「主体」（sujet/Subjekt）が「個人」の主観として広く流布することで、隠されていったが、いのちは、人が作りだしたものではない。それは、「贈られたもの」と考えるしかないだろう。すなわち、存在者は出現し消失するもの、吹いて去るもの、つまり「出来《しゅったい》」（eventus）である、と。

知性・アニマ・アニムス――交感・共振・共感情

　この「存在」を知解する営みは、何をめざしているのか。その答えが「至上の歓び」であるといえば、奇矯に聞こえるかもしれない。しかし、アウグスティヌス以来のヨーロッパ中世キリスト教思想において、人がめざすところは、神を知解すること、すべてを神の秩序のなかにおいて見ること、すなわち「観想する」（contemplari）という「至上の歓び」であった。アウグスティヌスは、『教師について』で「内奥の澄んだ眼で（simplici oculo）見る」ことを「観想によって知る」ことである、と述べている（AA, DMG: 12. 40）。トマスも、『異教徒論駁大全』（*Summa contra gentiles*）において「究極の至福」（ultima felicitas）は「神を観想すること（contemplatio Dei）にある」と述べている（TA, SCG: L. 3, Cap. 37）。一七世紀においても、カルメル会修道士トマス・デ・ヘスス（Tomas de Jesus 1564-1627）は、『神の観想』において「それ自体として単独に考察された観想は、アニムスの（animi）純一なるまなざしと呼ばれている」と述べている（Jesu 1620: 1. 1）。

この和解・観想は、「アニマ」（anima）に満たされている。よく日本語で「魂」と訳されるこの「アニマ」を、試みに、人を「生き生きさせる力動性」と考えてみよう。そして、このアニマとよく似た「アニムス」（animus）、すなわち「風」を意味するギリシア語の「アネモス」（anemos）のラテン語表記は、さしあたり「何か（大切なもの）に向かう力動性」と考えておきたい。アウグスティヌスが「人間のアニマ、それは理性的であり知性的である（rationalis et intellectualis）」と述べているように（AA, DCD: 9. 2）、理解と知解は、アニマのはたらきであるが、アニムスは、これらのはたらきから区別されている。そして「内なる私」（ego interior＝「内なる人」［homo interior］）が「私の身体感覚によるアニムスの私」（ego animus per sensum corporis mei）といいかえられているように（AA, C: 10. 6. 9）、アニムスは、最重要の心のはたらきであろう。そして、アニマもアニムスも、イエスによって喚起される。「唯一の師」と呼ばれているように、アウグスティヌスにとって、イエスは、人の心を活性化する、すなわち生動化し力動化する最重要の契機である（なお、ベルクソンによれば、フランス語の「アーム」（âme 魂）は「アニマないしアニムス」に由来する言葉である（HB, DS: 139/II: 206-7）。

たんなる私見であるが、アニマ、アニムスの活性化は交感（sympathia）ないし共振（resonantia）をともなう、と考えられる。交感は、自・他がそれぞれの感情を共振させているという意味で「共感情」（compassio 慈しみ）である。共感情は、自分と他者の固有的・特異的なつながりのなかで、ある瞬間に、思いがけず生じる感情である。その感情は、通俗的時間を断ち切り、唐突に立ち現れる。しかし、共感情は、長続きせず、消え去っていく。大切なだれかと心が通じあった人は、「この瞬間がずっと続けばいいのに……」と思うが、ずっと続かないことを直観しているのかもしれない。しかし、そうであっても、そうした共感情の経験は、かならずというわけではないだろうが、その瞬間が終わっても、通念に染まる時間を潤していく。

ここで私が提案することは、あくまで一つの試みとして、交感・共振、共感情とともに活性化されるアニマ、アニムスに支えられて、神が知解される、と重層的に考えてみることである。この「神」は、キリスト教において「全知」(omniscientia)、「全能」(omnipotentia)、「無限」(infinitas)、「永遠」(aeternitas)と形容されているが、さしあたり、おのずから人が向かう「虚焦点」(focus imaginarius)である、と措定しておきたい。すなわち、それは、通念を超越するベクトルが最終的に向かう先であるが、その向かう先よりも、その向かうという歓びの力動を浮き彫りにするための概念である、と。ともあれ、一九世紀に入り、「インテレクトゥス」というラテン語が死語にひとしくなり、「インテリジェンス」という英語が広く流布するとともに――最後の一押しは、一九一〇年代以降の「IQ(Intelligence Quotient)」概念の広がりだろうか――この神に向かう歓びの力動、いいかえれば、「先導性」(praeambula)は、例外的な場所を除いて、すっかり失われていった。

心の「鏡」

さて、この知解する営みは、「[心の]鏡」(speculum [mentis])と重ねられてきた。その起源は、『霊性の事典』に記されているように、「新プラトニズム」に見いだすこともできるが(DS: mens)、ここでは、その概念の端緒を、新約聖書の著者パウロの「鏡」(esoptron/speculum)概念に見いだしてみよう。パウロは、「コリントの信徒への手紙I」において、「私たちは、今、鏡(esoptron)におぼろに映ったもの[＝主]を見ている。しかし、その[＝慈愛を体現する]ときには、顔と顔を合わせて[慈愛そのものである主を]見ることになる」と述べている(Iコリント13. 12)。そのとき、「私たちのだれもが、顔の覆いを取られ、鏡のように、主の栄光を映しだし、[主の]灯りから[人の]灯りへ、主と同じかたち(eikon)へと姿を変容させられる(metamorphou)。これはすべて、主のプネウマ[息吹＝霊性]のはたらきである」と述べている(IIコリント3. 18)。この「主」すなわちイエスを映しだす「鏡」は、それが、おぼろに映しだす「鏡」であれ、はっきり映しだす「鏡」であれ、「神へと向かう」人の「心」（kardia / mens）、つまり「霊性」（spiritus）である。

パウロのいう「鏡」は、キリスト者としての人が〈よりよく〉生きようとするための内在的な礎である。この「鏡」は、古代のキリスト教思想の多くに見いだされるが、キリスト教思想という枠を越えて敷衍できる。すなわち「越えて考える」を意味する「メタノイア」（meta-noia）、いわば思考創生の営みとして（metania の原義は「超えて meta・見る・考える noein」である。後述する）。いいかえれば、「鏡」は、キリスト者にかぎらず、人が通念を「越えて考える」ための礎である、と考えられる。ちなみに、フーコー（Foucault, Michel 1926-84）は、遺稿『肉の告白』（性愛の歴史 第4巻）において、二世紀の前半に書かれた『ヘルマスの牧者』（*Pastor Hermae* 著者不明）にふれながら、「メタノイアは……一つの複合的活動である。すなわち、真理へと通じる魂（âme）の活動であり、かつその活動が顕在化させる真理である」と述べている（Foucault 2018: 57）。

岡田が、その著書『キリストの身体』のなかで、古代のキリスト教思想における「鏡」の用例を例示しているので、いくらか敷衍しつつ紹介しよう。まず、聖書の外典である『ヨハネ行伝』において、イエスは「私は、あなたの光である。あなたが私を見つめるときに私は、あなたの鏡である。あなたが私を知るときに私は、あなたのものである。あなたが私をたたくときに私は、道である。あなたが旅人であるときに」と述べている（AAA, AI: 95. 24-27〔岡田 2009: 28〕（傍点は引用者））。また、ローマのクレメンス（Clemens Romanus ?-101）は、「コリントのキリスト者へ」（第一の手紙）において「その人〔＝イエス〕を通じて、私たちは、欠けるところなく気高い彼の顔を、鏡が映しだすように見る。彼を通して、私たちの心の眼は開かれた」と述べている（CR, EC: 36: 2〔岡田 2009: 28〕（傍点は引用者））。

岡田に教えられた、もう一人を紹介しよう。ギリシア教父の一人、ニュッサのグレゴリオス（Gregorios

Nussnus 335-95）である。グレゴリオスは『完全性について』のなかで「真の完全性は、よりよいものへ向かって成長することをけっして終えないことであり、いかなる限界によっても完全性を定めないことである」と述べ（GNO 8, P: 214）、『雅歌註解』（『雅歌講話』）で、その不断の完全化を「エペクタシス」（epektasis 伸張）、「ミメーシス」（mimesis まねび）と形容し、キリストという「原型（範型）」を「鏡に映しだすこと」である、と述べている*。すなわち、キリストという「原型は、［キリストの］まねびのなかにおいて、はっきりと見える」と。さらに、人が「キリストによって、彼と同じ形になることは、自分の美しさを［キリストから］与り享けることである。それは、鏡のなかに生じるように生じる」と述べている（GNO 6, CCH: 96。傍点は引用者）。

＊ ニュッサのグレゴリオスのいう「エペクタシス」論は、「ウーシア」（ousia）と「ヒュポスタシス」（hupostasis）を区別している。ウーシアは、人びとに共通するもの（いわば「人間の自然」）であり、ヒュポスタシスは、一人ひとりをそれぞれ支えているもの（いわば「各人の固有性」）である。ウーシアは、ラテン語で「スブスタンティア」（substantia 実体）、「エッセンティア」（essentia 本質）と訳され、ヒュポスタシスは、ラテン語で「ペルソナ」（persona 位格）と訳された。ウーシアもヒュポスタシスも、「実体」「本質」も「位格」も、基本的に人を「下から支えるもの」である。なお、土井健二は、『神認識とエペクタシス』において、グレゴリオスが語っている「鏡」は「神の似像」を表現する比喩である、と論じている（土井 1998）。

「心の眼」

こうした「［心の］鏡」は、中世ヨーロッパのキリスト教思想において、しばしば「心の眼」（oculus mentis）と表現された。おそらく、新約聖書の「エフェソの信徒への手紙」で「心情の眼」（oculos cordis）という言葉が使われているからであろう。そこでは「［父なる神は、あなたたちが］神［＝イエス］を知ることによって［あなたたちの〕心情の眼を照らす」と記されている（エフェソ 1. 18）。他にも「アニマの眼」（oculus animae）、「心のまなざし」（acies mentis）、「アニムスのまなざし」（acies animi）という表現も用いられた（Solignac 1982; Hadot 1997; Fleteren 1999）。古代の「〔心の〕鏡」を「心の眼」と最初に重ねたのは、おそらくアウグスティヌスであろう。アウグスティヌスは『三位一体論』において「私たちが〔イエスを通じて〕神を知るとき……〔私たちは〕神に似たもの（similitudo）となる」と述べ（AA, DT: 9. 11. 16）、この「神を知ること」を可能にするものを「心の眼」（oculus mentis）と呼んでいる（AA, DT: 11. 4. 7; 11. 7. 12; 11. 8. 12）。

中世ヨーロッパのキリスト教思想の中心に位置しているトマスも、アウグスティヌスにならい、「心の眼」という表現を用いているが、「霊性の眼」（oculus spiritualis）という表現も用いている。トマスは、『神学大全』において、「キリストの姿は……たんなる知覚によって（sensui）も、ただの想像によって（imaginationi）もとらえられず、霊性の眼（oculus spiritualis）と呼ばれる知性（intellectus）によって、とらえられる」と述べている（TA, ST: 3a, q. 76, a. 7, co）。他にも、たとえば、クレルヴォーのベルナルドゥス（Bernardus Claraevallensis 1090-1153）、アッシジのフランチェスコ（Francesco d'Assisi 1182-1226）、ボナヴェントゥラ（Bonaventura 1221?-74）も、「心の鏡」（「心の眼」）について言及している。のちに提案するように、マイスター・エックハルト（Meister Eckhart 1260-1328）の「魂の根底」（Grund der Seele）も「心の眼」の翻案である、と考えられる（第4章でとりあげる）。

「心の眼」は、一五世紀のヨーロッパのキリスト教思想においても、語られている。たとえば、ニコラウス・クザーヌス（Nicolaus Cusanus 1401-64）は、一四四〇年の『学識ある無知について』において「造物主は、被造物の知り方によって、あたかも鏡に映しだされたもの、謎めいたもの（aenigma）の現れとして、見ることができる」と述べている（NCO, DDI: 1. 11）。また一四五三年の『神を観ることについて』において「心の眼（oculus mentis）は、縮減（contractione）と受動（passione）によって覆われているが、それが向かう先のあなたを［イエスであると］判断する。その縮減と受動の性状に応じて」と述べている（NCO, DVD: cap. 6, pr. 19）。おそらく「縮減」（contractio）は、認識が有限であることであり、「受動」（passio）は、認識が知覚・感情に依存することであろう。クザーヌスは、さらに一四六〇年代に書いたと思われる『神学綱領』のなかでも「心の視覚」（visus mentis）という言葉を用いている（NCO, C: N. 2）。

一六世紀あたりから、「心の眼」は、しだいに使われなくなっていくが、一七世紀においてもまだ使われている。先に引いたヘススの「純一のまなざし」も「心の眼」を意味しているし、のちに確認するように、フマニスムスの論者として名高いエラスムス（Desiderius Erasmus 1467-1536）も、『愚神礼讃』において「アニムスの鏡」（animi speculum）という言葉を用いている（第5章参照）。また、よく知られているデカルト（René Descartes 1596-1650）も、『省察』において、中世キリスト教思想の「心の眼」とはいささか異なる意味においてであるが、「心の眼」（metis acies/mentis oculus）いう言葉を用いている（ex. DOP 2, M: md. 3, pr. 28/76; md. 3, pr. 38-9/81-2 邦訳の訳語は「精神の目」）。また、そのデカルトを論じているスピノザ（Baruch De Spinoza 1632-77）も、『エティカ』において「心の眼」という言葉を用いている。ただし一回だけ（第6章参照）。

デカルトの「心の眼」

デカルトの「心の眼」について、すこし敷衍しよう。人は、事物に対応しない観念を抱くが、デカルトは『省察』において、その観念の真／偽を判断するものを「自然の光」（lumen naturale）と呼んでいる（DOP 2, M: md. 3, pr. 20）。神の観念の真／偽を判断するものも「自然の光」である。デカルトにとって神の観念は「無限、自存、全知、全能の実体であり、私そのものを創造し、他のすべてのものを創造した実体」である。こうした神の観念は、「私［の想像］だけから出たものではない」から、「神は必然的に存在すると結論される」

（DOP 2, M: md. 3, pr. 21）。この議論の説得力を疑うことはできるが、この議論の真理性を疑うことはできない。大前提である「自然の光」が神の観念を虚偽ではない、と予め判断しているからである。

観念の真理性を正当化するための理屈は、いくらでも作りだされるが、デカルトにとっては、そうした理屈よりも、「自然の光」による判断が、重要である。「思慮深い人にとって、自然の光によって判明にならないものは何もない」。「しかし、私の思慮が浅く、感覚される事物の像が［私の］心の眼をふさぐなら、私よりも完全な存在者［＝神］の観念が、なぜ実際により完全な存在者に由来しなければならないのか、想起できなくなる」（DOP 2, M: md. 3, pr. 21 傍点は引用者）。この「自然の光」は「心の眼」と同義であると断定できないが、重ねることは可能である。すなわち「心の眼」は、「自然の光」に与りつつ神の「存在」を見る、というように（ちなみに、ドゥルーズの理解するスピノザは、これらは同義であると考えている（第5章参照））。

デカルトが自分で説明していない「自然の光」の意味の――キケロに由来するから云々という――講釈は、すでに行われているが、ここでは、そうした講釈の内容を紹介するかわりに、トマスの議論を踏まえよう。それは、トマスにとって「自然の光」が「恵みの光」（lumen gratiae）と対であったということである。トマスは『真理論』において「能動的知性」（intellectus agentis）を「自然の光」（lumen naturae）と同義とし、それを「篤信と知恵の光」（lumen fidei vel sapientiae）である「恵みの光」から区別している（TA, QDV: q. 18, a. 1 ad. 1）。能動的知性＝「自然の光」は、可視的事物を形象化したり意味づけたりする「抽象化」（abstractio）であるが（TA, ST: I, q. 79, a. 3 co）、篤信と知恵の光＝「恵みの光」は、可知的形象を知解するための「鏡に喩えられるもの」（「心の鏡眼」）の活動である。つまり、神を知解するものが「恵みの光」である*。

デカルトの「心の眼」がトマスの「自然の光」と重ねられるとすれば、それは、まぎらわしいが、「恵みの光」と重ねられるトマスの「鏡」から、区別される。デカルトは「私は、私ではないある存在者［＝神］に依存して存在していることを、明証的に認識する」と述べている（DOP 2, M: md. 3, pr. 32）。この認識の主体は「心の眼」であり、先に仮定したように、これが「自然の光」に重ねられるとすれば、デカルトの神の認識は、「恵みの光」としての「鏡」を必要としない。デカルトの神の認識の必須条件は、「心の眼」であるが、その「心の眼」は、パウロ、アウグスティヌス、トマスなど、古代・中世の多くのキリスト教思想家が語ってきた「心の眼」（「鏡」）ではない（では、いったい何なのか）。ともあれ、本書の主題である「心の眼」（「鏡」）は、デカルトのそれではなく、自分を映しだし、先導し解放し活動させる、いわゆる自己のない自己である。

＊　トマスは、初期の著作である『ボエティウス三位一体論註解』で、「聖なる教えが信仰の光にもとづいているように、哲学は、理性という自然の光にもとづいている」（Sicut autem sacra doctrina fundatur supra lumen fidei, ita philosophia fundatur supra lumen naturale rationis）と述べている（TA, SBDT: I, q. 2, a. 3 co. 2）。この記述については、山本（1993: 23-4）に教えられた。ここでいわれる「信仰の光」は『真理論』の「恵みの光」にあたるだろう。

シェーラーの「精神の眼」とベルクソンの「直観」（精神の眼）

本書の主題である「心の眼」（「鏡」）は、およそ「神の像」（imago dei）としてのイエスを映しだす内面として、語られてきたが、その発想は、二〇世紀の哲学においても、まだ途絶えていないといえるだろう＊。たとえば、「人間学」の提唱者の一人、シェーラー（Max Scheler 1874-1928）の議論も、この「心の眼」「神の像」を前提にしている。シェーラーは、一九二一年の『人間における永遠なるもの』（*Vom Ewigen im Menschen*）の冒頭で、「精神の眼」（geistige Auge）という言葉で「心の眼」（「心の鏡」）を語っている。「精神の眼（geistige Auge）をもちつつ信仰する人は、その良心が活動するとき、すなわちその良心が警告し、助言し、判断するとき、見えない無限の義人（Richter）のおぼろげな像が現れる、と予見している」と（SGW, EM: 29/43）。ここでいわれる「精神の眼」は、「心の鏡」であり、そこに映しだされる「無限の義人」は、イエスである。シェーラーの人間学の基礎は、古来のキリスト教思想が説いた「神の像」に向かう「心の眼」である。

シェーラーにとって、キリスト者は、自分の言動を悔やむ人であるが、悔やみは「心の自然なはたらきである。それは、心が神から遠ざかるとき、神に近づこうとするその力であり、神が心に贈ったものである」（SGW, EM: 67/50）。すなわち、超越性からの遠心力に抗する、超越性への求心性の現れである。この超越性への求心性は、信じるべき事実でも、命じられる規範でもない。それは、だれにでも潜勢的に内在する力動の一つの現れである。いいかえれば、それは、この世界に渦巻く驕慢、権力欲、名誉欲、金銭欲、情欲などにうんざりするとき、心のなかにほのかに生まれるベクトルである。そのベクトルは、他者への慈しみとして現れる。超越性へのベクトルにおいて浄化された心が、「心の眼（「鏡」）」と形容されてきたものであり、その「心の眼」に映しだされるものが、「無限の義人」すなわち「神の像」と呼ばれてきたイエスである。

ベルクソンにもふれよう。ベルクソンの提唱する「形而上学」の核心は、「直観」（intuition）ないし「見るもの」（vue/vision）である。ベルクソンのめざすことは「知覚」（perception）の拡大、すなわち「身体の眼（yeux du corps）や精神の眼（ceux［=yeux］de l'esprit）」が「［ふだん］見るものを超えて見る」ことである（HB, PM: 149/下 181）。この「見る」は、他のものの「動き」を、自分と分有する力である。たとえば、走っているカモシカが眼前を通過する瞬間という「点」をいくら集めても、そのカモシカの「動き」を作りだすことはできない。「動いているもの（le mobile）は、それらの点（points）のどこにも存在しない。……動きは［点という］動かないもの（immobilité）には見いだされない」。「実在」（réel）は、点ではなく、動きである。「それ［=動き］は……［すでに］位置づけられているもの（positions）ではなく、想定されたもの（suppositions）であり、肉眼（vues）や精神の眼（vue de l'esprit）が、想定するものである」（HB, PM: 203/下 246）。そして「精神の眼」は

「動くもの」（le mouvant）を分有し、「動くもの」である「生命そのもの」を直観する。

ラテン語の intuitio の第一義は、「鏡に映る像」であるから、フランス語の intuition も、「鏡」につらなる言葉である。たんなる比喩かもしれないが、ベルクソンも、精神のなかに「鏡」を見いだし、「それ［＝形而上学］は、ある鏡のなかで自分を熟視し（contemplée）、その鏡が映しだす像（image）は、まちがいなく歪んでいるだろうが、それ自体は、光り輝いているだろう」と述べている（HB, PM: 215/下 260）。すなわち、形而上学は、「鏡」の映しだしに喩えられる、直観に支えられた思考であり、その「直観は、ある絶対性（absolu）に到達する」と。この絶対性は「さまざまなものの生命そのもの」（la vie même des choses）という「動くもの」である（HB, PM: 216/下 261）。その「絶対性」「動くもの」「生命そのもの」は「持続する私たちの自己」（notre moi qui dure）であり（HB, PM: 182/下 220）、それが「［精神の眼である］鏡が映しだす［精神の］像」である。こうしてみると、ベルクソンのいう「直観」は、「神の像」を象る「心の眼」に通じている、といえそうである（ベルクソンの「直観」及び神については、終章であらためてふれる）＊＊。

＊　「神の像」についての神学的研究は、もちろん二〇世紀においても行われている。ローマ教皇（たとえば、ヨハネ・パウロ二世、ベネディクト一六世など）による言及のほかに、プロテスタントでも、たとえば、バルト（Karl Barth 1886-1968）、モルトマン（Jürgen Moltmann）などによる研究がある。Robinson 2011を参照。日本では、たとえば、金子晴勇の『ヨーロッパの人間像』で詳しく検討されている（金子 2002a）。

＊＊　ベルクソンは、プラトンに始まりプロティノス（Plotinus 205?-70）にいたる「流出論」（「芽の隠喩」の人間生成論）を退けている。その「誤りは、人間の精神の自然さについての考え方、すなわちその変化（variation）は、不変性（invariabilités）が表出し展開した（exprimer et développer）ものでしかない、という考え方である」。この考え方のもとでは「大いなる活動（l'Action）は、低落した熟慮であり、持続は、欺瞞に満ちた形象、すなわち不動の

永遠性の揺動であり、大いなる魂（l'Âme）は、理念の堕落したものである、と見なされる」。活動、持続、魂は、変化し動くが、熟慮、形象、理念は、固まって動かないからである。ようするに、その種の哲学は「不動性には、動くものを超えたものがある」と考えているが、「そう考えることは、真実に反している」（HB, PM: 217/下 262）。

フーコーの「異他の場所」を生みだす鏡

フーコー（Michel Foucault 1926-84）は、ベルクソンの生命論よりも、ニーチェの系譜学、ハイデガーの存在論につらなるが、彼もまた、早い時期に「鏡」についてふれている。もっとも、それは「心の眼」に重なる「鏡」でなく、通念を越える思考を呼び覚ますツールである。フーコーは、一九六七年の「他者の場所」という論考において、「鏡を見る」ことは「異他の場所」（hétérotopie エテロトピー）を経験することである、と述べている。「異他の場所」とは「具体的に位置が限定されているにもかかわらず、すべての［現実の］場所の外にあるような場所である」（MF, DE, 4. n. 360 EA: 756）。フーコーは、そうした「異他の場所」として、「墓地」「図書館」「外洋船」などをあげているが、真っ先に挙げられているのが「鏡を見ること」である。

「鏡のなかで、私は私がいない場所を見る。私がいる場所は、鏡の表面の奥に開かれる非現実の場所である。私は、私がいないその場所において、一つの虚像としてあり、私自身に眼に見える姿を与える。その虚像によって、私は、私のいない場所で私を見ることができる。鏡という非在の場所（utopia）、それはまた異他の場所（hétérotopie）でもある。鏡があり、かつその前に立っている私に［現実を超えるように］働きかけるからである。すなわち、鏡の向こう側という仮想的な場所から、いわば私に向けられる視線によって、私が私自身に立ちかえり、私自身をまなざし、私が立っている場所で私が私を再構成しはじめるからである。鏡は、私がそれを覗き、自分の姿を見るとき、私の位置する場所を、周囲の空間とともに、絶対的に現実的なものとして、私に与えるが、それと同時に、絶対的に非現実的なものとして、私に与える。すなわち、私の位置が知覚されるために、私は、鏡の中という仮想的な場所を通過しなければならない」（MF, DE, 4. n. 360 EA: 756）。

フーコーはここで、現実の「私」は、鏡像の「私」を通じて再構成される、と述べている。その再構成された「私」は、現実的でありかつ非現実的である。この再構成された「私」は、いわゆる「私」にとって「異他」（hétéro）である。フーコーは、その「私」がどのような「私」であるのか、明示していないが、フーコーのいう「異他の場所」のはたらきを考えるなら、その「私」は、文化や社会によっても意味づけられていない、通常の時間によっても位置づけられていない、と考えられるし、「無限定の海（l'infini de la mer）に委ねられている」「船」のように存在＝流動している、とも考えられる（MF, DE, 4. n. 360 EA: 762）。

フーコーの語る「鏡」は、いわゆる「鏡」であるが、その「鏡を見る」という「私」の営み自体は、「私」が「心の眼」で自分をふりかえることにひとしい。そこに映じる異他の「私」が、ふりかえりのなかに立ち現れるもの、たとえば「呼びかける良心」と考えられるからであり、その「私」が、アウグスティヌスの場合のように、「内なる人」（イエス）として象られることは、一つの思想的可能性として承認されうるからである。そうであるなら、フーコーの異他の場所も、「心の眼」に通じている、ということができる。

未然の超越性と思考の反照性

さて、さきにふれたキェルケゴール、ボンヘッファーが重視した「この世性」を前提にするかぎり、キリスト教思想が語ってきた「心の眼」に映しだされるイエスの像は、よくいわれるような「魂の救済」を行う天上のキリストではなく、実際の社会的言動の選択肢を指し示すものの直喩である、と考えられる。もしも、このイエスの像を〈未然の超越性〉（preceding transcendence）、すなわちベルクソンのいう「生命の躍動」のような、いまだ形になっていない、力動としての超越性に翻案できるなら、「心の眼」のメタノイア論は、キリスト者以外の人にも受容可能なものになるだろう。神へと信じる人、神へと吸い寄せられ自己を棚上げする信仰者ではない、非宗教的で実在的な人が、〈よりよく〉生きることを記述する言説になるだろう。

この〈よりよく〉生きることの原動力としての〈未然の超越性〉は、始点も終点もあらかじめ定められていない内なるベクトルであり、それは、現在の〈私〉が過去の〈私〉を反省し、未来の〈私〉を新たに方向づけ創始するという、思考の能動的な再帰性（recursivity）ないし反照性（reflectivity）にひとしい。そうした反照的思考の存立条件は、これまでにもさまざまに語られてきた。たとえば、シェーラーは、それを「神」と形容し、ベルクソンは、それを「生命そのもの」（生命の躍動）と形容した。付け加えていえば、ふたりによりもいささか若い世代に属するハイデガー（Martin Heidegger 1889-1976）は、それを「存在」（Sein）ないし「原存在」（Seyn）と形容した、ということもできる（田中 2020 参照）。

ようするに、私が本書で示したいことは、知性がはたらく場である「心の眼」（「鏡」）という概念の系譜を丹念に追跡するという、思想史的叙述ではなく、この「心の眼」（「鏡」）に見いだされる知性の自己形成論的力動性を思い切って象ろうとする、思想史的翻案である。この力動性は、人が自分で自分を再構成しつづける、先導的である潜勢力である。この先導的な潜勢力は、本書においては、一人ひとりが現代社会の課題に応答するために想起されるべき忘れられた力として、あらためて位置づけなおされる。次節では、教育学に引きつけるために、この先導的な潜勢力と自己形成論のかかわりを予示してみよう。

3　人間性をとらえなおす

ヨーロッパにおける自己形成の原点

先にふれた『キリストの身体』のなかで、岡田は、「鏡」の自己形成論的な含意を述べている。「……鏡のようなものを、自分の外に想定しないかぎり、わたしたちは自分というものを知ることも育むこともできない」。この「鏡のようなもの」は、ラカン（Jacques Lacan 1901-81）によって「鏡像段階」（stade du miroir）と呼ばれ、幼年期に見られる現象とされているが、岡田は「人は誰でも、成長してからも日々つねに鏡像段階を生きているものだろう」。「わたしを育てたのはわたしではない、他者たちである。これはわかりやすい道理であろう」といい、鏡像段階の自己形成論的な原点を「イエスの模倣」に見いだしている。「イエスの模倣こそ、西洋における自己成型の原点である、といってもおそらく過言ではないだろう」と（岡田 2009: 166-7）。

岡田がいう「自己成型」は、self-fashioning の訳語であるが、それは、英語圏で self-formation と呼ばれる営み、すなわち「自己形成」と同じ営みだろう。『キリストの身体』では直接言及されていないが、グリーンブラット（Stephen Greenblatt）は、一九八〇年の『ルネサンスの自己成型』において self-fashioning という言葉を使っている（Greenblatt 1980）。その self は、彼が示している「成型する」（fashion）の用例を考えるなら（Greenblatt 1980: 2-3/3）、〈私〉が〈私〉を反省し、〈私〉を新たに方向づけるという再帰性・反照性をふくんでいるように見える。また、グリーンブラットによれば、fashion という言葉が「自己の形成（forming of a self）を示す一つの方法として広く用いられるようになったのは、一六世紀になってからである」（Greenblatt 1980: 2/3）。「自己成型は、事実上［人が自分の行動を］制御する機制のルネサンス版であり、この機制は、文化の意味体系であり、この意味体系は、特定の個人が抽象的で潜在的なものから具体的で歴史的な実在に移行する過程を支配している」（Greenblatt 1980: 3-4/4）。ただし、**self-fashioning**という連語が一六世紀に使われていたのかどうか、私にはわからない（一九八九年版の『オックスフォード英語辞典』（OED）は、この言葉を採録していない）。

ともあれ、この「自己成型」は、ドイツ語で**Selbstbildung**と呼ばれる営み、すなわち「自己陶冶」と重ねられるだろう。そもそも、英語の**self-formation**は、ラテン語の「フォルマーレ」（formare 形成する）の再帰用法に由来する言葉である。「自己形成」にあたるフランス語は**autodidaxie**、**autoformation**であり、前者は**autodidacte**というかたちで一五八〇年に初めて用いられ、後者は一九七一年に初めて用いられた（PR 2015）。英語の**self-formation**は、一七一三年にシャフツベリー（3rd Earl of Shaftesbury 1671-1713）によって初めて用いられた（OED 1989: Self-formation）。類語である**self-culture**は一八二九年に初めて用いられ、**self-cultivation**は一八七三年に初めて用いられている（OED 1989: Self-culture, Self-cultivation）。「自己陶冶」の原語であるドイツ語の**Selbstbildung**は、一七七二年にヘルダー（Johann Gottfried von Herder, 1744-1803）によって初めて用いられた。ヘルダーは、**Selbstbildung**は「私たちが、私たち自身として、私たち自身へと、錬成することであり、人を、他ならない彼に、そしてその世界にすること」である（uns als uns selbst, zu uns selbst, auszubilden, zu machen daß jeder das ist was Er und der Welt kein anderer als Er sein soll.）と述べている（SWS 31, VSMN: 186［Menze 1995: 379］）（ヨーロッパの「自己形成」概念についての古典的な思想史研究として、キャプルの研究がある（Capel 2016［1846］））。

こうした自己形成とくくられる言葉の歴史からわかることは、自己形成といえる営みが一六世紀の後半に語られ始め、一八世紀後半から一九世紀にかけて広く論じられるようになった、ということである。現代においても、自己形成を意味する言葉、すなわち**self-formation, autoformation, Selbstbildung, self-education**は、使われている。たとえば、フランス語圏では、ピノー（Gaston Pineau）の**autoformation**、すなわち「自分による自分の形成」（formation de soi par soi）がよく知られているだろう（Pineau 1983）。しかし、ヨーロッパであれ、日本であれ、一九世紀から二〇世紀にかけての学校教育において、自己形成が教育の主要な理念として重視されてきた、とはいいがたい。近代の学校教育における教える／学ぶという「教育関係」が、フーコーのいう「規律」（discipline）に傾いていた、といえるなら、近代の学校教育は、自己形成をふくみつつも、その自己を、国家・社会の要請する意味・価値が内面化されたものにずらしていった、といえる*。

* ちなみに、自己形成をめぐる現代の議論は、さまざまであるが、基本的に、教育者の操作性の度合いと、学習者の志向性の度合いの関係から、図式的な整理が可能である。すなわち、教育者の操作性が高く、学習者の志向性も高ければ、学習者の自己形成をめぐり教育者も学習者も葛藤状態に陥りやすい。教育者の操作性が高くても、学習者の志向性が低ければ、学習者の自己形成は成り立ちにくい。また、教育者の操作性が低く、学習者の志向性も低ければ、学習者の自己形成は成り立たないし、教育者も学習者も混沌状態に陥りやすい。そして、教育者の操作性が低く、学習者の志向性が高ければ、学習者の自己形成は成り立ちやすい。

教育と人間性

こうした子ども・若者を規律する学校教育の背後には、フーコーが「統治性」（governmentalité）と呼ぶ、国家が国民を有用化する諸制度があり、そのさらに背後には、ルーマンが「機能的分化」と呼ぶ、有用性（有能性）を指向する社会構造がある。この有用性指向は、人を、経済的・社会的な利益を産出するための手段として意味づけ、またその意味づけを価値づける。一八世紀のドイツで誕生した「教育学」（Pädagogik）は、「教育」（Bildung/Erziehung）を、先にふれた自己陶冶と結びつけて語ったが、一九世紀以降、西ヨーロッパ、アメリカ、そして日本で、学校教育が規律に傾く教育関係と緊密に結びつけられていくとともに、すなわち「公教育」という名のもとに学校教育が大規模に制度化されていくとともに、自己陶冶・自己形成という反照性の営みは、規律する教育から区別されていった。むろん、規律が「自己規律」(self-discipline)、すなわち自分を自分で権力の装置として律していくことになれば、この区別はなかば失われてしまうが。

ともあれ、一八世紀のヨーロッパに立ちかえれば、そこでは「人間性」(humnanity/humanité/Menscheit)が、自己陶冶・自己形成する人間がめざす理念・理想として語られた。ルソー(Jean-Jacques Rousseau 1712-78)は、一七六二年の『エミール』において「習性(habitude)が第二の自然になり、私たちがそれを第一の[人間の]自然に代えてしまったために、もうだれも第一の自然を知らない」と述べているが(OCR 4, E: 407-8, cf. 568)、同時に「人よ、人間的であれ(Hommes, soyez humains)、それが、あなたたちの第一の責務である。……人間性(humanité)を欠いたあなたたちに、どんな知恵があるのか」と述べている(OCR 4, E: 302)。また、カント(Immanuel Kant 1724-1804)は、一七八一年の『純粋理性批判』において「完全な人間性の理念」(Idee der vollkommenen Menschheit)を、人がめざすべき「理想」(Ideal)として掲げ(KW 3/4, KrV: 513 [A569, B597])、一七九八年の『人間学』において「人間(Mensch)こそ、人間自身の究極の目的である」と述べている(KW, 12, A: 399)。そして、一八〇三年の『教育学について』において「人間は、教育によってはじめて人間になりうる」と述べている(KW 12, P: 699)。近代の教育学は、国家権力や資本の論理に抗いまた従い、この人間性に向かう教育の概念を踏まえることで、さまざまに展開されていった。

ただし、一八世紀のヨーロッパにおいて語られた「人間性」は、およそ近代的な「人間の自然」であったと考えられる。一九三六年のボルケナウ(Franz Borkenau 1900-57)の『封建的世界像から市民的世界像へ』(Borkenau 1976/1965)、一九五一年のダントレーブ(Alexander P. d'Entreves 1902-85)の『自然法』(d'Entreves 1951/1992)に従えば、近世(一五～一八世紀)の「人間の自然」の文脈は、「自然法」(ius naturale)の言説から「自然権」(natural right)の言説に移っていった。近世の「自然法」は、中世の「自然法」(lex naturalis)とちがい、神の規範から権利に移ることで「自然権」概念が成立した。そのなかで「人間の自然」は「物の自然」から峻別される「人間の本質」として強調されるようになった*。むろん、言葉だけを見るなら、一三世紀のトマスも「物の自然」から区別される「人間の自然」すなわちフマニタスが「人間の本質」であると述べているが（TA, DEE: I. 2）、トマスのいう「人間の本質」は、人に贈られて人が与っているものであり、「権利」として人が宣揚要求するものではない**。

ではなく、人間の権利である。近世の「自然法」の「法」（ius）は、規範／権利（英語でいえば law/right）をともに意味していたが、しだいにその重心が、

* たとえば、ヴォルフ（Christian Wolff 1679-1754）は、一七四一年に「自然法」（ius naturae）は「自然に人間に属する権利を意味する」と述べている（WGW, JN 1: T. 1, S. 3; d'Entreves 1951/1992: 89-90）。トマスに忠実であったフッカー（Richard Hooker 1554?-1600）は、「神の存在は、神のはたらきにたいする一種の法である」。そして「法のありかは神の胸裏であり、法の声が世界の諧調である」と述べている（d'Entreves 1951/1992: 117）。およそ、一七・八世紀の自然法言説によって、法は、法が作用する社会諸関係を重視する「命ずるがゆえの法」（ius quia iussum）から離脱し、法命題の普遍的正義を重視する「正しいがゆえの法」（ius quia iustum）に、強調点をずらしていった。ちなみに、トマスは、次のように述べている。自然法（神定法）は「すべての徳」を網羅する体系的な規範であるが、人定法は、自己と同格の他者の行動にのみおよぶ局所的規範である。この人定法は、徳の助長を目的とするものではなく、共同体の平穏を確保することのみを目的としている。したがって、人定法は、あらゆる悪を禁止するものではなく、社会を崩壊させる悪のみを規制するものであり、あらゆる善を命令するものではなく、ほどほどの善を命令するものである、と（TA, ST: I-2, q. 72, a. 4; I-2, q. 96, a. 2, 3）。

** ちなみに、「自然権」の提唱者と見なされがちなピコ（Giovanni Pico Della Mirandola 1463-94）が一四九六年の『人間の尊厳について』（*De hominis dignitate*）で示した「自由」としての「人間の本質」（hominis essentia）は、人が宣揚したり要求したりするものだったのだろうか。

フォイエルバッハの「人間の本質」

ここで、カントと対立したフォイエルバッハ（Ludwig Feuerbach 1804-72）の「個人性」（Individualität）批判にふれておこう。フォイエルバッハは、一八三〇年の「死の思考」において、「個人」という概念は、キリスト教思想が説得力を失い、人が共同体から解放されていくなかで醸成されていった、と述べている。「個人」は、「人間（Mensch）が人間として、人格（Person）が人格として、そして個別的で人間的な個人（menschliche Individuum）がその個人性（Individualität）のなかで自分を神的かつ無限なものとして、把握すること」で、成り立っている、と（LFW 1, T: 6/7）。ある個人がキリスト者であるとき、その人がめざす「キリストは、主体性の全能（Allmacht der Subjektivität）であり、自然のすべての束縛と法則から抜け出した心（Herz）、世界を排除し自分のみに専心する心情（Gemüt）であり、心のすべての希求を実現するもの……」であると（LF, WC: 152）*。

この高慢な個人性を前提としているかぎり、「共同性」も「公共性」も、合意すなわち規則によるものであり、人の受苦性（compassus）、すなわち他者の痛みを自分の痛みと感じる感覚によるものでもなければ、人の固有性（proprius）、すなわち一人ひとりのかけがえのなさによるものでもない。受苦性と固有性は一体であり、活動性（activus）は、これらの一体性に支えられてこそ、よりよいものとなる。フォイエルバッハは、これらの一体性を「存在」（Sein）と呼び、「存在（Sein）とは、かかわりに満ちた充溢であり、内実に満ちたつながりであり、もっとも多様な連関から構成される無尽の豊穣」と形容している（LFW 1, T: 15）。この「存在」も、ハイデガーのいう「存在」に通じているが、個人性を前提としているかぎり、どんな「共同性」も「公共性」も、結局、個人性を制度化し、受苦性も、固有性も、活動性も、忘却されていく。

フォイエルバッハの個人性批判は、本来のキリストに立ちかえり、無条件の「慈愛」（caritas）に向かう「人間性」を喚起し再生することをめざしている。フォイエルバッハにとって、一八世紀のキリスト教思想が説いた「人格」（Person）は、無条件の「慈愛」を説いたイエスの「人格」（Person）であり、諸個人の中心としての「人格」（Person）ではなかった（LFW 1, T: 7/8）。「慈愛とは、この〔＝存在と非存在の〕区別を認めること以外の何ものでもない」（LFW 2, GPZ: pr. 33）。「存在と非存在」の区別とは、生動的／非生動的の区別である。一八四三年の『将来の哲学の根本問題』において、フォイエルバッハは「いかなる愛（Liebe）も存在しないとすれば、いかなる真実も存在しない」と述べている（LFW 2, GPZ: pr. 35）。この愛すなわち慈愛は、世界にあるものすべてに向かう。フォイエルバッハにとって、世界にあるものすべては、神の創造したものだからである。付言すれば、山之内は、二〇〇四年の『受苦者のまなざし』で「このようなフォイエルバッハの論点からすれば、自然を人間にとっての対象としか考えないような実践的な態度は、利己主義として排斥されるべきものであること、この点は決定的に重要である」と述べている（山之内 2004: 208）。

フォイエルバッハは、一八四一年の『キリスト教の本質』において、個人の個人性から区別される「人間の本質」（das Wesen des Menschen）を提案している。それは「理性（Vernunft）、意志（Wille）、心情（Herz）」から構成される。フォイエルバッハにとって、それらは「完全性であり、最高の力であり、人間そのものの絶対的本質であり、人間の現存在の目的である」。ただしそれらは、人間の所有物でも創作物でもなく、「人間に魂を吹き込み、人間を呼び覚まし、人間を支え司る力」（beseelenden, bestimmenden, beherrschenden Mächt）であり「神性的で絶対的な力である」（LF, WC: 25-6）。つまり、人間が贈られ与る力である。この「人間の本質は、ただ共同のなかにのみ、すなわち人間と人間の統一のなかにのみ、ふくまれる」（LFW 2, GPZ: Pr. 59）。この「人間とともに在る人間、すなわち我と一体である汝は、神である」（LFW 2, GPZ: Pr. 60）。この神はイエス（の像）である。カントの「人間性」が理性を重視しているとすれば、フォイエルバッハの「人間の本質」は、慈愛を重視しているといえるが、カントの「完全な人間性」も、フォイエルバッハの「人間の本質」

も、イエスの像である。つまり、どちらも、キリスト教思想の「神の像」を踏まえている。

＊　こうした自分を過信する高慢な「個人性」への批判は、一九四七年に発表されたハイデガーの『「フマニスムス」についての手紙』（*Brief über den »Humanismus«*）に通じている（GA 9, Hum）。フォイエルバッハとハイデガーの思想的類似とずれについては、Derrida 2017 の「第五回セッション」、また Bishop 2008 でふれられている。

遡及的思考――黙示される語りえない何かへ

フォイエルバッハが重視するイエスの像、すなわち「神の像」は、グリーブラッドの言葉を借りれば、「解釈された構成物」（interpretive construction）である（Greenblatt 1980: 4）。この概念は、何らかの「公共的意味の系」（systems of public signification）を前提にしている。キリスト教思想も、この「公共的意味の系」をふくむ言説であるとすれば、キリスト教思想は、それによって解釈された構成物を前提にしているということができる。この解釈された構成物は、さまざまの文化・時代によって、さまざまに「解釈された構成物」となる。「解釈された構成物」に先行する解釈され構成されうるものは、言葉によって表現されたとたんに、「解釈された構成物」になる。したがって、解釈され構成されうるものは、通常の言表を超えている。それは、「解釈された構成物」からさかのぼる思考、つまり遡及的思考において黙示されるだけである。

さて、フォイエルバッハの人格概念は、マルクス（Karl Marx 1818-83）に社会的諸関係を無視していると批判されつつも継承されていった。そのマルクスの提案した人格概念は、ずっと下れば、フランスの哲学者セーヴ（Lucien Sève 1926-2020）に肯定的に継承されている。セーヴは、一九六九年の『マルクシズムと人格の理論』において、「人間学のすべてのカテゴリー――個人、欲求、労働など――は、抽象的一般性であってはならず、歴史的動きの概念的表現でなければならない」と論じ、必要な理論は、歴史的に構成された社会的諸関係に埋め込まれた「具体的個人の理論（théorie de l'individi concret）としての人格の理論（théorie de personnalité）」である、と論じている（LS, MP: 125/127, 127/129）。セーヴにとって「人は、自然な存在（être naturel）であるが、『自然に人間的な存在』（«être naturel humain»）であり、その本質は、社会的諸関係の編成（l'ensemble des rapports sociaux）と一体である」（LS, MP: 225/241-2）。すなわち、生きている人は、抽象的個人の一変数（一事例）ではなく、歴史的に構成された社会的諸関係と一体の人格である。

この「種々の営みのなかの社会的諸関係［たとえば、主従関係、労使関係］に根ざす、生の系としての人格」（la personnalité comme sysème vivant de rapports sociaux entre les conduites）は、その土台である社会的諸関係の「非人間的」（inhumain）特徴によって「開花の可能性」（possibilités d' épanouissement）を奪われている（LS, MP: 239/257, 250/268）。この「開花の可能性」は、抽象的・一般的な可能性の事例ではない。「人格の最高の本質は、具体的・特異的（singulière）である」だからである。「人格は、その本質において全体性（totalité）であるのに、抽象的人格（personnalité abstraite）という観念に何の意味があるのか、人格は、その本質において個体性（individualité）であるのに、一般的人格（［personnalité］générale）という観念に何の意味があるのか」（LS, MP: 291/312）。確認しておけば、ある人の人格の本質は、その人が具体的（＝歴史的・社会的）環境に着床しているという意味で「全体性」であり、その人が特異的（＝個体的・唯一的）という意味で「個体性」である。

セーヴにとって、人ないし人格の具体性・特異性は、その人の「さまざまな営為」（actes）の集積、つまるところ、その人の「伝記」（biographie）のなかに、事後的に見いだされる。「ある人格を具体的［・特異的］に認識することは、まず、その伝記を構成しているさまざまな営為（actes）の編成を認識することである」（LS, MP: 369/398, 383/415）。この営為・「活動」（activité）は、人が社会的諸関係のなかで何か新しく産出することであり、それらは、社会的諸関係にただ従僕するだけの「行動」（comportment）・「行為」（conduite）から区別される。この営為・活動を可能にするものは、人の「現働的潜勢力」（potentialités actuelles）ないし「力能」（capacité）である（LS, MP: 385/417）。この力能は「中心外在化」（excetration）によって方向づけられている。「中心外在化は……自分の欲求を棚上げし、個人であれ、集団であれ、他者の欲求を自分のこととして受けとめるという傾向性に現れる」。それは、いいかえれば、他者の欲求を「自分の欲求と感じるくらいに内在化することである」（LS, MP: 391/424）。非人間的なことと「闘うという人格的欲求は、たんなる内在的欲求の充足でも、たんなる社会的要請への奉仕でもなく……本質的である中心外在化の自覚にもとづく、内在的欲求と社会的要請の対立の止揚である。これがすべての活動の深層を規定している」（LS, MP: 392/424）。

セーヴは、二〇〇八年の『「人」とは？』という著作において、人が非人間的なことと「闘う生」（vie militante）を生きることを「成長の不断さ」（reprises de croissance）と呼んでいる。「それは、生き生きとした生（vie vivant）として、自分の求めるところを涵養する人格を、終わることなく内包してきた営みである」と（LS, H: 22）。セーブは、たとえば、歴史家のル・ゴッフ（Jacques Le Goff）が、『聖王ルイ』（*Saint Louis*）において（Le Goff 1996/2001）、ルイの人格の「成長の不断さ」を描きだしている、と考えている。ルイの人格は、母親との深い絆に支えられながら、自分の置かれた一三世紀フランスの諸情況に「深く関与する生」（la vie engagée）であった、と（LS, H: 451-5, 510）。いいかえれば、ルイの人格は、自分の置かれた困難を極める社会的諸関係のなかで〈よりよく〉生きようとし闘いつづけた、具体的・特異的な生であった、と。

セーヴは、「人の抽象的な概念と、抽象的な人の概念」（concept abstrait d'homme et concept d'homme abstrait）を区別しているが（LS, MP: 304/327）、この区別は、いいかえれば、一人ひとりに遡及的に見いだされる人の概念と、抽象的に規定された人の概念を、区別することである。たとえば、相対性理論を生みだしたアインシュタインの生涯をふりかえりアインシュタインの人格を象ることと、〈人はホモ・ファーベル（作る人）である〉

と人一般を概念化することを、区別することである。さしあたり、前者の概念化を「遡及的思考」（retroactive thinking）、後者の概念化を「抽象的思考」（abstractive thinking）と表現しなおしてみよう。そうすると、伝記においてある人の人格を語ることは、遡及的思考である。確認しておくなら、この遡及的思考は、ベルクソンが「遡源的（回顧的）」（rétroactive）と形容する思考から区別される。遡源的思考は、人間の起源・自然をさかのぼり、所与の「永遠の真理」をそこに見いだすことであるが（終章も参照）、遡及的思考は、人がある人の活動の集積をふりかえり、事後的にそこに解釈され構成されうるもの（具体的・特異的な人格）を見いだすことである。この解釈され構成されうるものは、さまざまに語られ、「解釈された構成物」になるしかない。同じことは、キリスト教思想の語ってきた語りえないもの（たとえば「神の像」）についてもいえるだろう。したがって、語られた「神の像」と、そう語られた語りえないものは、区別されるべきである。イエスを「神の像」と語ることは、キリスト教思想に内属する言説的・制度化活動であるが、語りえないものを遡及的に見いだすことは、〈よりよく〉在ろうとする人の具体的・特異的活動である。

　そうした語りえないことに向かいつつ〈よりよく〉在ろうとしつづけることは、遡及的思考に加えて、もう一つの思考の方法を要請している。それは「重層的思考」と形容されるそれである。

重層的思考――超越し先導する力動性

　ここで、先にふれたキェルケゴール、ボンヘッファーに立ちかえろう。彼らが重視するこの世性が、対極的なものを重ねるという思考を必要としているからである。あきらかに対極にある二つの概念は、つながっている。たとえば、歓喜と悲哀、穢れと無垢、定住と放浪、始まりと終わり、固定と流動、生成と消滅が、そうである。まず、これら対極的な二つの概念は、分かちがたい。悲哀があるから歓喜があり、暴力があるから無垢があり、定住があるから放浪があり、始まりがあるから終わりがあり、固定があるから流動があり、生成するから消滅する、ともいえるからである。次に、こうした区別のための相補性に加えて、人は、その対極のつながりになじんでしまうと、それぞれの極、すなわち悲哀も歓喜も、定住も放浪も、暴力も無垢も、始まりも終わりも、固定も流動も、生成も消滅も、二重写しになり、重なりあってくる。すなわち、二つの概念が、対極的であるにもかかわらず、しばしば連続的に象られるようになる。それは、「私」の歓喜が「あなた」の悲哀と一体であると感じること、禍々しい穢れのなかで無垢を求めること、大人しく定住しながら放浪に焦がれること、愛の熱く高まる始まりのなかでその終わりを予感すること、などである。

このように、ものごとについての対極的な二つの概念を重ねてとらえることは、すこし翻案していえば、この世界から隔たりながらも世界へかかわる、というスタンスを可能にする。すなわち、世界に対し疎隔的かつ関与的に生きる、という重層的スタンスを可能にする。というのも、この世界は、対極にあるように見える二つの位相から成り立っている、と考えられるからである。すなわち、人が学生、社員、市民など、社会的に価値づけられた「何者か」になる社会空間という位相と、そうした「何者か」になることとは無縁に「一つの生」として生きる場所という位相から。こうした重層的世界の象りは、現代の学校教育や教職教育学においては、あまり語られていないが、人が実際に生きることを考えるうえでは、もっと語られるべきである。人が「何者か」になることは社会的価値であり、「一つの生」として特異な場所に存在し実存することとは存在論的事実であり、人は、この二つの位相をともに生きているのだから。

「何者か」になることとは、人それぞれであり、またさまざまに語られてきたが、基本的に社会に生きる人の運命といえるだろう。先にふれたルソーは『エミール』において「社会の秩序（ordre social）のもとでは、すべての地位ははっきり決められ、だれもがその地位のために能力形成（élevé）しなければならない。特定のその地位に向けて作られた個人は、その地位を離れると、もうただの役立たずである」と述べている（OCR 4, E: 251）。近代以降の個人主体において、それは、おもに社会的に有用・有能な「人間」になること、たとえば「人材」となることである。その「人材」は、およそ有用性・有能性に染まっている。すなわち、何らかの利益を生みだすことに傾いている。そうした「何者か」になるという営みは、たしかに「文明」を作り出してきたが、同時に重大な「滅び」を招き寄せているように見える（終章参照）。

　しかし、人は、人材として「何者か」になるだけでなく、たんなる有用な人材であることを越えて生き生きと生きようとする「一つの生」（une vie）でもある。再度ルソーを引けば、彼は「自然の秩序（ordre naturel）のもとでは、人はすべて同等（egaux）であり、［一人ひとりに］分有されている要請［召命］（vocation commune）は、人であること（état d'homme）である。……自然は、人に人間的に生きること（la vie humaine）を命じている。生きること（vivre）、それが私が生徒に教えたいことである」と述べている（OCR 4, E: 251-2）。ルソーにとって「生きることは……活動すること（agir）である。私たちの器官、感覚、能力、身体のすべてを［自分以外の他者に向けて］活用することであり、それらが私たちに生きているという実感を与えてくれることである」（OCR 4, E: 253）。この生動性は、ルソーがいう「あらゆる人びとが分有している自然の言語（langue naturelle）」「子どもが話せるようになる前に話している言語」「私たち［大人］が……もはや完全に忘却している」それ、すなわち「活動性」（activité）である。「子どもの心には、それ［＝活動性］が溢れ、外へ広がっていく。子どもは、周りにあるものすべてを生き生きさせるほど、生き生きしている」（OCR 4, E: 289）。

　この「何者か」と「一つの生」という二つの生存の位相、そして社会順応と活動志向という二つの教育の位相を重ねあわせることが、重層的思考である。私の提案は、その方法として、生きている実感のある生、「一つの生」の力動性を「何者か」にも通底させることである。ルソーがいうように、この子どもの活動性が、意図し思惑する自己が形成され、他者・事物の「支配」（empire）を欲望しはじめるとともに、「自然の道」（la route de la nature）からはずれていくとすれば（OCR 4, E: 289-90）、さらに「規律」「法律」「管理」が次々に要請され息苦しさを生みだしているとすれば、立ちかえるところは、この力動性ではないだろうか。のちの各章で敷衍することであるが、さしあたり予示するなら、この力動性は、社会的に定位された目的、技術的に確実である方法をともなわないこともあるだろう。しかし、その試行錯誤の力動性は、趨勢・文明のもたらす社会的必然に抗いつつも、新たな〈よりよく〉の創始に向かうベクトルを秘めている。そして、その創始のベクトルは、孤独な個人ではなく、他者とともに在る人に生じる。「私」とともに在る他者――生者であれ、死者であれ、他の動物であれ――の、聞こえない言葉を聴くなかで。その他者の言葉は、客観性や道徳性、妥当性や有徳性を帯びて万人を説諭するもっともらしい言葉ではなく、ただこの「私」の心に響き、その心が聴く言葉である。とりわけ、かつて創始する活動に専心し、語りえない想いとともに生動的に生きた他者の言葉を聴くことは、「私」を超越し先導する力動性を呼び覚ます。

自己創出を貫く〈よりよく〉のベクトル

私のもう一つの提案は、こうした遡及的思考が黙示し重層的思考が要請するもの、つまるところ超越し先導する力動性に彩られた〈よりよく〉というベクトルを、蓋然的事実性（およそ現実と考えられるもの）として措定することで、この〈よりよく〉のベクトルの具体的な現れ（活動）を「自己創出」という言葉で意味づけることである。それは、いいかえれば、自己形成概念の背景のなかに見いだされる「心の眼」がともなうキリスト教思想を存在論的思考にずらすことで、自己形成概念をより開かれたもの、より活動的＝生動的なもの、いいかえれば、超越し先導する力動性にずらすことである。

この自己創出は、いわゆる自己（self）ないし「同一性」（identity）を創出することではなく、ある人において〈よりよく〉に向かう思考がおのずから創始されることである。すなわち、ここでいう自己は、「エゴ」（わたし）ではなく「アウトマトゥス」（おのずから）である。この「自己創出」という言葉は、もともと「オートポイエーシス」（Autopoiesis）という、社会システム論で有名なドイツの社会学者、ルーマン（Niklas Luhmann 1927-98）が用いた術語の翻訳である。「オートポイエーシス」という言葉は、ルーマンが用いたことで知られるようになったが、もともと、一九八四年にマトゥラーナ（Maturana, Humberto）とバレーラ（Varela, Francisco）が『知恵の樹』という本で用いた言葉である（Maturana/Varela 1984; cf. 田中 2019）。

くわえて、私は、ルーマンの原義を越えて、この「自己創出」を「メタノイア」（metanoia）というニュアンスを込めて用いる。「メタノイア」は、キリスト教思想において、およそ「悔い改め」と訳されてきた、古いギリシア語である（ラテン語訳は「ペニテンティア」（paenitentia））。一例を挙げれば、それは、イグナチオ・デ・ロヨラ（Ignacio de Loyola 1491-1556）によって開始された、イエズス会の「霊操」（Exercitia spiritualia）であり、「霊性」（spiritus）を活発に「はたらかせる」（exercere）ことである。しかし、「メタノイア」は、本来「超えて（meta）－考える（noéo）」ことを意味していた。以下において、このメタノイアは、「悔い改め」というキリスト教的な意味づけを棚上げされて、「思考を更新する」という意味で、用いられる*。

私の関心は、キリスト教思想が前提にしてきた「霊性」にあるではなく、そう形容される（＝解釈され構成されうる）、通念を超越し先導する自己を超える力動性、すなわち「おのずから」（actuel）の現勢的営みにある。私たちは、「思考する」といえば、「私」のなかにある意図し欲望する自己が「みずから」（actif）行う活動的営み、と考えがちであるが、何も考えないことがじつに難しいように、思考することは、自己が意図し欲望して行うみずからの営みというよりも、おのずから始まる営みである。このおのずからの思考は、およそとりとめもないが、ときに思いもよらない〈よりよい〉ことを「私」に告げたり教えたりする。この「おのずから」は、ハイデガーの理解する「フュシス」（physis 自然）、すなわち「それ自体-から-立ち現れる」（das von-sich-her Aufgehen）に、また「ポイエーシス」（poiesis 創出）、すなわち「こちら-まえに-もたらす」（Her-vor-bringen）につながっているだろう（GA 7, FT: 12/19-20）。

＊ このような意味のずらしは、メタノイアについて熟慮してきた神学に対し無遠慮かもしれない。日本の哲学者としておそらくもっとも早くメタノイアに着目したと思われる田邊元は、「メタノイア」という言葉を使わず、それにかわるより哲学的概念として「メタノエティク」（懺悔道）を提案している（田邊 2010: 55-8）。

「自分よる自分の創造」と共存在

こうしたおのずからの自己創出は、またベルクソンのいう「自分（soi）による自分の創造」にも重ねられるだろう。ベルクソンは、一九一九年の『精神的活力（精神のエネルギー）』において、次のように述べている（なお、ベルクソンのいう「精神」（esprit）は「魂」（âme）にひとしい（HB, DS: 280/II: 202）。そして「魂」は、先にふれたように「アニマ」「アニムス」の意味をふくんでいる（HB, DS: 139/II: 206-7））。

「成功するという自信のなさにまさに比例し、人は賛辞や名誉にすがりつく。虚栄心の底には、自分に対する不安がある。……自信のある人、生命に溢れ、持続する作品の創出に確かな自信をもっている人は、賛辞を求めず、名誉を越えたものを自分のうちに感じている。そのような人は、創造者であり自分が創造者であると知っている。そのような人の感じる歓びは、神性的歓びである」（HB, ES: 23-4/40-1）。

「人間の生命（vie）の存在理由は、この創造にあるのではないか、それは、芸術家や科学者の創造ではなく、すべての人がすべての時に追及できる創造ではないか、すなわち、自分による自分の創造（la création de soi par soi）、少ないものを多いものに、ないものをあるものに変える、世界の豊かさを増やす努力によって、人格性を気高くすること（l'agrandisment de la personnalité）ではないか」（HB, ES: 24/41 傍点は引用者）。

ベルクソンのいう「人格性を気高くする」「自分による自分の創造」は、自己（moi）の意図・思惑に支配されているのではなく、人が分有している「生命」という「自然の力」（forces naturelles）に駆動されている。ベルクソンにとって「心の活動」（l'activité mentale）である「思考」が「脳から独立していて」「人格性を保存しさらに強化する」ことは、「身体がなくなった後も、可能的であり蓋然的である」（！）。ベルクソンは、この「思考」が「より強い生命に向かおうとしている」と推測し、「その生命を、闘いの生命、すなわち創発を求め、創造的に進化するもの」と形容し、そうした生命のはたらきのなかで「私たちの一人ひとりは、自然な力のはたらきだけで、道徳的地平（plans moraux）に到達するだろう」と述べている（HB, ES: 27/45）。つまり、「生命」は、ただ生きているのではなく、〈よりよく〉（melior）という先導性をふくんでいる、と。

ベルクソンは明示的に述べていないが、つけ加えるなら、自己創出論における思考は、かならず何か・だれかについてのおのずからの思考である、と考えられる。このように思考を対他的に概念化することによって、自己創出論は、現代哲学の一つの到達点につながってくる。すなわち、先にふれたレヴィナスが「顔」（visage）という言葉で暗示した、「他者へ」という、おのずからのベクトルの地歩（立脚点）に。人間は一人ひとり個人としての「私」だから自己であるという、あの通念の自己を前提にするかぎり、「他者」は対象化され、もう一つの自己として孤立化されるが、このおのずからの思考を前提にするなら、「他者」は主体化され、「私」とともに在る「あなた」として共存在化されるだろう。そして、「知る」ことが、おのずからかつ他者とともに「知る」ことになるだろう。こうした自己創出は、創始的に活動しつづける人が、まだ創始的に活動していない他者をそうした活動に価値・規範に依存せずに誘うことでもある。

現代において、自己陶冶・自己形成は、もはや過去の遺物であり、うまく生きるうえで何の役にも立たない、とはいえないだろう。思考の再帰性・反照性は、「人間性」という古い概念と不可分であり、「人間的」であることは、今でも重要な意味をもっている、と考えられるからである。思いだされるのは、二〇〇八年に公開された『人間的経験』(*The Human Experience*)という映画である(監督はCharles Kinnane)。そのなかで、ニューヨークでホームレスだった二人の兄弟が、ペルーやガーナを旅しながら、人生を問いつづける。「生きる理由は何か」「私たちは人間的であることを忘れていないか」と。彼らは、最終的に「人間的人格」(human person)、「人間的精神」(human spirit)に気づく。それらは、先に引いたアレントの「人間的条件」(The Human Condition)、すなわち「活動的生」(vita activa)に通じているだろうし(Arendt 1998; 2002)、ベルクソンの「完全無欠な人間性」(humanité complète parfaite)、すなわち「直観と知性」(intuition et intelligence)という「二つの意識の活動様態が十全に展開しているような」人間性にも通じているだろう(HB, EC: 267/339)。

人間の本質を「存在」(生命)としてとらえなおす

さて、本書でとりあげる思想は、古代から近世に及ぶが、すべてキリスト教思想、いわばヘブライズムである。一八六九年に、イングランドの詩人、アーノルド(Matthew Arnold 1822-88)は、『教養と無秩序』のなかで、ヘブライズムとヘレニズムの「人間(性)」について、次のように述べている。「人間は、本当に[プラトンのいうような]温雅で純朴な存在者なのか、気高く神性な自然(divine nature)の痕跡を留めているのか、それとも、[パウロのいうような]不幸な鎖に繋がれているのか、言葉に表せない切実な呻きとともにこの死の身体から自分を解き放とうと喘ぎつづけているのか」と（Arnold 2011［1869］: 153/170）。しかし、本書で試みられることとは、アーノルドの考えるところとはちがい、キリスト教思想で語られる語る「人間性」に、アーノルドの考えるヘレニズムの「温雅で純朴な存在者」「気高い神性の自然」を見いだすことである。

この人間性概念のとらえなおしにおいては、方法論的に、抽象／具体という考え方が退けられる。「人間性とは何か」と問い、「人間の本質」を規定することは、あらゆる人間に多かれ少なかれ共通する性質を記述することである、という考え方は、先にふれたセーヴが論じているように、たちまち「理論的袋小路に追い込まれる」からである。その考え方が、ある個人の生き生きとした具体的特異性を見失うからである。セーヴは、マルクスにならい、「人間の本質は、社会的諸関係の編成（ensemble）である」、いいかえれば、人間の本質は社会的諸関係に編み込まれていると考えることで、この理論的袋小路を回避しようとした。これは「人間の本質」を抽象的本質から「具体的本質」（essence concréte）にずらすことである（LS, MP: 334/361）。

セーヴは、この具体的本質としての「人間の本質」を認識することは、「抽象／具体、本質／実存、一般／特異といった対立を、すべて消し去ることになる」と述べている（LS, MP: 334/361）。具体的本質としての「人間の本質」の認識は、何か具体的事象のなかに抽象的なものを見いだすこと、実存している人のなかに本質的なものを見いだすこと、特異な行動のなかに一般的なものを見いだすことだからである。たとえば、イエスの活動は、他のだれも行ったことのない、具体的で実存的で特異的な活動であるが、その活動は、多くの人びとを長いあいだ惹きつけてきた。その圧倒的な魅力・強度が、具体的本質である。それは、端的にいえば「慈愛（カリタス）」であり、その言葉で遡及的に象られる、生き生きとした活動そのものである。

こうした具体的本質として「人間の本質」を認識するとき、「本質」の意味は、すでにずれている。セーヴが「本質もまた、動きであり、具体的生命（vie concréte）である」と述べていることを敷衍していえば（LS,

MP: 337/364)、それは、音叉の共振現象のように、人と人が思わず交感し共振することである。いいかえれば、それは、法律や道徳といった人為規範のような〈規則〉(régle)、すなわち人から区別され、人を支配したり人に命令したりする言辞ではなく、原子が振動するといった物理法則のような〈規則性〉(régularité)、すなわちおよそ人の生と一体であり、遡及的にのみ取りだされる性状である。ハイデガーの存在論の言葉を用いれば、規則性は「存在」(Sein/esse)であり、その具体的現象が「存在者」(Seiende/ens)である。

もっとも、このように述べることは、以下の各章で取りあげる「人間の本質」すなわち「人間の自然」「人の自然」「神の類似」と呼ばれるものが、はじめから「存在」として語られていた、ということを意味していない。そうした「人間の本質」を「存在」としてとらえることは、終章であらためて確認するように、ニーチェ(Friedrich Nietzsche 1844-1900)を念頭に置きつつも、私が行う一つの解釈であり提案である。ニーチェは、一八八三年の『ツァラトゥストラはこう語った』の第一部で、当時のキリスト教的人間性を乗り越えるために、「人間において偉大なことは、人間が橋であり、目的でないことである。……私が愛する者は……うまく生きる技法を知らない者たちである。彼らが、彼方へ渡り行く者だからである」と述べている(KS 4, AsZ: 16/24)。私は、この「橋」の「彼方」を「存在」、またベルクソンを援用し「生命」と解釈してみたい。

第１章

〈心の眼〉に見える像

――アウグスティヌスの〈アニマ〉

The Imago in the Eyes of Mind : Anima of Augustius

〈概要〉　本章の試みは、**アウグスティヌス**に立ちかえり、いわゆる「**自己表現**」概念をゆさぶることである。〈**よく生きようとする**〉ことは、キリスト教においては、**超越者**という、通俗的な意味・価値**を超えた存在者**を知ることである。それはいかに可能かという問いは、アウグスティヌスにとって、〈**神を見る**〉**こと**を問うことにひとしい。この問いに、彼は、人の心が「**神の類似**」となることで、と答える。「神の類似」としての心は、「**知性**」という「**心の眼**」によって呼び覚まされる。「心の眼」は、イエスをよく知ることで、**アニマ**が活性化され、**霊性**として、知性としてはたらき、「心の眼」で「**神の像**」を見る。アニマは、人が〈**神に与り生きる力**〉であり、霊性、知性は、アニマに潜在する〈**神に向かう志向性**〉である。こうしたアニマ、霊性、知性による神の象りは、人が自己を原因としない、**自己なき自己表現**といえるだろう。この表現が、いわゆる自己表現と決定的にちがうのは、その表現が自己を超えた**他なるものの表現**であることである。

1 「心の眼」をめぐって

表現は敬意に支えられている

いわゆる「自己表現」は、現代社会で盛んに行われている。たとえば、小学校の国語の授業で行われる「作文」も自己表現であり、インターネットを介して個人が公開する「ブログ」や「ユーチューブ」も自己表現であり、さらに企業で行われる商品・企画の「プレゼンテーション」も自己表現をふくんでいる。大雑把にいえば、自分が行う行為や、自分の考えの表出が「自己表現」と呼ばれている。その自己は、事物を観察し想像する主体であり、自己表現に使われる言葉・映像・音楽などは、客体を伝達するメディア（媒体）である。つまり、そこには主体／客体の図式が前提にされている。

しかし、本章で取りあげる、「自己それ自体」（suus ipse）の表現という意味における「自己表現」は、あまり使われていない言葉、といえるだろう。この「自己それ自体」は、批評家である小林秀雄（1902-83）の一九七四年の講演「信ずることと知ること」の言葉を用いれば、「天与の情（こころ）」に重ねられる（小林 2013: 35）。それは、小林の一九五七年の「美を求める心」から引くなら、「自から外に現れたり、叫びとなって現れたり」する「感動」をともなっている（小林 2013: 58）。このおのずからの感動をともなう「天与の情」は、小林が今や失われつつあると危惧している営みである。すなわち、すでに一九七〇年代において。

確認しておくなら、表現の主体が自分であることと、表現の内容が自分のものであることは、区別される。表現の主体が自分であっても、表現の内容が自分のものではないことは、すくなからずあるからである。それは、たとえば、「代弁」「預言」「霊感」と形容されてきたことである。文芸作品や楽曲の創作において、しばしば「降りてくる」「取りつかれる」といわれる状態は、よく知られている。たとえば、小説家の遠藤周作は、映画化された有名な作品『沈黙』の最後の場面は、まるで「誰かが私の手を持って書かせてくれている感じだった」と述懐している（遠藤 2017: 71）。また、ゲーテ（Johann Wolfgang von Goethe 1749-1832）は、一八〇八年の『ファウスト』のなかで、次のように書いている。「霊性（Geist）の助けだ。とっさにある考えがひらめいた。私は確信をもって書いた。『はじめに行為がある』と」（GW 3, FET: 44/42）。

こうした自分が享受したもの、つまり自分のエゴを超えて贈られたものに、人は、敬意を抱いている。たとえば、「複製」「剽窃」「贋作」なども、表現の主体は「私」であるが、表現の内容は「私のもの」ではない。これらは、いわば流用の表現であり、先に述べた「代弁」「預言」などの享受の表現から区別される。流用の表現は、表現の内容に対する敬意、そしてその表現をした人に対する敬意を欠いているからである。そうした流用の表現は、自分の利益確保のために何かを利用するという、自分のエゴが作りだす手段化の思考に囚われ、その表現そのものを大切に思うという、敬意をともなわない。自己表現は、表現する人（作者）の表現されるもの（作品化されるもの）への敬意を必須条件としている、といえるだろう。

超越者への畏敬

こうした表現されるものへの敬意は、文化を支える思想によってさまざまに意味づけられる。芸術・詩作論も、そうした思想の一つである。さきにふれた小林は、一九五〇年の「表現について」のなかで、ボードレール（Charles-Pierre Baudelaire 1821-67）以降の象徴派の詩人たちは、自己を「詩魂」ととらえていた、と述べている。この詩魂は、「表象されるもの」ではなく、「象徴」（symbole）によってのみ暗示されるものである（小林 2013: 205）。ボードレールは、しばしば「退廃的・官能的」と形容される『悪の華』（Les Fleurs du mal）の作者として有名であるが、その詩作論は、ワーグナーの大管弦楽に音楽の「雄弁さ」を見いだし、その「雄弁さ」を詩作のなかに回復しようとしていた、といえるだろう。その詩作の「雄弁さ」は、語りえないものを何らかの象徴を通じて暗示するという営みであり、その営みが、小林のいう「詩魂」であろう。

ヨーロッパ古来のキリスト教思想を文脈としつつ考えるなら、もっとも語りえないものでありつつも、暗示されつづけてきたものは「神」（Deus）である。その神は、「永遠」「無限」「実体」「全知」といった言葉で形容されてきたが、私見を述べれば、人びとを沈黙させ、交感させる圧倒的な力動である。人が思わず語りはじめるような語りえないこと、意味・価値に還元できないことである。そして、キリスト教思想においては、表現への敬意は、この神に、すなわち欲望し思惑する自己を超越する存在者への畏敬に、通じていた。いいかえれば、キリスト教思想においては、人は「神を表現するもの」（expressio/repraesenatio Dei）である。すなわち、人として在ることは、あまりにもささやかであるが、「神性」（divinitas）を表現することである。

本章で取りあげるアウグスティヌスは、ラテン教父の一人であり、古代キリスト教思想を代表する思想家である*。そのアウグスティヌスは、『三位一体論』において次のように述べている。「私たちが心（mens）において抱く［神につうじる］言葉（verbum）は、物体的である徴し（signum）を通して、身体の感覚に知られるものになる」（AA, DT: 15. 10. 19）。補足しておくなら、次章で取りあげる「外に響く言葉は、内に輝く言葉の徴しであり、この内なる言葉が、真に言葉と呼ばれる」。同じように、神の知識につうじる「歌は、たとえ身体の口が黙っていても、アニマに溢れている」と（AA, DT: 15. 11. 20）。トマス・アクィナスは、『神学大全』において、端的に「いかなる被造物も、それがいくらか［神の属性である］完全性をもつかぎり、神を表現し（repraesentare）、神に類似する」と述べている（TA, ST: 1, q. 13, a. 2, co）。その「表現する」は、表現されるもの（神性）への畏敬を、必須条件としている。

こうした、畏敬とともに表現される、自己を超越する存在者、いいかえれば、人を沈黙させ、共振させる存在者を「超越者」（transcendental entity）と形容しよう。そして、この超越者に向かって、通念の意味・価値、たとえば、利益・権力・名誉などに囚われている自分、しばしば悪に転落する自分を超える・離れる営みを「超越」（transcending）と形容しよう。アウグスティヌスが『真の宗教』で、神を知るために「あなた自身を超越せよ」（transcende et te ipsum）と述べているように（AA, DVR: 39. 72）、また『ヨハネの福音書説教』で「だれも、自分を超出（transierit）しなければ、彼［＝イエス］に到達できない」と述べているように（AA, IEIT: 20. 11）。なお、カントの「超越的」（transzendent）／「超越論的」（transzendental）という有名な区別を適用するなら、ここでいう「超越（者）」は「超越的」であるが、それを思考する仕方は「超越論的」である。

＊　アウグスティヌスについては、膨大な数の研究が行われている。本章の議論に関係するものとして、金子の一連のアウグスティヌス研究があり（金子 1982, 2002, 2004, 2008）、多くのことを教えられた。なお、本章では、アウグスティヌスとアリストテレス、プラトニズムの思想史関係については、立ち入らない。

「超越する」すなわち「神を見る」

なるほど、何らかの利益に直結する有用性・有能性が優先的に求められる現代社会に生きる人びとの多くから見れば、超越者を畏敬し、意図し欲望する自己を超越しながら生きることは、時代遅れな生き方に見えるかもしれない。しかし、私たちがそうした社会的情勢に生きているからこそ、何らかの超越者に還元されない超越を想像する可能性が、求められるのではないだろうか。そもそも、人が、およそ〈よりよく〉生きようとするかぎり、超越者に類するものが、おぼろげながらであれ、象られるからであり、多くの人は、ささやかながらでも、〈よりよく〉生きようとしているからである。それは、たとえば、私たちの多くが行うふりかえり（反省）である。わずかでも〈よりよく〉生きようとしないなら、人はふりかえったりしない。

ともあれ、本章では、アウグスティヌスに即しつつ、超越することを敷衍しよう。アウグスティヌスにとって超越することは、最終的に、人が「神を見る」こと（visio Dei 神の直観）である。『神を見ること』（「手紙第一四七」）によれば、それは「身体の眼（corporis oculis）が天上や地上の物体を見ることでも、心の注視（mentis aspectu）が何かを思いだすことでもない」（AA, DVD: 1. 3）。それは「浄い心情（mundo corde）で神の子であることを希求する人が、見えない神を見ること」である（AA, DVD: 5. 13）。『ヨハネの福音書説教』では「［キリスト者を嘲笑した］彼らは、肉の眼（oculis carnis）で虚栄（vanitatem）を見るが、私たちは、心情の眼（cordis oculis）で真理（veritatem）を見る」と記されている（AA, IEIT: 7. 6）。この「神を見る」ないし「真理を見る」は、後述するように、「心情の眼」ないし「心の眼」（oculus mentis）で「神の像」を象ることである。

この「心情の眼」という言葉は、パウロに由来している。パウロは、いわゆる「エフェソの信徒への手紙」のなかで「［神が］あなたたちに知恵と啓示（sophias kai apokalypseos / sapientiae et revelationis）の霊性（pneuma / spiritum）を与え、あなたたちが神を知ることで［あなたたちは］心情の眼（tous ophthalmous tes kardias / oculos cordis）を開き、……神の力の巨大さを認識できる」と述べている（エフェソ 1.18-9）。パウロのいう「心情」（kardia カルディア）は、アウグスティヌスのいう「心・心情」（mens/cor）と重なり、古代のキリスト教思想のいう内面であり、「インテレクトゥス」、「アニマ」（anima ギリシア語の「プシュケー」psyche）、「スピリトゥス」（spiritus ギリシア語の「プネウマ」pneuma）をふくんでいる。序章でも述べたように、本書では、インテレクトゥスは「知性」と訳し、アニマは「アニマ」のままとし、スピリトゥスは「霊性」と訳す。

以下、まず、アウグスティヌスのアニマ、アニムス、「人（間）の自然」の意味内容を析出し、とりわけアニマに〈神に与り生きる力〉という性状を見いだす（第2節）。次に、アウグスティヌスの霊性、知性、「心の眼」の意味内容を析出し、それらに〈神に向かう志向性〉という性状を見いだす。それは、人が「神の類似」であることを暗示している。人は、イエスを深く知ることで、霊性を活性化し、知性ないし「心の眼」によって「神の像」を描きだす。それが「神を見る」ことである（第3節）。次に、この「神を見る」ことは、イエスの体現したフミリタスを感受することに支えられつつ、神の「存在」を感じ、神とともに在ることにいたる、と述べる。最後に、こうしたアニマ、霊性、知性などによる神の象り（神を見ること）は、人が、いわゆる自己を原因とせずに自分を体現する「表現」である、と述べる。その自己なき自己表現が、いわゆる「自己表現」と決定的にちがうのは、その表現がおのずからの出来であることである（第5節）。

2　アウグスティヌスのアニマ

アニマの由来

アウグスティヌスのもっとも有名な言葉は、おそらく『真の宗教』に記されている言葉、すなわち「外に出て行くな。あなた自身のなかに帰れ。真理は内なる人（interiore homine）に住んでいる」であろう。アウグスティヌスは、そこで、この「内なる人」から区別されるが、それによって高まるものがあるという。それは「理性的に推論するアニマ」である。「忘れるな。あなたが自分を超越するとき、理性的に推論するアニマ（ratiocinantem animam）も超越するということを」（AA, DVR: 39. 72）。教皇ベネディクト一六世は、この箇所を引きながら、真理を知るためには、信仰と理性がともに必須である、と述べているが（Benedict XVI 2009/2009: 278）、この「理性的に推論するアニマ」の「アニマ」は、何を指しているのか。

アウグスティヌスの「アニマ」は、英語では「ソウル」（soul）と訳され、フランス語では「アーム」（âme）

と訳され、日本語では「魂」と訳されているが、そう訳されても何を意味しているのか、よくわからない。その言葉をさかのぼれば、それは、ギリシア教父の一人であり、あの「三位一体」を説いたことで知られているオリゲネス（Origenes Adamantius 184-253）が『根本諸原理』（*Peri Archon / De Principiis*）で使った三対の言葉に由来する。「ソーマ」（soma 身体）、「プシュケー」（psyche 魂）、「プネウマ」（pneuma 霊性）である（Origenes 2012 [1913]: 4. 2. 4）。これらは、人を構成する基本要素であるが、そのうちの「プシュケー」が、ラテン語で「アニマ」と訳された（詳しくは、金子 2012: 15-20, 81-5; Louth 2007［1981］/1988: 101-34; Crouzel 1985/1989参照）。

　しかし、もっとさかのぼれば、このプシュケー、ソーマ、プネウマは、パウロが用いた言葉である。パウロは、「テサロニケの信徒への手紙Ⅰ」で「あなたたちのプネウマ、プシュケー、ソーマ（hymon to pneuma kai he psyche kai to soma）」と書いている（Ⅰテサロニケ 5. 23）。ごく簡単にその意味を示そう。パウロは、見えるソーマと、見えないプネウマを区別するが（Ⅰコリント 6. 20; 7. 34）、プシュケーとソーマを区別しつつも対立させていない。プネウマは、神由来の非物体的な力であり、そのはたらきは、プシュケーとソーマをともに「聖化」（sanctificatio）することである（マタイ 10. 28）。プシュケーは「知る・感じる・志す」などの「心のはたらき」であり（ヘブライ4. 12）、ソーマは、プシュケーと不可分である「なまみの身体」である。

　つまり、パウロは、アリストテレスのプシュケー／ソーマ（ラテン語のアニマ／コルプス）の対立関係、すなわち心身二元論を前提にしていない。アリストテレスにとって心身は相関しないが、パウロにとって心身は相関する。また、パウロにとって、プネウマは、プシュケーとソーマをともに高めるものである。すなわち、人を神に向かわせ力であり、それが出来する契機は「人が「キリスト・イエスと結ばれる」ことである（ローマ 6. 3）。さしあたり、プシュケーとソーマの相関を踏まえて、アニマと身体が相関している、と想定し、プネウマのはたらきを踏まえて、霊性がアニマと身体にはたらきかける、と想定しておこう*。

＊　こうしたアリストテレスのプシュケー／ソーマと、パウロのプシュケー／ソーマ／プネウマの違いについては、金子の研究で詳しく論じられている（金子 2008: 17-93）。

アニマと生命・生動

こうした概念史を踏まえて、アウグスティヌスのいう「アニマ」の意味を考えてみよう。金子に教えられつつ、まず確認すれば、アニマと身体は、ともに人の「自然＝実体」を構成する対概念である。アウグスティヌスは『説教一五〇』で「人のうちの実体（substantiam）ないし自然（naturam）に属するものは、身体とアニマ以外に何もない」と述べている（AA, S 150: 4. 5; 金子 2008: 95）。『アニマとその起源』では「確かな人の自然の全体（natura certe tota hominis）は、霊性、アニマと身体である」と述べている（AA, DAO: 4. 2. 3; 金子 2008: 95）。霊性をしばらく棚あげすると、アウグスティヌスは、また「コル（cor）という言葉は、転用や転義によって、身体に適用されるものからアニマに適用されるものになる」と述べている（AA, DT: 10. 7. 9）。すなわち「心臓」を意味する言葉から「心情」を意味する言葉になると。『告白』では「身体とアニマが存在する。［どちらも］私のもとに現存している」と述べ（AA, C: 10. 6. 9）、『ヨハネの福音書説教』では「身体は目に見えるものであるが、アニマは目に見えないものである」と述べている（AA, IEIT: 20. 10）。こうしたことから、アニマは不可視の非物体的な人の自然であり、身体は可視の物体的な人の自然である、と考えられる。

このアニマのはたらきは多様であり、主要な概念をおよそふくんでいる。金子が『霊性とアニマ』から引いている部分とかなり重なるが、引いておこう。「アニマは、霊性であり、知性的・理性的であり、つねに生動的（vivens）・動態的であり、善も悪も意志しうる。……それは［身体を］生かす（vegetat）という意味で［まさに］アニマ、［神を］観想する（contemplatur）という意味で霊性、感受するという意味で感覚（sensus）、知るという意味でアニムス、知解するという意味で心（mens）、分析し推論する（discernit）という意味で理性（ratio）、心に留める（recordatur）という意味で記憶（memoria）、同意するという意味で意志（voluntas）である」（AA, DSA: 13; 金子 2008: 96-7）。アウグスティヌスは『アニマの偉大さ』で、アニマのなかのアニムスに注目し、アニムスこそがアニマの「偉大さ」（quantitas）を示している、と述べている（AA, DQA: 2. 16. 28）*。

確認しておくなら、アニマは、身体によって「感覚する」（sentir）が、この感覚は、いわゆる知覚ではない。「感覚とは、身体が受容した（patitur）ものをアニマが顕わにすることである」（AA, DQA: 3. 23. 41）。『音楽論』によれば、光を受容するのは身体であるが、それを「清々しい・神々しい」と感覚するのはアニマである。「アニマは、身体のなかで思う（sentit in corpore）。そのとき、アニマは、外から何も受容しない。アニマは、身体の受容［＝身体が外から刺激を受ける］というはたらき（passionibus）のなかで、それを方向づける（attentius agere）。……受容は、身体に備わるはたらきであるが、そのはたらきは、アニマによって意味づけられ、方向づけられる」（AA, DM: 6. 5. 10）。すなわち、アニマは、受容の内容を「意味づけ、方向づける」。それは、理性によって「知っている」（scire）ものになる。「私たちは、理性によって感覚するのではない。見る、聴く、嗅ぐ、味わう、触れるによってである」。「私たちは［受容の内容をふくめ］知っている（scimus）ものすべてを、理性によって知っていく（scimus）」（AA, DQA: 3. 29. 57）。

アニマそのものは、「生命（生動）」（vita）とも考えられるが、それから区別されているとも考えられる。というのも、アウグスティヌスが、先の『音楽論』で「……身体は、アニマによって生命（vita）を与えられる」と述べているからである（AA, DM: 6. 5. 9）。『告白』でも同じように、「アニマは……身体の組織を生命（vitae）でみたす、私の力である」と述べている（AA, C: 10. 7. 11）。さらに『神の国』でも、「身体は……アニマが身体のなかで生きるかぎり、それによって生動する」と述べているし（AA, DCD: 13. 2）、生きものの「息」は「すべて、明らかにアニマを表徴している」と述べている（AA, DCD: 13. 24. 3）。しかし『ヨハネの福音書説教』では「アニマは身体の生命［生動］である。私たちの身体は生命［生動］をもっている」（anima corporis vita est: corpus nostrum habet vitam suam）（AA, IEIT: 3. 4）と述べ、「神は生動的である。アニマも生動的である。［しかし］神の生動は不変であるが、アニマの生動は可変である」（Vivit Deus, vivit et anima: sed vita Dei immutabilis est, vita animae mutabilis est）と述べている（AA, IEIT: 19. 11）。こうした記述から考えるなら、アニマは、生動的であることでもあれば、その原因である生命（力）でもある、と考えられる。

　さしあたり、アニマが、基本的に被造物の生動性を指し示し、その生動性は、本来的に生動的である創造力に因《よ》り与《あずか》っている、と考えてみよう。人の作りだした「行政、法律、習俗、技能」などの「全体は、アニマに司られている」（AA, IEIT: 8. 2）。しかし、アニマが創造的であるのは、アニマが、いわば生動的な創造力のもとにあるときである。アウグスティヌスは、たとえば「職人が作った箱は、生動的ではないが、そのわざのなか（in arte）では、生動的であった。職人のアニマは、生動させるものであり、作られたものはすべて、もともとアニマのなかにあった」と述べている。同じように「［太陽や月は］外から見れば、物体であるが、［神の］わざのなか（in arte）では、生動的であった」と（AA, IEIT: 1. 17）。この人のわざ（ars アルス）＝アニマ、神のわざが、本来的に生動的な創造力である、と考えるなら、生きものが、箱や天体とちがい、生動的であるのは、生きものが、本来的に生動的な創造力に因り与っているから、と考えられる。

　こうした創造力としてのアニマは、それが万物の創造者（神）につうじることを示している。「アニマは、自分を神に向かわせ、神とともに在るとき、神から義とされる［＝肯定される］」（AA, IEIT: 19. 11）。この神に因り与ることは、アニマにとって重要である。アウグスティヌスは、『三位一体論』で「アニマは、神に捨てられることで、死ぬ」と述べ（AA, DT: 4. 3. 5）、『神の国』で、人がアニマをつうじて「神に因り与り、生きている」ことを忘れ、自己を「始原」と思い込めば「高慢」に陥り（AA, DCD: 14. 13. 1）、あきらかな罪過すら認めようとしなくなる、と述べている（AA, DCD: 14. 14）。金子は、アニマを「身体を生かす生命原理」と把握しているが（金子 2008: 96）、いくらか敷衍し、アニマは神に与り生きる力である、と考えておく。

＊『アニマの偉大さ』で、アウグスティヌスは「より大きい」（maius）と「よりよい」（melius）を区別している。「アニマが年齢とともに成長し（proficit）、理性が形成されることは、私から見れば、アニマがより大きく（maior）ではなく、よりよく（melior）成長することである」（AA, DQA: 16. 28）。「偉大さ」と訳したクアンティタース（quantitas）は、「大きさ・量」を意味するが、アウグスティヌスのそれは、数量的大きさではない。

アニムスと心

先ほどふれたが、「アニマ」によく似ている言葉として「アニムス」がある。字義は「精神、気質、高慢、意志」などであるが、アウグスティヌスのそれは「心」と重なりうる想念（思考・情動）であろう＊。「知られるものは二種類あり、一方は身体の感覚を通じてアニムスが把握するもの、他方は［アニムス］それ自体を通じたそれである」（AA, DT: 15. 12. 21）。アウグスティヌスは、アニムスを、他の動物にないものという意味で、アニマから区別している。それはまず、神を問い求めるという志向性をもつ想念と考えてよいだろう。「見たものと感覚を結びつける」という「志向性（intentio）は、アニムスにのみ属する」（AA, DT: 11. 2. 2）。この志向性は、神に向かう力でもある。アウグスティヌスは「［アニムスによって］私たちが［肉という、人の］自然を超えて……ある真実の存在を問い求めるなら、創られず創りだす自然としての神に出会うだろう」と述べている（AA, DT: 15. 1. 1）。『霊性とアニマ』では「アニムスは、理性、推論すること（ratiocinatio）にひとしい」といいつつも（AA, DSA: 1）、「アニムスそれ自体は、［可知的なものを］知解することである。

……アニムスは、自分が見ている身体を司るもの（dominator）、導くもの（rector）、馴らすもの（habitator）である」と述べている（AA, DSA: 2）。

想念としてのアニムスは、したがって「私」（ego）に内在している。「私たちが話すとき、［話す人の］アニムスによって象られたもの［＝考えられたもの］が［声となって発せられ、聞く人の］身体の耳によって、その人のアニムスに入り込む」。ただし、アニムスによって象られたもの、すなわち「人が考えたこと（cogitatio）は、そのまま［話す人のなかに］とどまり、声の形（forma vocis）となったもの、すなわち音声（sonus）だけが［聞く人の］耳に入り込む」（AA, DDC: 1. 13. 12）。このアニムスは、音声である物体から区別されている。こうしたアニムスはまた、神と人であれ、人と人であれ、「呼びかける者」（vocans）／「受けいれる者」（percipiens）の関係、つまり呼応の関係のなかで人の内面が生き生きしてることも、意味している（AA, C: 10. 16. 25）。

アニムスは、また失敗したり、激昂したり、忘却したりと、いろいろと誤りうるが、「純化されうる」（AA, DT: 1. 1. 2）。その純化されたアニムスは「心」（mens）となり、卓越したはたらきを示す。「心やアニムスという名称」は「人間のなかにある卓越したもの」を意味しているからであり（AA, DT: 15. 1. 1）、「心は、アニマのうちにあるものであり、いわばアニマの頭、眼、顔」だからである。アウグスティヌスは「アニマすべてが、ではなく、アニマのなかにあるもっとも優れたものが、心（mens）と呼ばれる」と述べている（AA, DT: 15. 7. 11）。この心は、あとでふれる知性・理性に大きく重なっている。なお、このアニムスは『ヨハネの福音書説教』で「アニマ」と呼ばれているものと同じであろう。そこでアウグスティヌスは「アニマは、神からの善の源泉をとらえ、……それを分有することによって善くなる」と述べている（AA, IEIT: 39. 8）。

アニムスの意味は、著作によって異なり、アニマ、心と重なることもあるが、一つの試みとして、アニマ、アニムス、心の関係を、およそ次のように考えてみよう。すなわち、ひとりの人のなかには、非物体のアニマと物体の身体があり、そのうちの、神に与りつつ生きる力としてのアニマのなかに、何らかの志向性をともなう想念としてのアニムスがあり、心とは、そのアニムスが純化されたものである、と。

＊ アウグスティヌスのアニムス概念については、「エゴ・アニムス」という表現に注目する浅井（2017）の研究が興味深い。浅井はそこで、アニマを「命」、アニムスを「魂」と訳すことを提案している。

人間の自然と至福

次に、人は「アニマと身体から成る理性的実体（substantia rationalis）である」という記述に注目してみよう（AA, DT: 15. 7. 11）。「理性」については、次節でふれることとし、「実体」（substantia）についていえば、それは「自然」（natura）、「本質」（essentia）と同義であり、神性の特徴（創造性）を示す言葉である。「自然、実体、本質（natura vel substantia vel essentia）などの名称によって語られるべきことは、神が存在するということであり、それは、物体の形状として、見られるものではない」（AA, DT: 2. 18. 35）。「人間の自然」の「自然」も、神性の特徴を備えているから、そう呼ばれている。たとえば「善い意志」をもつ「人は、人間の自然（humana natura）がとらえうる善いものを歓ぶことを希求する」といわれ（AA, DT: 13. 6. 9）、「神の子は、父の神に対し、自然においてひとしく、状態においてより小さい」といわれている（AA, DT: 1. 7. 14）。

アウグスティヌスは、ここで「自然」と訳した「ナートゥーラ」も「人間の自然」と訳した「ナートゥーラ・フーマーナ／ホミニス」も多用しているが、明確に規定していない（と思う）。「ナートゥーラ」は、ギリシア語の「フュシス」（physis）、「ウーシア」（ousia）のラテン語訳であり、日本語でおよそ「本性」と訳されているが、古い日本語の「自然《じねん》」すなわち〈おのずから然るもの〉に近いかも知れない。「ナートゥーラ」が「生まれる・起きる・明ける」を意味する動詞「ナスキ」（nasci）に由来し、神は創造性そのものだからである。この創造性は「始源」（principium）と形容されている。始源は「存在するものの存在である（Ecce quod est esse）。それは、自分のうちに在り、すべてを新たにする（principium in se manet, et innovat omnia）」（AA, IEIT: 38. 11）*。こうした文言から、アニマもアニムスも心も身体も、人間の自然という、神が人に贈り人が神に与るもの、すなわち人をおのずから生き生きとさせる力（創造性）をふくんでいる、と考えられる。

このような人間の自然は、物体的な身体と、非物体的なアニマに大別されるが、どちらも「地」（terra）に属している。アウグスティヌスは、『ヨハネの福音書説教』で「神の恵み」（gratia Dei）と対比させつつ、「人間の自然」（natura hominis）について、それは「生まれ、育ち、これまで人が慣れ親しんだものを活用する」こと、「地に属するものとして、地に属するものを知ること」であり、「それが人のすべてである」と述べている（AA, IEIT: 14. 6）。しかし同時に、アウグスティヌスは、人は「心情」（cor）に注目することで「神の恵み」を受けとめられる、と考えている。「神の恵み」は、音声として人と人を媒介するいわゆる言葉ではなく、人が内面で「概念［懐胎］する」（concipis）言葉である（AA, IEIT: 14. 7）。この「概念する」（concipere）は、先にふれた「創造する」にひとしい、と思われるが、ともあれ、さしあたり、所与の人的な能力だけでなく、この「神の恵み」を直接受容する能力としての心情も、人間の自然にふくまれる、と考えておこう。

さて、こうした人間の自然は「至福の生」（beata vita）ないし「完全な生」（vita perfecta）をめざしている。「至福の生は、あなたがだれに導かれて真理にいたるか、どのように真理に与るか、何によって最高の知見［＝知恵］に通じるか、敬虔かつ完全に知ることとである」。つまり「唯一の神、唯一の実体を明らかにすることである」（AA, DBV: 4. 35）。「欲しいものを所有していても、かならずしも至福ではない」（AA, DBV: 2. 10）。「神に親しむ人が、至福である」（AA, DBV: 2. 11）。神に親しむことは「神に与ること」である（AA, DBV: 4. 34）。『神の国』から引用するなら、心は「神が人のアニマに与えた」ものであり、「そこには、理性や知性

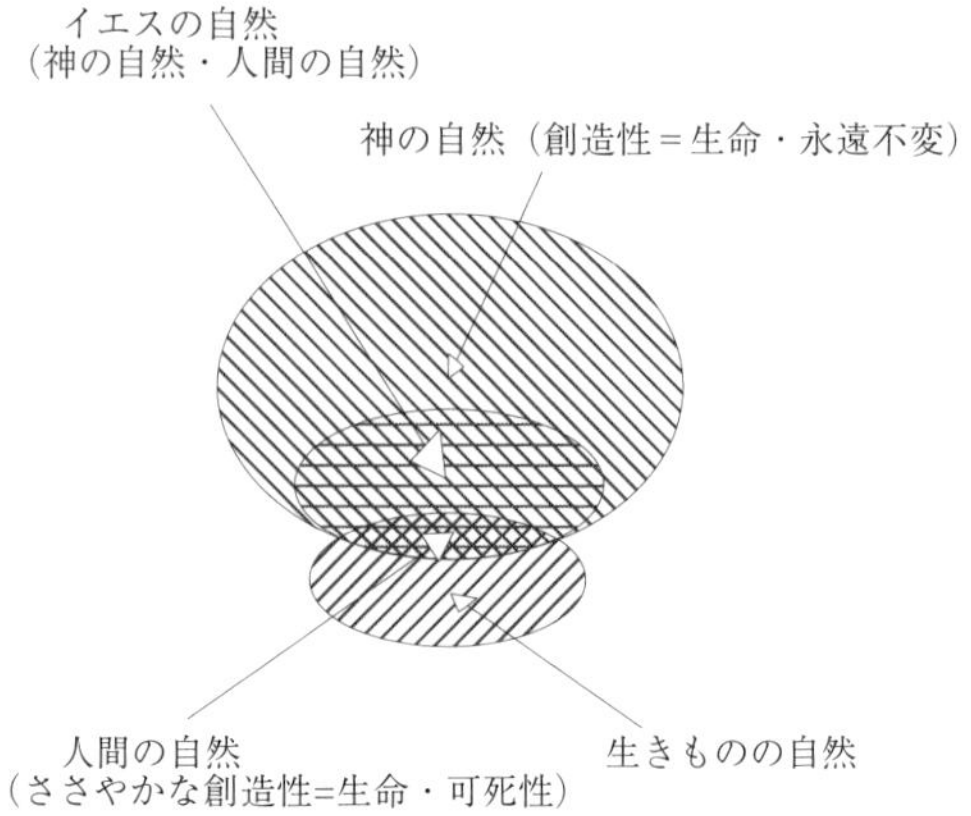

〈図1〉　自然の概念図（素案）

（intelligentia）があり」、それらは「子ども（infante＝言葉をもたない）のころは眠ったまま」であるが、やがて「真理の覚知（perceptio veritas）、善への愛（amoris boni）をもつようになる」（AA, DCD: 22. 24. 3）。つまり、人間の自然である心（アニムス）は、理性や知性として活動することで、神という真理に向かうようになる。

　人の心が神に向かいうるのは、人の心がもともと「神の類似」（similitudo Dei）だからであるが、人は、つねに自分の心を「神の類似」として活動させているのではない。むしろ、そのことをすっかり忘れている。それが活動するのは、心が「神を受け容れ、神に与るかぎり」である（AA, DT: 14. 8. 11）。アウグスティヌスは、その「心」（心の眼）を「知性」と呼んでいる。「知性（intellectus）は［心の］眼であり、そのなかで［人の］

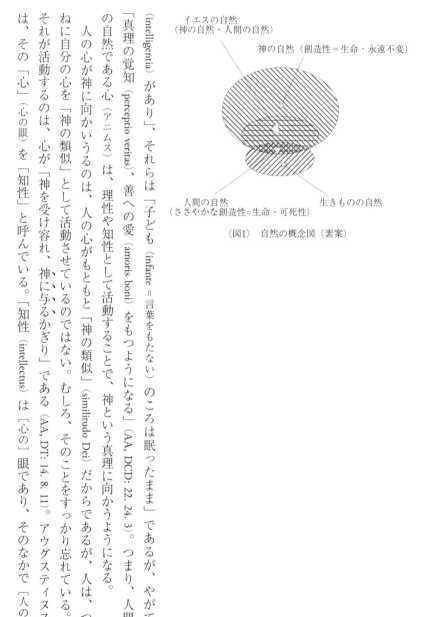

アニマは、永遠不変〔＝神〕を感じる」と（AA, DLA: 2. 6）。知性・理性については、後述する。

＊　この「存在」については、第4節であらためて取りあげる。

〈神に与る〉と〈神へ向かう〉

ようするに、アニマが、神に与り生きる力であるとすれば、その思考・感情というはたらきを神へと先導するものが、心ないしアニマスであると考えられる。かりにこのように考えるなら、アウグスティヌスのいう「不安」は、いわば、いたたまれなさ、と解することができる。『告白』に記されているように、アウグスティヌスにとって、人の根本的感情は「不安」（inquietus）である。「あなたは、私たちをあなたに向けて造った。〔だから〕あなたにうちに安らぐまで、私たちの心は不安に苛まれている」（AA, C: 1. 1. 1）（詳しくは金子 2004: 120-32 参照）。この不安は、人が〈神に与り向かう〉ように造られているのに、それを忘却しているために生じる心情、いわば、どうしようもないいたたまれなさであろう。はるかのちに、キェルケゴール、ハイデガーが語った存在論的「不安」は、このアウグスティヌスの不安と重ねられる（田中 2017）。

次節で、まず、こうしたアニマと霊性の関係を考えてみたい。金子は『キリスト教霊性思想史』において霊性とは「神への対向性」である、と述べている（金子 2012: 107）。あらためてふれるが、私はこの霊性解釈に従う。そのうえで、この〈神に向かう〉という能動性と一対をなす営みとして、〈神に与る〉という受動性がある、と考えてみたい。これは、〈神に与る〉という享受の力があるから、〈神へ向かう〉力という対向の力が生じる、と考えることである。さきに述べたように、アニマが〈神に与り〉生きる力である、とするなら、そのなかの〈神に与る〉が受動的なはたらきであり、〈神へ向かう〉が能動的なはたらきである。そのうちの後者がはっきり現れるとき、それが「霊性」と呼ばれる、と考えられる。すなわち、霊性は、心ないしアニムスのはたらきが、もっとも先鋭的に意味づけられた概念である、と。

次節で、もう一つ、この霊性と知性の関係を考えてみたい。さきにふれたように、人が神に向かうための第一条件である「心の眼」のはたらきは、自分を「神の類似」であると再認することである。この「心の眼」は後にふれるように「知性」とも表現されているが、この知性＝「心の眼」は、霊性とどのような関係にあるのだろうか。アウグスティヌスのいう知性は、先に述べたように「言葉をもたない」時期には眠っているが、もともと「言葉」を使用する力としてはじめから人に贈られている。人の「言葉」は、人それぞれ、民族それぞれと、ばらばらであるが、本来、「神の言葉」(verbum Dei) に通じ由来している。この知性＝「心の眼」のはたらきを、「神の像」にふれながら、確かめてみたい。

3　アウグスティヌスの霊性と知性

「神の像」と「神の類似」

まず、「神の類似」(similitudo Dei) と「神の像」(imago Dei) を区別しよう。「神の類似」と「神の像」を区別しないという考え方もあるが、金子は、アウグスティヌスにおけるこれら二つの概念の関係を次のようにとらえている。すなわち「精神〔＝心〕がその認識の究極において神の観照にまで至るとき、神の像は神の似姿〔＝類似〕にまで達する〉と (金子 2002a: 80; cf. 2012: 117)。金子の詳細な解釈からずれるかもしれないが、ここでは、次のように考えてみよう。すなわち、「神の類似」は、人が神に似せて作られていることを意味するが、その本来性は、傷つけられ、およそ忘れ去られている。しかし、アニマが、霊性に与りながら、心となって神を見る（＝知解する）とき、人の心に映る「神の像」は、本来の「神の類似」にまで高まる、と*。

　アウグスティヌス自身の言葉を引用しておこう。アウグスティヌスは、『三位一体論』において「私たちが神を知るとき……［私たちは］いくらかその類似（similitudo）となる」と述べているし（AA, DT: 9. 11. 16）、この「神を知る」「心の眼」（oculus mentis）は、「神の像」を映しだす心の「鏡」である、と述べている（AA, DT: 11. 4. 7; 11. 7. 12; 11. 8. 12）。「心のなかの……永遠なものの観想［＝見えないものを見ること］にかかわるその部分［＝心の眼］においてのみ……神の像（imago Dei）は、見いだされる」と（AA, DT: 12. 4. 4）。『ヨハネの福音書説教』からも引いておこう。「神の像はどこにあるか。心のなかに（in mente）、知性のなかに（in intellectu）。あなたは、心をもつから、動物に比べてよりよい（melior）。それによって動物が知解できないことを知解できる。このように、動物に比べてよりよいから、あなたは人である」（AA, IEET: 3. 4）。

　アウグスティヌスの「神の像」は、その解釈をめぐり、長く議論されてきたが、ここでは、トマスの解釈を挙げるにとどめよう。トマスは『神学大全』において、アウグスティヌスの言葉をそっくり引き、「神の像」と「神の類似」の違いについて、次のように述べている。「［神の］像のあるところ、そこには［神の］類似がある。しかし［神の］類似があるところ、そこに［神の］像があるとはかぎらない」と。この言葉は、「神の類似」が「神の像」に先行し人に潜在し、また「神の類似」が「神の像」が象られるための必要条件にとどまることを意味している。邪悪・高慢な人は「神の類似」であっても、「神の像」を象りえないからである。そしてトマスは、次のように述べている。「［神の］類似は、［神の］像という意味（ratio）［が成り立つための］の前提である。そして［神の］像は、人が［神の］類似であるという理由（ratio）のうえに、あることを加えることで、成り立つ」（TA, ST: I, q. 93, a. 1 co）。

　この「あること」は、ヨハネの「彼［＝イエス］が現れるとき、私たちは、彼に似るものとなる」（Iヨハネ

3. 2）という言葉を念頭におくなら、イエスの現出であろう。つまり、人は、完全な「神の像」であるイエスに依ることで、はじめてその心に本当の「神の像」を映しだせる、と（第2章第3節も参照）。いいかえれば、人の霊性を励起させ、「心の眼」を開かせる決定的契機は、人がイエスに出会うことである、と。

* アウグスティヌスの「神の似姿」（本書の「神の類似」）と「神の像」の関係についての金子の解釈は、『ヨーロッパの人間像』の第4章で詳述されている（金子 2002a: 71-85）。そこで金子が強調しているのは「愛と信仰」である。「信仰によって愛が清められないなら、知性を神の観照に向けることは不可能である」（金子 2002a: 84）。金子は、ここに「ギリシア精神」から区別される「キリスト教的人間観」の特徴を見いだしている。

神の像＝神の知恵＝イエス

アウグスティヌスも、人はイエスに依りながら、イエスを神として心にはっきり映しだす努力を重ねることで、本来の「神の類似」を見いだし、父なる神に近づく、と考えている。すなわち、人は、「［神の子のように、神との］同等性によってではなく、類似となることによって神に近づく。この［神と］類似［となること］は、場所的［＝物理的］に近接することによってではなく、類似となることによって［神に］近づくのであり、類似とならないことによって［神から］遠いままである」。すでにパウロが「神［＝イエス］にならう者となれ」と呼びかけているように、と（AA, DT: 7. 6. 12 傍点は引用者）。

『三位一体論』の議論を要約していえば、アウグスティヌスにおいては、「神の像」を心に象ろうとすることが、人が〈よりよく〉（melior）生きることである。人でありかつ神である者、すなわち本来の「神の類似」であり完全な「神の像」である者は、あの「隣人への愛」（Agapeseis ton plesion［隣人を愛すること］/delectio proximi）を語り行ったイエスその人である（マタイ 22. 39; AA, DT: 14. 18. 24）。人がめざすべきことは、信仰によって、このイエスを、その容貌や形姿などはともかく、「神の類似」＝「神の像」として心に象ることである（AA, DT: 14. 18. 24）。この人かつ神であるイエスのなかの神性が、「肉の顔」と形容されている形象（容貌・形姿）から区別される、人の「存在」（esse）、「形相」（forma）である。

「主自身の肉の顔（facies Dominicae carnis）は、数多くの異なる知見（cogitationum）によって数多く描かれるが、本当の顔は、つねにただ一つである。私たちが主イエス・キリストを信仰するとき、私たちの〔純化されていない〕アニムスが作りだすもの〔＝肉の顔〕は、実物と大きく異なるだろうし、大切でもない。大切なことは、私たちが〔その〕人を形相（speciem）として思考することである。というのも、〔私たちのもつ〕人間の自然（naturae humanae）には、いわば、その知（notitia）〔＝神の類似〕が刻まれているからであり、それによって私たちがキリストを見るとき、私たちは、ただちに彼が人の存在（hominem esse）、ないし人の形相（hominis formam）をもっている、と知るからである」（AA, DT: 8. 4. 7）。

イエスの「存在」ないし「形相」は、『ヨハネの福音書説教』において「神の知恵」と呼ばれている。「神の知恵（sapienta）は〔肉の〕眼に見えない。……キリストは神の知恵、神の力能（virtus）であり、神の言葉である」（AA, IEIT: 3. 18）。私たちがふだん経験しているように、人は、物体としての美しいものに向かうが、アウグスティヌスのいう心は「義しさ」（iustus［=justus］神に肯定されること）に向かう。「あなたたちは、何に焦がれているのか。眼に見えるもの、触れられるものか。眼の保養となる美しいものか」。見えるものが「腰が曲がり、杖に寄りかかり、ほとんど動けない、皺だらけの老人」であっても、その人が「義しい（iustus）と聞けば、「あなたは」その人を愛し抱くだろう」（AA, IEIT: 3. 21）。人は、そもそも義しさ、つまりイエスに向かうように造られている。「アニマは、創造者の像［＝イエス］のもとで再生されるが（sui renovatur）、［そもそも］その像のもとで［＝その像と同じように］造られたものが、人である」（AA, IEIT: 8. 2）。

神へ向かう志向性――霊性

次に「霊性」の意味するところを確かめよう。アウグスティヌスは、『三位一体論』において、「神の像」を映しだす「心の眼」を「霊性的」（spiritalis スピリタリス）と形容している（AA, DT: 9. 2. 2; 11. 5. 9）。アウグスティヌスは、また『神を見ること』において、「心の眼」を、「浄い心」（mundo corde）、「霊性の眼」（contuitum spiritalem）、「心情の眼」（oculis cordis）、「内なる眼」（interiore oculi）と表現し、「心」（mens）、「霊性」（spiritus）、「心情」（cor）、「内なる」（interior）の相同性を暗示している（AA, DVD: 14. 35; 17. 41）。パウロに立ちかえれば、この霊性は「あなたたちは心の霊性によって新しくされる」（Renovamini autem spiritu mentis vestræ）といわれるときの「霊性」であり、ギリシア語では「プネウマ」である（エフェソ 4. 23; AA, DGaL: 12. 24. 51）。

一般に「スピリトゥス」という言葉は「気息・生命・意欲」などを意味するが、アウグスティヌスのいうスピリトゥスは、アニマに潜在する、神に向かう非物体的志向性、先にふれたように、金子がいう「神への対向性」である（金子 2012:107-8）*。その意味で、スピリトゥスは「霊性」と訳される。アウグスティヌスは、ヨハネ（福音書 4. 24）によりつつ、そもそも「霊性は神である」（Spiritus est Deus）と述べている（AA, DVD: 17. 42; IEIT: 23. 9; 122. 8）。すなわち、人から見るかぎり、神は人の霊性が向かうところである、と。「あなたは、あなたが語るべき言葉［＝神的な言葉］を心情のなかにもっている。その言葉は、あなたとともに在り、それ自体、霊性的（spiritalis）である（というのも、あなたのアニマが、そもそも霊性的だからである。……この内なる言葉は、心情の概念（conceptione cordis）、または心の鏡（speculo mentis）に留まったままである）」（AA, IEIT: 14. 7）。そして、この霊性のもとで「心の再形成的再生（renovatio reformatioque mentis）が行われる」。すなわち「神に向かいつつ、ないし神の像（imaginem Dei）に従い」つつ（AA, DT: 14. 16. 22）。

この霊性という神への志向性が明確に意志されることが「神へ」信じることである。すなわち、目的格の「神を」ではなく、与格の「神へ」信じることで、霊性は、ベクトルのままで、すなわち力をもつ方向性のままでありうる。アウグスティヌスは『神を見ること』で「神は、神の子となる力を、その力を信じる人に与える。……神が見られるのは……［何らかの］場所においてではなく、［一人ひとりの］浄い心においてである」と述べている（AA, DVD: 5. 13; 10. 23; 11. 26）。また「神がいないと思われるときに、神は見られるが、［偶像のように］神があるときに、神は見られない。……神は、いたるところに、すなわちすべて［の人］のなかに、いる。いかなる場所にも、定められていない」と述べている（AA, DVD: 12. 29）。

ただし、霊性と心は、等しいものではないらしい。『三位一体論』に立ちかえるなら、アウグスティヌスは、そこで「すべての心は霊性であるが、すべての霊性が心であるのではない」と述べているからである（AA, DT: 14. 16. 22）。この言葉は、〈心は、霊性の内集合である〉ということを意味している。神を忘れたり思いだしたり、求めたり求めなかったりする「すべての可変的である霊性（mutabilem spiritum）を乗り越えよ」（AA, IEIT: 23. 9）というアウグスティヌスの言葉を考えれば、その理由は〈すべての霊性が、つねに神に向かっているのではないから〉とも考えられる。また「スピリトゥス」という言葉の意味が多様であることを考えれば、その理由は〈「スピリトゥス」すべてが、心を意味しているのではないから〉とも考えられる。

一つ、例示しよう。アウグスティヌスは、たとえば『創世記逐語註解』で、紛らわしいことにも、「ここでspiritusと呼ばれるものは［知解力をもたないという意味で］心よりも劣るアニマの力であり、そこでは、物体に似たものが表示される（exprimuntur）」と述べている。このspiritusは、プネウマにあたる霊性ではなく、思い浮かべるという意味の「想見」であろう。アウグスティヌスは「一方でものの徴しがspiritu［想見］で形成され、他方でそれが心の知性で再構成される。この［想見と知性の］区別に従い、ここで私たちは、不在の物体の像を知ることをspiritale［想見的］と呼んでいる」という（AA, DGaL: 12. 9. 20）。「想見的に見ること（visionem spiritalem）で、私たちは、不在の物体を想像的に（imaginaliter）思い浮かべる。それは、記憶され知っているものでもあれば、知らないがすでに想見されたものから形成されたものでもあれば、どこにもないが恣意的ないし憶測的に構成されたものでもある」と（AA, DGaL: 12. 12. 25）**。

* 「聖霊」（spiritus sanctus）にもふれておこう。アウグスティヌスは、聖霊を「実体的」（ad se ipsa）ではなく「相関的」（ad invicem）と形容し、「聖霊は、父と子の、語りえない交わり（communio）である」と述べ、さらにこの「交わり」は「友愛（amicitia）、慈愛（caritas）ともいいかえられる」と述べている（AA, DT: 5, 11. 12/6, 5. 7/6, 5. 7）。アウグスティヌスにとっては、聖霊は、神とイエスの関係性を語るための言葉、ということだろう。

** アウグスティヌスはまた、ある人の想見が他の人の想見に伝わることがあるが、それは驚異的だという。「驚異的なことは、他者の想見が自分のなかに混入するかのように、他者の想見の知が、その像（imagines）とともに、自分に示されることである」（AA, DGaL: 12. 12. 26）。この想見としてのスピリトゥスと霊性としてのスピリトゥスは、無関係ではないようにも思われるが（AA, DGaL: 12. 26. 53）、よくわからない。なお、金子は、この想見のスピリトゥスを「構想力」と見なしている（金子 2008: 106）。

心それ自体を知解する——知性

ともあれ、こうした霊性は「理性」（ratio）と重なる場合がある。アウグスティヌスの理性は、二つに大別される。一つは、人を他の動物から区別する指標としての、秩序・手順・論拠などの推論、もう一つは、神への志向性である。前者の理性は、たとえば「人とは何か。身体をもつ理性的アニマ（anima rationalis）である。キリストとは何か。人をもつ神の言葉（verbum Dei）である」といわれるときの理性である（AA, IEIT: 19. 15）。後者の理性は、初期の『ソリロキア』（独り対話）で「私」と問答するもう一人の「私」である。後者の「私」は、前者の「私」を神に誘う者である（AA, SL: 1. 1. 1）。人を神へ誘う理性は、アニマに内在するが、アニマを超越する力でもある（Hankey 1999: 696-700）。ちなみに、アウグスティヌスは『創世記逐語註解』において「霊性」の意味を三つに分けている。「風」「アニマ」「理性的心（mens rationalis）」である（AA, DGaL: 12. 7. 18）。これらのうちのアニマは、さきほどふれた想見であり、理性的心は、神への志向性であろう。

　神へ向かう理性は「知性」（intellectus）、「知解」（intelligentia）につうじている*。たとえば「理性的ないし知性的アニマ」（anima rationali vel intellectuali）と表現されているように（AA, DT: 15. 1. 1）。知性は、先述したように、イエスが体現した「神の言葉」を深く知ること、イエスの言動という「徴し」（signum）を把握することである（AA, DGaL: 12. 8. 19）。それは、いいかえれば、イエスを、通念の意味を超えた超越者として思考することである。アウグスティヌスは、この種の思考を「知解する」（intellegere）と表現している。たとえば「人は、知解する存在（esse intellegens）でなければならない、神を希求するために」というように（AA, DT: 15. 2. 2）。そして、知解されたイエスを「知恵」（sapientia）と呼び、この知恵によって人は「神の言葉」を知解するという。「私たちは、身体の感覚によって、物体的なものを知覚し、知恵の理性［＝イエスに向かう理性］によって、永遠不変の霊性的なもの［＝神の言葉］を知解する」と（AA, DT: 12. 12. 17）。

　アウグスティヌスにとって、この知解（する）は、心が心「それ自体」（seipse）を知ることである。心それ自体は、かつて記憶されていたが、今は忘却されていて、改めて想起されるべきものである。「……知性（intelligentia）とは、知解しながら知ること（qua intellegimus cogitantes）である。すなわち、かつて記憶のなかにあったが、まだ思考されていなかったものがあり、それが発見されることによって、私たちの［神性への］思考が形成されることである」（AA, DT: 14. 7. 10）。私たちのあらたな思考を喚起する、この「思考されていなかったもの」は、心それ自体である。「人間の心は、神の自然と同じではないが、それを探し求めている。……神の像は、そこに見いだされるべきである」（AA, DT: 14. 8. 11）。すなわち、自分の心それ自体を自分が思考することが、知解することであり、それが、心のなかに「神の像」を見いだすことである。よく知られた「内なる人」は、この「心それ自体」（ipsa mens）である（AA, IEIT: 99. 4; cf. C: 10. 6. 9）。

心のなかに「神の像」を見いだすことは、イエスを知解することにひとしい。「心は、思考によってそれ自体を見るとき、それ自体を知解し知る」（AA, DT: 14. 6. 8）。人のアニマは、そもそも「理性的・知性的であり、神の像に向かうように（ad imaginem Dei）造られているが、そのようにはたらくのは［人のアニマが］神を知り見るために、その理性・知性を実際に用いるかぎりである。そして、きわめて偉大で驚異の自然である神の像は、それが創られた最初から……［人のなかに］つねに存在している」。なるほど、この「神の像」（これは本来の「神の類似」である）をふくんでいる「アニマの自然は、偉大であるが、最高の状態ではなく、損傷している。しかし、最高の自然［＝イエスのなかの神の自然］を受け容れ、それに与ることができるという意味では、まだ偉大である」（AA, DT: 14. 4. 6）。

アウグスティヌスは、『創世記逐語註解』で「見る」を「身体的に見る」（visio corporale）、「想見的に見る」（visio spiritale）、「知性的に見る」（visio intellectuale）に分類している（AA, DGaL: 12. 7. 16）。想見的に見るは「知性的に見ると、身体的に見るの中間に」位置づけられている（AA, DGaL: 12. 24. 51）。たとえば「隣人を自分のように愛せ」というイエスの言葉は「身体的に文字が見られること、想見的に隣人が思い浮かべられること、知性的に愛が洞察される（conspicitur）ことである。……この愛は、身体の眼で実物として感じられず、想見の力で物体の像として知られず、ただ心つまり知性で、認識され覚知される（percipi）」（AA, DGaL: 12. 11. 22; cf. 12. 6. 15）。たとえばまた、イエスを身体的に見ることは、その物質的な姿・声を見ること、想見的に見ることは、その姿・声を思い描くこと、知性的に見ることは、イエスを「神の像」として描くことであろう。この「神の像」のイエスは、物体的・想見的には見えないが、知性的には見える。おそらく同時代のユダヤの民衆の多くは、イエスを物体的・想見的に見ていたが、知性的に見ていなかっただろう。

ようするに、知解は、「神の類似」という、自分の心の本来態を想起するための営みであり、それは同時に、人であるイエスを「神の像」として見るという営みである。すなわち、人は「神の類似」であるが、いわば忘れていている。求められているのは、イエスに触発され、忘れているその事実を思いだす（回復する）ことである（AA, DT: 8. 3. 4）。次節では、こうした知性・知解の営みを理解するうえで決定的であるイエスによる触発がどのようなものか、イエスが体現した「フミリタス」に注目しつつ確認し、そのあとで、最終的な目的である「愛・慈愛」と、神の「存在」の意味するところを、確認しよう。

＊ intelligentia と intellectus は、区別されている場合もあるかもしれないが、さしあたり同義であると考えておく。アウグスティヌスが『創世記逐語註解』において「intellectuale という言葉でも、intelligibile という言葉でも、私たちは同じことを意味している」と述べているからである（AA, DGaL: 12. 10. 21）。なお、金子は intelligentia を「直観知」と訳している（金子 2008: 106）。

4 アウグスティヌスのフミリタスと存在

イエスが人のフミリタスを喚起する

アウグスティヌスは、『ヨハネの福音書説教』において「神の類似」を回復することを、木＝舟で海を渡ることに喩えている。木＝舟はイエスの科刑である。「私たちは行先を知っているが、この世という海がその歩みを阻んでいる」。しかし「彼［＝イエス］は、この海を渡るための木を用意した」（AA, IEIT: 2. 2）。人は、その木、すなわち「キリストの十字架」から離れないほうがよい。離れなければ、心が高まっていなくても、その海を舟に乗って渡ることができるからである。「［心が］小さく、知解（intellegere）できなくても、キリストの十字架の受苦と復活（passione et resurrectione）から離れない人は、その舟に乗り、自分が見ていないものへ導かれ、それを見ている人と一緒に［故郷に］行き着けるだろう」（AA, IEIT: 2. 3）。

知解の力量にかかわらず、キリストとともに在るために人が退けるべきものは、スペルビア（sperbia 高慢）である。アウグスティヌスにとって、スペルビアは、たとえば、プラトンに傾く哲学者に見いだされる態度である。すなわち「自分たちが向かうべきところを見ても、それを示した人［＝イエス］に感謝せず、見たものを自分の所有物にしようとし、高慢におちいり（facti superbi）、見たものを失ってしまう」ことであり、結局「見たものから離れ、偶像（idola）や幻影（simulacra）に向かい、ダイモーンを崇拝し、被造物に執着し、創造者を嘲笑する」ことである（AA, IEIT: 2. 4）。そうした高慢な態度をとる人は、見るべきものを見ることができたとしても、ただ遠くからそれを眺めているだけで、それに動かされないし、導かれもしない、と。

高慢を退けるために必要なことは、イエスが体現したフミリタス（humilitas 父への従僕）を感受することである。すなわち、海を渡る「舟としてのキリストのフミリタス」を心情で知ることである。アウグスティヌスは「高慢な知恵」（sapientia superba）は、海を渡らなければならないのに、舟を嘲り笑う、という。この世界の多くの人に向けてであろう、アウグスティヌスは次のように述べている。「なぜ［イエスは］十字架につけられたのか。彼のフミリタスが、あなたに必要だからである。あなたは、高慢によって膨れあがり、あの［帰るべき］故郷からはるか離れたところに投げ出されている。そこに帰るための途は、この世界という波によって寸断されている」。木＝舟によって運ばれる以外に、故郷に帰る方法はない。「彼は、そうしたあなたに十字架のフミリタスを教えるために、十字架についた」と（AA, IEIT: 2. 4）。

イエスが体現したフミリタスは、人のそれであり、ふつうの人も体現できるものである。「［イエスという神の］言葉は、その誕生によって、私たちの心情の眼（oculi cordis）を浄化する薬を作り、私たちは、彼のフミリタス［＝受難］を通じて、彼の尊厳を見ることができる」。そのフミリタスは「肉のフミリタス」（carnis humilitas）である。すなわち、「死んでいく人のフミリタス」である。アウグスティヌスは、人は一般に、高慢という肉的なものに染まりやすく、そうした「［高慢という］肉は、あなたを傷つけるが、［イエスという］肉は、あなたをいやす」という（ergo caro te caecaverat, caro te sanat）。「肉的アニマは、［人が高慢という］肉的感情（affectibus carnalibus）に引き寄せられることで生じ、そのために、心情の眼は見えなくなった」が、「［神の］言葉は、［高慢から無縁のイエスの］肉から届けられ、［高慢という人の］肉の病気を取り除く」ことができる、と（AA, IEIT: 2. 16）。いいかえれば、イエスというもっとも純粋な肉が、そのフミリタスによって、高慢に塗れた通俗の人の肉を浄化し、人をフミリタスに導いていく、と。

愛と重なるフミリタス

人のフミリタスは、アウグスティヌスにとって「愛」（dilectio/amor）・「慈愛」（caritas）に大いに通じている

（ここでは、dilectio/amor も caritas も同じ営みと見なす（AA, DT: 15. 18. 32; IEIT: 123. 5)）。フミリタスも、愛・慈愛も、自分よりも他者を心的ないし心情的に優先するからである。念のためにいえば、アウグスティヌスの説く愛は、聖書が説く愛であり、たとえば「たがいに愛しあうこと、これがあなたたちが初めから聞いている教えである」（Ⅰヨハネ 3. 11）、「友のためにいのちを捨てること、これより偉大な愛はない」（ヨハネ 15. 13）、そして「神は愛である」（Ⅰヨハネ 4. 16）といわれるときの愛である。アウグスティヌスは、こうした愛を重視し（AA, IEIPT: 1. 9-12; 5. 3-13; 7. 1-9. 11; DT: 8. 8. 12-14）、人は「［心情］に慈愛（caritatem）をもつべきである」。どんなに信仰深くても「慈愛をもたなければ、無にひとしい」と述べている（AA, IEIPT: 5. 6）。

アウグスティヌスのいう愛は、およそ無条件の「慈しみ」（benevolentia）であり、人を「歓喜させるもの」であり（AA, IEIPT: 7. 10）、何よりも「神への慈愛」（Dei caritas）である*。アウグスティヌスは「私が慈愛と呼ぶのは、アニムスの動き（motum animi）であり、それは、神を彼自身のために享受することに向かう」と述べている（AA, DDC: 3. 10. 16）。この慈愛は、そもそも人に贈られた霊性である。「人は、聖霊［＝霊性］をもつことで、愛するようになり」（AA, IEIT: 74. 2）、「その聖霊は、私たちに贈られ宿る」（AA, IEIT: 74. 5）。親・兄弟・隣人への愛は、この聖霊の贈った慈愛の現れである。人に「隣人への愛があるなら、必然的にそこには、神への慈愛（Dei caritas）がある……」。しかし「真の意味で［＝神への慈愛にもとづいて］たがいに愛しあう人は、わずかしかいない」（AA, IEIT: 83. 3）。そうだからこそ、神への慈愛が説かれるべきである。愛も、心も、神に向かっている。「愛も、心も……一体の霊性である。……一体の［人の］本質である」（AA, DT: 9. 2. 2）。いいかえれば、愛と知は、心において相互に関係しあっている。すなわち「心は、［神を］知るものであるそれ自身を愛し、［神を］愛するものであるそれ自身を知る」（AA, DT: 9. 5. 8）。

他者への愛は、それが神への慈愛にもとづいているかぎり、通念の愛から区別される。アウグスティヌスは「この世〔の人〕」(mundus)は、自分を誤った仕方で愛し、実際は自分を憎んでいる」という。この世の人は「邪悪を愛し、敵意を生みだすという意味で、自分を愛している」からであり、「邪悪を愛する者は〔神に向かう〕自分のアニマを憎んでいるからである」(AA, IEIT: 87. 4)。この世の人は、内なる神を愛するかわりに、実在したイエスを利用している。「なんと多くの人が、当面の利益を得るためにイエスを求めていることか」**。イエスは、人を内なる神に向かわせる神であり人であるが、その「イエスの〔求めに応じる〕ためにイエスを求める人など、めったにいない」(AA, IEIT: 25. 10)。「自分を愛し神を愛さない者は〔義しく〕自分を愛していない」が、「神を愛し自分を愛さない者は〔義しく〕自分を愛している」(AA, IEIT: 132. 5)。

先に、アウグスティヌスのいう愛がフミリタスに通じる、と述べたのは、それが、自分よりも神を大切にすることを意味するからである。この愛は、たとえば、イエスの弟子のペトロに見いだされる。ペトロは、イエスに三回「私を愛しているか」と問われ、三回肯定したにもかかわらず、師であるイエスを見捨て、自分のいのちを優先した。しかし、そのペトロは、イエスの受難・復活・昇天ののち、迫害を受けつつも宣教活動を展開し「キリストのために自分のいのちを捨てようとした」。アウグスティヌスは、その活動にイエスへの「完全な愛」(dilectio perfectam)を見いだしている(AA, IEIT: 123. 4; IEIPT: 5. 11)。ペトロのこの愛は、イエスに完全に従僕し、イエスのためにいのちを捨てるという意味で、フミリタスに重なっている。

* dilectio であれ amor であれ、caritas であれ、「すべての愛は、愛される者への何らかの慈しみ(benevolentiam)をふくんでいる」。愛する者に対し贈り物をもっていなくても、「慈しみをもっているだけで、十分である」(AA, IEIPT: 8. 5)。同一の行為も、愛の有無で、その善悪が決まる。「愛のみが、人の行為を見分け判断するものである」(AA, IEIPT: 7. 7)。そして、愛をもたない邪悪な者(malus)は、この判断ができず、「奴隷商人のようにこびへつらう」(AA, IEIPT: 7. 8)。「愛それ自体は聖霊であるため、邪悪な者は、それを受容できない」。つまり「邪悪な者は愛

をもちえない」（AA, IEIPT: 7. 6）。

＊＊ 人びとの多くが神を愛していないかぎり、「群衆（turba 喧噪）のなかでキリストを見ることは困難である。私たちの心に必要なものは独り（solitudo）であることである。独りのまなざし（solitudine intentionis）によってこそ、神が見える」（AA, IEIT: 17. 11）。つまり、人は、独り、神とともに在る。

知性が把握する「存在」

ペトロのイエスへのフミリタスは、ペトロにとってイエスが神であることを示している。フミリタスが、自分が自分をはるかに凌駕し自分をすべて規定する何か（神の摂理）に帰属していることを具体的に示すことであり、イエスが、その何かの端的な顕れであるからである。人の思考も、それが知解であるかぎり、その何かと一体である。イエスは、知解において見える神であり、『ヨハネの福音書説教』の「存在」（esse）概念を援用すれば、端的に「存在する」神である。この「存在」の意味は、通念のそれ（「実在」）とは異なっている。人は一般に、知覚されたものと実在するものを区別しているが、イエスにとっては、知覚されたものと実在するものは同一であり、端的に「存在する」と呼ばれている。「神の子にとっては、聞くことは、それが存在すること（esse）であり、見ることは、それが存在すること（esse）である」（AA, IEIT: 18. 10）。この「存在」概念に即していえば、知解とは、知覚と実在の区別、いわば思考するものと思考されるものの区別が取り払われることで、神の「存在」が直に把握される思考である＊。この知解は、ハイデガーの存在論的思考に通じているだろうか。

ともあれ、アウグスティヌスの「存在」は、通俗の言語で語られることではない。『三位一体論』に立ちかえっていえば、アウグスティヌスは、ヨハネの言葉を引き、たしかに「神は真理である」が、「真理とは何か、とたずねるな」と諫めている（AA, DT: 8. 2. 3）。通俗の言語は、問われるもの・判断されるものを対象化し、ときに人を増長させ、高慢に向かわせるからである。明示的に事物を語るためには、それから離隔しなければならないが、真理を語る言葉は、それ自体、真理でなければならないからである。人の言葉に、それは不可能である。「……神性の超越性は、私たちの言語使用力を超えている。より真実であるのは、語られる神ではなく知られる神であり、知られる神よりも存在する神である（Verius enim cogitatur Deus quam dicitur, et verius est quam cogitatur）」（AA, DT: 7. 4. 7）。この「存在」は「生命」にも重ねられるだろう。アウグスティヌスが、「神が子に生命（vitam）を与えた」と「神があなたに存在（esse）を与えた」は、イエスは生命そのもの、人は生命を与るという違いがあるが、似ている、と述べているように（AA, IEIPT: 19. 13）。この「存在」は、のちにトマスが論じた「存在」概念の起点である（第2章第2節参照）。

神を知解し愛する人は、神に「固着する」（haerere 密着する）、神と「ともに」（cum）と表現されている。『三位一体論』において、アウグスティヌスは「愛によって神に固着しているなら、あなたはただちに至福となるだろう」と述べ（AA, DT: 8. 3. 5）、『ヨハネの福音書説教』において「愛とは、まさにこの世界における私たちの死、神とともに在る生（vita cum Deo）を意味する」と述べている（AA, IEIT: 65. 1）。この「固着する」「ともに」は、さらに高まれば、神と「一つになる」（unire）ことに行き着くだろう。アウグスティヌスは「究極的に主に与り、主とともに在るとき、霊性は［父なる神と］一つになるだろう（Denique cum illi penitus adhaeserit, unus erit spiritus）」と述べている（AA, DT: 14. 14. 20）。この「一つになる」は、『神の国』で述べられている「霊性的構成」（institutio spiritualis）に重なり（AA, DCD: 22. 24. 2）、また中世神学で語られた「神秘的合一」（unio mystica）にも重なり、金子は、前者を「霊的な誕生」と訳し重視しているが（金子 2008: 106-7）、それは、私が語りうることではない。それが「父の顔」を直に見ることであり、この世界の外の出来事だからである。

* アウグスティヌスは、同じような意味で、人の「在ること」（実体）を、人の「できること」（能力）から区別しているが、神においては、これらは一体であるという。「人の在ること（quod est）とできること（quod potest）は、別である」が、「神にとっては、在ることとしての実体（substantia ut sit）と、できることとしての能力（potestas ut possit）は、別ではない」と（AA, IEIT: 20. 4）。

5　共振による思考

共振による思考

まとめてみよう。アウグスティヌスにおいては、人は、〈神に与る〉という受容性を本態とするアニマ、また〈神に向かう〉という対向性を本態とする霊性に支えられ、神の言葉に通じる知性としての「心の眼」に「神の像」を映しだし、みずから、本来の「神の類似」に立ちかえろうとする。人は、この世界にいるかぎり、およそこの立ちかえりの途上にありつづける。アニマは、いいかえれば、人を彩る、超越者に与るおのずから生きる力であり、霊性は、その力のなかで、人が超越者におのずから向かうベクトルであり、知性・「心の眼」は、「神を見る」ための思考的要件である。フミリタスは、人が「神を愛する」ための、いわば心情的契機である。霊性・知性が「神の像」を自分の心に映しだすための思考の道程を生みだすとすれば、フミリタスは、「神の像」が体現した神への愛を他者に行うための必須の契機であろう。

ここで、アウグスティヌスのいうフミリタスを、私たちの日常的出来事のなかに見いだしてみよう。それは、いわゆる五感を超えて、「共振」（resonantia）によって他者を感受すること、といいかえられる*。この共振の感受は、隔絶されている二者が媒介（media）なしでつながることである。たとえば、音叉において一方から他方に振動が伝わるように。この共振は、怪しい現象ではなく、私たちが日常的に経験していることである。たとえば、「私」が「あなた」の顔をいつのまにか思い浮かべてしまい、自分のことのように心配してしまうのは、「私」が「あなた」に共振しているから、と形容できる。「あなた」の遺した写真が「あなた」の「存在」のように感じられるのも、「私」が「あなた」と共振しているから、と形容できる。

その共振が生じる契機が、だれかが陥っている何らかの危急・危機の場面ではなく、だれかの真摯で強度な生きざまであるとき、かならずというわけではないが、人は、その人に超越者（に似たもの）へのベクトルを見いだすだろう。そして、その人も、その人よりももっと気高い存在者に共振し喚起されたのだろう、と思うのではないだろうか。たとえば、トマスはアウグスティヌスに共振し、アウグスティヌスはパウロ、ヨハネ、ペテロに共振し、パウロ、ヨハネ、ペテロはイエスに共振した、と。そうした共振は、アウグスティヌスがいうように「驚異的である」（mirus）かもしれないが（AA, DGaL: 12. 12. 26）、まれではない。なるほど、その驚異は、多くの場合「能力」と呼ばれる通念の価値にもとづくが、そうでない場合もある。

ひるがえっていえば、このような共振による思考は、現代社会に広がるもっともらしい言動、たとえば、批評家ふうに客観的に分析し是非を論評することや、思いどおりにならないとだれかを誹謗中傷することなどから、はっきり区別される。思うに、何らかの理念を象る想像力は、そうした裁定し処罰する思考のなかではなく、驚嘆し共振する思考のなかでこそ、生じるのではないだろうか。つけ加えれば、デューイ（John Dewey, 1859-1952）は、一九三四年の『経験としての芸術』の末尾において「想像力は、真なる善をもたらす主要な道具である」と述べているが（CWD, AE: 350）、その想像力は、どのような類いのものでもよいのではなく、少なくとも気高さに驚嘆し共振する思考のなかの、創造力ではないだろうか。

* この共振は、プネウマにも見いだされるだろう。プネウマが、そもそも「息吹・響き」を意味したからである。ちなみに、新約聖書を個人で訳した田川健三は、新約聖書の「プネウマ」について、「あらゆる空気の動きが pneuma であるから、息も風も pneuma である」と述べている（田川 1: 649）。

他なるものの表現

ともあれ、共振による思考は、自分の内面にも向けられるべきだろう。そうするとき、自分の人生にとってもっとも大切なものが、おぼろげながらでも、象られると思われるからである。そのもっとも大切なものは、理由もなく、心の琴線にふれるもの、心を震わせるものであろう。その大切なものは、業績・成功・成果などの通俗的なもの、意図し作為する自己の所有するものではない。それは「可感的」（sensubilis）なものではなく「可知的」（intelligibilis）なものである。たとえば、親にとって、大切なわが子は、ふれることも見ることもできるが、その子のかけがえのなさそのものは、ふれることも見ることもできない。また、たとえば、人を感動させる音楽は、たしかに聞こえるが、そのすばらしさそのものは、聞くことができない。

こうした可知的なものの最たるものが、アウグスティヌスにとっては、神であり、それは、神へのベクトル（霊性）をもつ知性においてのみ、見えるものであった。そして、その神を見る眼が「心の眼」「内なる人」「内なる私」と呼ばれていた。しかし、この可知的なものをかけがえのなさそのもの、すばらしさそのものと考えるなら、それは、キリスト教思想を離れても、思考可能なものである。付言すれば、それは、たとえば、現代フランスの思想家、ディディ＝ユベルマン（George Didi-Huberman）が「可読されるもの」（lisibilité）と呼んでいるものでもあれば（Didi-Huberman 2010: 181/179）、またナンシー（Jean Luc Nancy）が「潜勢力（potencialité）の根底」で描かれる「像」（image）と呼んでいるものでもあろう（JLN, AI: 48-9/54）。

冒頭に述べた「享受の表現」は、こうした可知的なものを具現化する試み、といいかえられる。この可知的なものは、自分を支えるものでありながら、自分の所有するもの、たとえば、自分の認知能力・身体能力に還元されない。それは、アウグスティヌスのいう「内なるもの」に相当するが、いわゆる「自己」にとっては「他なるもの」である。いわゆる「表現」が、自己中心的に自分の能力を誇示することになるとすれば、この他なるものの表現は、「私」のなかに在りながら、「私」の自己を超越するものを表出させる活動、ないし自分を支える超越性を黙示する活動である。すなわち、自己利益、自己誇示、自己陶酔、自己承認などを超えて、人びとをよりよい、より生き生きとした生に誘う知を創始し想起する活動である。

この自分を支える他なるものの表現は、いわゆる「表現」の意味をずらしていく。この他なるものの表現は、つねに他者の活動についての活動であり、その他者の活動も、その他者に先行する他者の活動についての活動であり、つきつめれば、原初の他者に与る活動である。すくなくとも、この他なるものの表現は、いくら自分の手で行っていても、いわゆる自己の意志し支配する領域の外に位置づけられる。人は、表現によって大切なものを、大切なものの形象として露わにする。その表現されたもの、すなわち何らかの作品は、大切なものの「表徴」（signatum）である。「自己表現」が「エゴ表現」と化し、自明化されているこの時代だからこそ、「表現」を大切なものの表徴にずらし、「表現」の差異化をはかるべきではないだろうか。アウグスティヌスのアニマにかかわる議論は、そうしたずらしの思想的契機となるはずである。

第2章 〈神を見る〉という隠喩

──トマスの〈知性〉

Visio Dei as a Metaphor: Intellectus of Thomas Aquinas

〈概要〉 通念としての意味・価値を超えるものとしての**超越性**を象ることは、いかにして可能なのか。その方途について、「**神を見る**」をめぐる、**トマス**のキリスト教思想を読み解きながら、**知性**（**インテレクトゥス**）によるその方法を描きだしてみよう。まず、トマスにとって「神を見る」ものは「心の眼」「**霊性の眼**」とも呼ばれる知性であり、それが目ざすところは、無条件の慈しみ・気遣いである**慈愛**（**カリタス**）の具現化である。知性の原動力は、人の**アニマ**であり、それは、神の「**存在**」（**エッセ**）に通じている。トマスは、神と人のつながり方として、人の神に対する**謙虚**（**フミリタス**）を語り、それを支える知性の営みのなかに**共振・感受**を見いだしている。**ドレイファス**、**テイラー**が展開する現代の（中世的）**実在論**にふれつつい えば、トマスの知性、アニマ、共振・感受は、**無媒介のつながり**を生みだす**思考の広がり**、と翻案されるだろう。

1　「神を見る」をめぐって

「神を見る」と呼ばれた営み

スロベニアの哲学者、スラヴォイ・ジジェク（Slavoj Žižek）は、二〇〇〇年にアラン・バディウ（Alain Badiou）のパウロ論（『聖パウロ』1997）に触発されて書いた『脆弱なる絶対』において、「唯一キリスト教だけが偶像崇拝を実際に〈止揚〉している」と述べている。この偶像崇拝の〈止揚〉は、偶像崇拝の禁止、すなわち人は「神を見る」ことができないと、人にただ命じることではなく、偶像崇拝の不要、すなわち人は神に「仮象」としての「顔」を通じてわずかながらも出会えると、人に教えることを意味している。それは、たとえば、人が「慈悲と善光にあふれる顔に出会ったなら、それがいかなる人物の顔であろうと、神の顔を見たことになる」と、人に教えることである（Žižek 2000/2001: 148）。人の顔に見いだされる「神の顔」は、あくまで神の表徴であるが、その表徴を理解するためには、キリスト教思想において古くから語られてきた、「神を見る（神の視像）」（videndo Deo（visio Dei））ための、特異な「眼」（oculus）が、必要である。

ジジェクが論じていることは、通念の意味・価値（自己・社会、規約・制度）を越える彼方への通路を見いだすこと、いわば、超越性を象ることであるが、その象りは、古来、キリスト教思想がかかえこんできた「神を見る」ことのパラドクスを再考することに通じている。そのパラドクスの端緒は、アンブロシウス、アウグスティヌスに見いだされるが、さらにさかのぼれば、それは、新約聖書で「いまだかつて神を見た人はいない」（ヨハネ1: 18）といわれているにもかかわらず、「神を見る」ことの大切さが語られていることである。たとえば、イエスが「私を見る者は、私を遣わした者を見る」、「私を見た者は、父を見た」と述べているように（ヨハネ 12: 47; 14: 9）。なるほど、それは「信仰によって神を見る」こと、ないし「神（イエス）が「人に」

臨在する」ことである、と説明されることによって解消されている、ようにも思われる。いいかえれば、このパラドクスは、その神が、いわゆる「視覚」の対象ではなく、「心の眼」（ophthalmous tes kardias）による象りである、と説明されることによって（エフェソ1: 18）、解消されている、ようにも見える。

たしかに、「神を見る」ことのパラドクスは、見えないものを見るというパラドクスであり、知覚の眼と「心の眼」の区別を無視することで生じる。中世ヨーロッパでは、そのパラドクスを解消するために、そしてキリストを「芸術的」に象るために、さまざまな工夫がなされた。たとえば、光源に喩えて描かれたキリストの姿、影のごとく暗く描かれたキリストの顔、痕跡として象られたキリストの顔、たとえば、キリストが顔に当てたというマンディリオン（聖顔布）に浮かんだキリストの顔、ヴェロニカと呼ばれる女性がキリストの汗を拭いた布（スダリウム）に刻まれたキリストの顔、さらに、言葉によって形象を抹消する反形象化など、さまざまな手法が用いられた。たとえば、ドイツの美術史家、ベルティンク（Hans Belting）が『像と崇拝』（Belting 1990）で詳細に描きだしているそうした工夫は、なるほど真摯な努力であろうが、民衆に寄り添うために、通俗的思考、すなわち神の実体化（存在者化）を加速する思考に傾いている。ハイデガーなら、そうした「像」を、存在論的思考を頽落させるもの、と位置づけるのではないだろうか。

ともあれ、「神を見る」は、そこで語られるような「眼の臨界」「表象の閾」で生じる、得体の知れない怪しい現象ではなく、「心の眼」と呼ばれる、「実在論的」と形容可能な思考が、存在論的超越性を象る、ということではないだろうか。すなわち、「神を見る」という言辞について、哲学・思想として問われるべきことは、この「心の眼」はいかに「可知的なもの」として開かれるのか、ではないだろうか。すくなくとも、この「心の眼」が「可知的なもの」であることが明らかにされなければ、「神を見る」ことは、パラドクスを脱しても、なお怪異的で排他的である状態、ようするに、得体の知れないもののままであろう。

「心の眼」とは何か

まず、新約聖書にさかのぼって確認するなら、パウロのいう「心の眼」に類するものは、他にも見いだされる。たとえば、ヨハネは、神の呼び声を受けとめる「器」のようなものが人のなかにあり、それを十全に体現する人もいた、と説いている。すなわち、「［神の］言葉（ロゴス）は、肉となって、私たちのなかに宿った。私たちは、その栄光［を体現するイエス］を見た」と（ヨハネ1: 14）。「神の像」（imago Dei）と形容されているイエスほど十全ではないにせよ、ふつうの人も、いくらか「神の言葉」を受容することで、神と通底することができる。この神／人の通底は、「心の眼」で「神を見る」と形容されたことと同じであろう。

イエス自身のいう「心の眼」について、すこし確認しておこう。「マタイの福音書」のなかで、イエスは、「心の眼」（また「心の耳」）をもつ者と、もたない者を区別している。そうした眼・耳をもたない「彼らは、見る（blepontes）が、見ない（ou blepousin）。聴く（akouontes）が、聴かない（ouk akouousin）。［つまり］理解しない」。いいかえれば、彼らは「聴くには聴くが、理解しないし、見るには見るが、まったく感受しない（ou me idete）」。「彼らは、［心の］眼で見ることがなく、［心の］耳で聴くことがない。［つまり］心（kardia）で理解しない」（マタイ 13. 14-5）。これに対し、「あなたたちの［心の］眼は、見ているから、幸いである。その［心の］耳は、聴いているから、幸いである」（マタイ 13. 16）。その心の眼・心の耳を「もつ者は、［心で見るもの・聴くものが］与えられ、ますます多く［それを］分けもち、［そうした心の眼・耳を］もたない者は、［心で見るもの・聴くものを］取り除かれる」（マタイ 13. 12-3）。

私は、本章において、こうした「心の眼」で「神を見る」とはどういうことか、神／人の通底とはどういうことか、トマスに依りつつ考えてみたい。第1章で取りあげたアウグスティヌスは、「神を見ること」（*De videndo Deo*）と題された手紙（「手紙 一四七」）で、先のパラドクスを丁寧に論じているし（AA, DVD）、『三位一体論』でも「神を見る」ことに言及しているが、トマスも、そうしたアウグスティヌスの議論を踏まえて、『神学大全』などで「心の眼」で「神を見る」ことを論じている。本論で注目するのは、トマスのいう「心」（mens）の概念である*。その「心」は、アウグスティヌスが引用している、「幸いは心の浄さである（Makario hoi katharoi te kardia［beati mundo corde］）。その人は神を見る」（マタイ 5. 8）といわれるときの「心」（cor）である（AA, DVD: 1. 3 傍点は引用者）。アウグスティヌスもトマスも、この「心の浄さ」（mundus cordis）を「心の眼」（oculus mentis）、「霊性の眼」と形容し、それを「知性」（intellectus）とおよそ重ねている。

しかし、その知性は、私たちになじみの近代的「知性」（intelligence 知能）ではない。私たちになじみの知性は、大雑把にいえば、カント（Immanuel Kant）のいう「悟性」に近い。カントのいう「魂［＝心］」（Seel）は、「感性」（Sinnlichkeit）から、「悟性」（Verstand）へ、そして「理性」（Vernunft）へと高階化し、それぞれは、異なるものとして種別化されている。そして、感性と悟性はつながっているが、これらと理性は隔てられている。これは、「感情」（Gefühl）が、感性と悟性には結びついているが、理性には結びつかないからである。こうした考え方に対し、後述するように、アウグスティヌス、トマスの感覚と知性・理性の関係は、たしかに区別されているが、つながっている。これは、この二人に特有な語用法ではなく、辞典の記述を見るかぎり、ラテン語の sensus 一般、intellectus 一般についてもいえるだろう（Blais 1997; Martin n.d.）。

以下において、トマスの主要な概念の意味内容を確かめながら、トマスのいう「神を見る」知性とは、どのような知性なのか、その知性は、どのような意味で理性から区別されるのか、示してみたい。それは、知性のなかに「直観」を見いだすことである。「被造物は、実在的に（realiter）神そのものに関与する」という、『神学大全』のなかのトマスの言葉に導かれながら（TA, ST: I, q. 13, a. 7, co）。以下、まず、トマスが知性と慈愛をどのようにとらえていたのかを確認する（第2節）。そのあとで、トマスがアニマと「神を見る」をどのようにとらえていたのか、確認し（第3節）、次にトマスのフミリタスとフマニタスに注目しつつ、知性によって「神を見る」ことが、共振および感受という心の営みに支えられていることを示す（第4節）、最後に、現代の実在論にふれながら、共振・感受が無媒介のつながりであること、それが子どもの生育を根底的に支える臨床哲学的事実といえるのではないか、と問いかける（第5節）。

＊ mensは、およそ「精神」と訳されてきたが、ここでは「心」と訳す。ちなみに、corはcorpusに属し、それを代表し、「心臓・気持ち・気がかり」などを意味するが、mensと同義でも用いられている。

2　トマスの知性と慈愛

トマスの肯定神学と心

本章で取りあげるトマスは、中世神学を代表するキリスト教思想家である。古くから「天使的博士」（Doctor Angericus）と呼ばれてきた。「とくにその思想の崇高さと生活の清らかさのゆえ」である、といわれている（Benedict XVI 2011/2011: 308）。イタリア出身で、ドミニコ会修道院で学び、アルベルトゥス・マグヌス（Albertus Magnus 1193-1280）に師事し、パリ大学神学部教授（1256-59, 1269-72）、ドミニコ会修道院付講師をつとめた。著作は膨大であり、主著の『神学大全』（*Summa Theologiae*）だけでも三七冊、邦訳で四五巻に及んでいる。他にも『命題論註解』（*Scriptum super Sententiis*）、『対異教徒大全』（*Summa contra Gentiles*）、『真理について（真理論）』（*De veritate*）、『存在者と本質』（*De ente et essentia*）などがある。研究書も膨大である。フランスではジルソン（Étienne Gilson）、日本では稲垣の研究が厳密であり明解である（EG, T; 稲垣 2013a, 2013b）。

トマスの神学は、積極的な意味で「神を見る」ことを語っている。その意味で、トマスの神学は「肯定神学」と呼ばれている。たとえば、リーゼンフーバーは、トマスを「肯定神学」の提唱者と位置づけている。「……トマスは、隠れた根源である［普遍・永遠の］善を何よりも否定神学的に考察するディオニュシオスを意図的に修正し、その代わりに、積極的な神認識を語る肯定神学を対置する」と（リーゼンフーバー 2008: 217）。そのトマスの思想は、さまざまな概念を定義し敷衍するという論理的思考に彩られているが、のちに示すように、「神を見る」ことは、そうした論理的思考によってではなく、さしあたり端的にいえば、通底的思考によってである。その通底的思考をよく示す概念が「知性」（intellectus）である。トマスといえば、たとえば、ジルソンによって、理性中心の思想家といわれたが、知性中心ともいえそうである。

ともあれ、まず、トマスの「心」（mens）の概念を確かめよう。トマスにとって、心は「感覚」（sensus）、「知性」、「理性」（ratio）から構成されている。アウグスティヌスと同じように、トマスも感覚と知性をつなぎ、また知性と理性をかなり重ねているように見えるが、トマスが用いる概念は、アウグスティヌスのそれよりもわかりにくい。たとえば、感覚によって把握される「可感的形象」（species sensibilis）と、感覚によらずに把握される「可知的形象」（species intelligibilis）が、区別されているが（TA, ST: I, q. 79. a. 3）、後者の可知的形象は、なんともわかりにくい。のちにオッカム（William of Ockham、1285-1347）は、この概念を、確実な推論によっても確実な経験によっても認められない虚構として否定したくらいである（稲垣 1990: 80-1参照）*。

もっとも、ここでは、この種のトマスにかんする思想史的論題には踏み込まない。以下、トマスのいう知性と理性について、そのあとで、知性が向かうところである慈愛について、その内容を確かめよう。

* 稲垣によると、トマスのいう可知的形象は、心で象られるものであるが、「観念」や「印象」ではなく、知られうるものの「類似」である（稲垣 1990: 107）。私なりの理解を述べるなら、知られうるものと知られたものは、同

一ではないが、似ているからである。知られうるものから区別される知るものが、知られうるものといくらか通底しているかぎり。そして、知るものにおいてこの通底が充全となるなら、類似は「同一」となる。

トマスの知性と理性

まず、トマスのいう知性は、「人間の自然」であり、神を――可知的形象、可知的形相として――「知解している」（intelligere）状態、および「至福」に向かっている状態である。「すべての知性的実体［＝知性的な人］の向かう究極目的は、祝福（felicitas）、至福（beatitudo）と呼ばれる。これは、すべての知性的実体が希求する、それ自体のための目的である。すべての知性的実体の至福や祝福は、神を知っている（cognoscere「知解している」にひとしい?）ことである」（SCG: 3, 25, 14）。「……知性的被造物だけが、本来的に神の像へ向かい存在する（sunt ad imaginem Dei）」（TA, ST: I, q. 93, a. 2, co）。神が人にもたらすものは、「知性に即した言葉の発出」（processio verbi secundum intellectum）と、「意志に即した愛の発出」（processio amoris secundum voluntatem）である（TA, ST: I, q. 93, a. 6, co）。「神の像」と「意志」については、のちにあらためて取りあげる。

次に、トマスのいう理性は、道徳的でもあれば、論理的でもある「人間の自然」である。「理性的自然」（rationalis natura）と呼ばれているように。まず、それは「自由選択（liberum arbitrium）によって自分の行為を支配する力」であり（TA, ST: I-II, q. 1, a. 2 co）、人間の「善」（bonum）である。「人間の善は理性に従うことであり、悪は理性に反すること」であるといわれるように（TA, ST: I-II, q. 18, a. 5 co）。理性はまた、知性への行程であり、分析・総合・推論によって理解することでもある。「人間の知性は、総合し分析し推論することによって、知る」（TA, ST: I, q. 85, a. 5. co）。たとえば「説得する理性」（ratio disputationis）と形容されているように。その営みは「理解する」（ratiocinari）、「認証する」（contueri）、「想像する」（imaginari）と形容されている。

知性と理性の違いは、「真理」（veritas）に達している状態と真理に向かっている状態の違いである（TA, ST: I, q. 79, a. 8, co）。「知解しているとは、端的に可知的である真理を把握していること」であり、「理解するとは、可知的である真理を思考するために、すでに思考されたものから他のものに前進すること」、すなわち既知によって未知を推論することである。この「推論は、何らかの、それに先行する知性から発出する」（TA, ST: II-II, q. 8, a. 1, ad 2）。「真理」は、神自体ではなく、神の現れであり、「自然」（natur 本性）とも呼ばれている。「人は、知性によって、すべてのものの自然を思考しうるものにする」（TA, ST: I, q. 75, a. 2, co）。確認しておくなら、「自然」は、トマスにおいて二つの意味で用いられている。たとえば、「自然的変化」（immutatio naturalis）と「霊性的変化」（immutatio spiritualis）が対比されているとき（TA, ST: I, q. 78, a. 3, co）、「自然的変化」の「自然的」は「可感的（物質的）」であり、「すべてのものの自然」の「自然」は「可知的（霊性的）なもの」である。主題的に語られないが、「霊性」（spiritus）は、知性のなかにある神へのベクトルである。

トマスにおける神の知解は、神を○○であると述定することではない。理性が神をどんなに詳細に述定しても、それは神の知解にならない。神の理解が神の知解に替わるためには、「神の像」がおのずから出来することが必要である（TA, SCG: 3, 40）。さしあたり、この「神の像」の出来を、思議を超えた「啓示」（revelatio）から区別しておこう。思議を超えた啓示は、トマスの場合、最晩年に経験した神秘体験、すなわち彼に『神学大全』の著述を放棄させ、自分の著述のすべてを「藁くず」（palea）と思わせた体験であろう*。次節以降で取りあげるように、ここで注目する「神の像」は、そうした外から到来するものではなく、内から出来するものである。ともあれ、もうすこし、トマスの基本概念を確かめよう。

＊「啓示」は、神の言葉がイエスに受肉したことも、天上のイエスが人に呼びかけることも、意味する。なお、最晩年のトマスの経験した神秘体験は、後者だろう。稲垣 2007: 223-6、また Prümmer 2017［1911］: 120 を参照。

聖霊が追加する知性——直観

トマスのいう知性は、先述の善に向かう「意志」（voluntas）を、自然に生じさせる。「善」は、意志の向かう先であり、それは、理性によって評価される。理性と整合的である意志は「善」であり、理性と背反的である意志は「悪」である。いいかえれば、「知解された善が、意志の対象である」。それは「普遍の善」（bonum universale）であり、快・不快に傾く感覚がとらえる「特定の善」（bonum paticulare）から区別されている（TA, ST: I-II, q. 19, a. 4, co）。この普遍の善は、自然な善、たとえば、貧しい人への施し、悲しむ人への慰めのような、多くの人びとが賛美し褒賞する行為である（TA, ST: I-II, q. 18, a. 5, co）。

トマスにとって「すべての人間的行為の根源は、理性である」が（TA, ST: I-II, q. 58, a. 2 co）、理性を方向づける善の源泉は、理性を超えた「神性の理性」（ratio divina）、すなわち知性である（TA, ST: I-II, q. 58, a. 3 co）。この知性は、神性である「永遠」である。「人の意志の善は、人の理性に依存するが、それをはるかに超えて永遠の法（lege aeterna）にも依存する」。したがって善に向かう人は、通俗の法を超えて「永遠の法」に立ち返らなければならない（TA, ST: I-II, q. 19, a. 4, co）。なるほど、それは「私たちには知られざるものであるが……あの特異な像（propria eius imago）［＝神の像］によって……知られうる」（TA, ST: I-II, q. 19, a. 4, ad 3）。「神の像」については、後述し、ここでは、それが生じるための条件を確認しよう。

知性は、そもそも「聖霊」（spiritus sanctus）による「恵みの贈りもの」（donum gratiae 恩寵の賜物）、つまり神の恵みである。さしあたり〈聖霊とは何か〉という厄介な問いを棚上げし、ここでは、それをたんなる理性によって思考できるものを超えたものを思考できるものにする誘発力、と規定するにとどめよう*。この「恵みの贈りもの」としての知性は「超自然の光」（lumen supernaturale）とも形容されている。この「恵みの贈りものは［人間の］自然の光［＝理性］から発出するものではなく、その光を完全なものにするために、それに追加されるものである。この追加されたものは、理性ではなく、知性と呼ばれる」と（TA, ST: II-II, q. 8, a. 2, ad 2）。ようするに、知性は、神によって理性に追加される「神性の知」（scientia divina）である。

この知性が「徳としての信仰」（fides quae est virtus）を可能にする。ヴィルトゥス（virtus）は「徳」と訳されてきたので、そう訳すが、「能力（potentia）が完成・充実している状態」である（TA, ST: I-II, q. 55, a. 3）、いいかえれば、それはたしかな遂行力であり、「人間的」（「知性的」＝超越的と「道徳的」＝社会的）と「対神的」に大別される**。信仰（fides）は、徳の一つであり、対神的徳である。「信仰は、どんな意味においても、知性に先行しえない」。神を知解していなければ、神へと信じることもできないから。つまり、信仰を可能にするものが知性であり、知性のない信仰は妄信である。そして、実際に神への信仰を抱くことで、知性は完全化する。「完全性としての知性は、徳である信仰に後続する」（TA, ST: II-II, q. 8, a. 8, ad 2）。

興味深いことに、トマスは、知性のはたらきを「直観」（intuitio）と形容している。知性のはたらきは「聖霊が贈る知（scientia）」すなわち真理を知解することであるが、それは「直観する」（intueri）ことである。と。この「直観する」は、理性が「推論する」（discutere［妨げを］粉砕する）ことから区別されている。聖霊の贈る知は「神性の知」（scientia divina）であり、「神においては、真理であるという確実な判断が、何の推論（discursus）もなく、純然の直観（intuitus simplex）によって成り立っている」からであり、人の知性も、いくらかこの直観という能力をもっている。したがって「聖霊が贈る知は［人に］分有される、神性の知である。［神は］この神性の知に類似している」（TA, ST: II-II, q. 9, a. 1, ad 1）（直観は第4節で再論される）。

＊ パウロは「私たちに贈られた聖霊によって、神の慈愛（caritas Dei）は、私たちの心に注がれた」と述べている（ローマ 5. 5）。それを受け、トマスは「神の愛（amor Dei）が聖霊である。人が神を愛するとき、人は聖霊を抱いている」と述べている（TA, ESA: a. 8/775）。「恵みの贈りもの」ないし「聖霊の贈りもの」（donum spiritus sancti）は

「何らかのハビトゥス（habitus）であり、それによって、人は、聖霊に速やかに従うように完全化される」（TA, ST: I-II, q. 68, a. 3 co）。たとえば「思弁的理性は、知性によって完全化され、実践的理性は、判断（consilium）によって完全化される」（TA, ST: I-II, q. 68, a. 4 co）。後述する徳は、それが神性的なものであるかぎり、およそ恵みの贈りものである。なお「ハビトゥス」は、アリストテレスの「ヘクシス」（hexis）のラテン語訳であるが、同じものではない。ヘクシスは、およそ人為の習慣であるが、ハビトゥスは、神からの贈りものが「浸潤」（infusio）しているという意味で（TA, ST: I-II, q. 51, a. 4 co）、性状である。

** 「道徳的」と訳した moralis の語幹 mos は、「習俗・傾向」を意味し、およそギリシア語の ethos にあたるから（TA, ST: I-II, q. 58, a. 1 co）、「倫理的」と訳すこともできる。virtus は「遂行力」と訳したほうがいいかもしれない。それは「人間的」なそれと「対神的」なそれに分けられ、人間的なそれは「人間を完成しよく行為させる状態（habitus）」であり、「知性的」（intellectualis）なそれと「道徳的」（moralis）なそれに分けられる。知性的徳は「よい行為に向かいつつ思弁的・実践的知性が充実している」状態（すなわち、知（scientia）、知恵（sapientia）、直知（intellectus）、知慮（prudentia）、技芸（ars））である。道徳的徳は「［よい行為に向かいつつも感覚・情念に由来する］欲求が充実している［＝対立がなく中庸（medietas）である］」状態である。たとえば、判断、正義（justitia）、節制（temperantia）、剛毅（fortitudo）、高邁（magnanimitas）、穏和（mansuetudo）、友愛（amicitia）などである（TA, ST: I-II, q. 58, a. 3）。これらの人間的徳のうちで「枢要的」（cardinales）と呼ばれる徳が四つある。理性によって思考を改善することである「知慮」、理性の秩序を実際に定立することである「正義」、理性に従い情念を抑制することである「節制」、理性に従い抗う勇気をもつことである「剛毅」である（TA, ST: I-II, q. 61, a. 2-3）。そして神に向かうという意味で「対神的」（theologicae）である徳が「信仰」、「希望」（spes）、「慈愛」（caritas）である（TA, ST: I-II, q. 62, a. 1-3）。

慈愛の強度

神性の知は、端的にいえば「慈愛」（caritas）である。それは、理性によって得られる「他のすべての徳を凌駕する徳である」（TA, ST: II-II, q. 23, a. 6 co）。それは「交わり（communicatio）という基礎のうえに成り立つ愛」であり、「友愛（amicitia）」である。交わりは、霊性による神と人のつながりあいであり、友愛は、相手への「慈しみ」（benevolentia）と「相互の愛しあい」（mutua amatio）を特徴とする愛である（TA, ST: II-II, q. 23, a. 1 co）*。そもそも「神の本質そのものが、慈愛である」。「私たちが形相的に（formaliter）隣人を愛すること、つまり慈愛は、神性の慈愛（divinae caritatis）を私たちが分有していること（participatio）によって成り立つ」（TA, ST: II-II, q. 23. a. 2, ad 1）。稲垣は、この慈愛（稲垣は「愛徳」と訳している）を「ひたすら或るものの善性ゆえにそのものへと向かう愛、つまり自己超越的な愛」と形容している（稲垣 2013b: 147）。

人の人への慈愛を可能にしているのは、人の神への慈愛である。すなわち、隣人は「神の慈愛のもとに愛される」（ex caritate diligitur propter Deum）（TA, ST: II-II, q. 23, a. 5, ad. 1）。人の「慈愛は、聖霊によって注入されることで［人に］内在する」（TA, ST: II-II, q. 24, a. 2, co）。慈愛を注入された人は、神に慈愛で応えるだけでなく、人にも慈愛で応えるようになる。「私たちの慈愛、すなわち私たちが形相的に隣人を愛することは、［私たちが］神の慈愛を分有することである」。「神は、動因的生命であり、［それは］慈愛に彩られるアニマ、そのアニマに彩られる身体に見いだされる。形相として見れば、慈愛は、アニマの生命である。アニマが身体の生命であるように」（Deus est vita effective et animae per caritatem et corporis per animam, sed formaliter caritas est vita animae, sicut et anima corporis）。つまり、「［神の］慈愛は［人の］アニマに無媒介につながっている。人のアニマがその身体とつながるように」（anima immediate unitur corpori, ita caritas animae）（TA, ST: II-II, q. 24, a. 2, ad 1/2）。アニマの意味については後述することとし、ここでは、人の慈愛の三つの特徴を述べよう。

一つめは、人の慈愛が「歓び」（gradium/delctatio）をともない、「神の善」（bonitas Dei/bonum divinum）に向かう、ということである。「慈愛の歓び」（gradium cariatis）といわれているように（TA, ST: II-II, q. 35, pr）、「慈愛には、それに特有なものとして、霊性的歓びがふくまれている。人が神の善に与るのは、その歓びによってである」（TA, ST: II-II, q. 35, a. 2 co）。また、イエスは、隣人を「自分のように」愛せ、と説いているが、その「自分のように」は「自分と等しく」（aequaliter sibi）という意味ではなく、「自分と同じく」（similiter sibi）という意味である。すなわち、隣人も自分も「神の類似」であり、神の善に向かう「善」であり、「［神の］善を希求している」という意味で「自分と同じく」である（TA, ST: II-II, q. 44, a. 7 co）。神の善に向かうことが歓びであるということは、慈愛が通念の欲望と一体の愛ではないということを意味している。

二つめは、人の慈愛が「強力になる」（augere 豊かになる・高まる）ということである。その強力さは「クアントゥム」（quantum）とも表現されている。クアントゥムは、客観的な「数量」（quantitas）ではなく、対人的な「強力さ」（quantitas）である。すなわち、人を圧倒し感動させる力強さであり、「生動のクアンティタス」（quantitas virtualis）とも形容されている。慈愛の「生動のクアンティタスは、その数量、すなわちより多くないしより少なく人が愛されるということではなく、そのはたらきの強度、すなわちある人がより強大にないしより弱々しく愛されることによって決められる」（Quae non solum attenditur secundum numerum obiectorum, ut scilicet plura vel pauciora diligantur, sed etiam secundum intensionem actus, ut magis vel minus aliquid diligatur）（TA, ST: II-II, q. 24, a. 4/ad. 1）。つまり、慈愛の違いは、その「活動の強度」（intensio actus）によるものである。「慈愛としての愛は、ただ強度としてのみ、強大になる」（TA, ST: II-II, q. 24, a. 5, ad 1 傍点は引用者）＊＊。

三つめは、人の慈愛が「良心」（conscientia）の本質であるということである。「良心は、本来的に、能力ではなく［他者への具体的・実際的な］はたらきかけ」であり、たとえば、「励ます」「ゆるす」「難じる」「責める」といった、人が他者と「ともに（co）在る」こと、すなわち他者に実際にかかわることに、「知恵を適用すること」である。いいかえれば、「良心は〔他者にかかわるときの〕心によって生みだされるある種の言いつけ（dictamen）にほかならない」（TA, ST: I, q. 79, a. 13, co）。ただし、その「言いつけ」の中味は、慈愛である場合もあれば、そうでない場合もある。すなわち「誤りの推論」（ratio errans）があるように、「誤りの良心」（conscientia errans）もある（TA, ST: I-II, q. 19, a. 6）。「誤りの推論」が「自分の判断を真であると言いはる」ように（TA, ST: I-II, q. 19, a. 5, ad 1）、「誤りの良心」も、自分の言いつけを「善である」と言いはるだろうが、その良心は、慈愛という神性の知を欠いているかぎり、「誤りの良心」にすぎない。

＊「交わり」と訳した communicatio は、アリストテレスの koinonia のラテン語訳であるが、トマスのそれは、たんに「ともに生きること」ではなく、神と人が霊性的につながりあうこと（TA, ST: II-II, q. 23, a. 1 co）であり、親しい友人同士のように「親密に語りあうこと」（familiaris conversatio）である（TA, ST: I-II, q. 65, a. 5, co）。

＊＊ アウグスティヌスが『告白』の冒頭で述べている「あなた〔＝イエス〕の力は偉大で、あなたの知恵を測る数量などない」というときの「偉大」（magnus）も、この「強度」「強力」にひとしい（AA, C: I, i, 1）。なお、アウグスティヌスには『アニマのクアンティタス』（*De quantitate animae* アニマの偉大さ）という著作がある。

3　トマスのアニマと「神を見る」

アニマと「存在」

次に、トマスが考えている人の本態を確認しよう。それは、およそ「魂」と訳されてきた「アニマ」

（anima）である。ちなみに、ある日本語源辞典は、日本語の「魂」は「……心のはたらきをつかさどり、生命を与えている原理そのもの」と定義している（前田 2005: たましい）。ここでは、あくまでも一つの試みとして、トマスのいうアニマを「生きる力」と考えてみよう。トマスは、アニマを「この世に生きているもののうちにある、生命の第一始源（primum principium viae）である」と規定し、「身体という物体の活動態（corporis actus）である」と述べているからである（TA, ST: I, q. 75, a. 1 co）。いいかえるなら、アニマは、感覚、知性・理性、そしてのちにふれる「希求」を支える、生き生きとした力動性である、と（TA, ST: I, q. 78, a. 1）。ついでにいえば、このアニマの具体的な現れが「力能」（virtus）や「能力」（potentia）である。

思うに、アリストテレスの「プシュケー」（psuche）が「アニマ」（anima）と訳されてきたことで、アニマの生動性が見えにくくなったのかもしれない。アリストテレスのいうプシュケーは、物質である「身体」（soma）に対立し、種々に分別された内的はたらきとしての「心」と大きく重なるが、トマスのいうアニマは、新約聖書で語られる「プシュケー」の意味をにじませている。「マタイによる福音書」のイエスの言葉、すなわち「自分のプシュケーを見いだす者は、それを失い、自分のプシュケーを、私ゆえに失う者は、それを見いだすだろう」（マタイ 10. 39）の「プシュケー」は、新協同訳で「命（いのち）」、そして田川健三の新約聖書翻訳で「生命」と訳されている（田川 1: 74）。そのように「プシュケー」を理解する場合、このイエスの言葉は、自分の生の力を現世的に考える者は、超越的なそれを失い、その現世的な意味の社会的生の力を、イエスの言葉ゆえに失う者は、超越的生の力を見いだすだろう、と解釈されるだろう。

ともあれ、アリストテレスの心身二元論から離脱し、アニマを生きる力と見なすことは、トマスがアニマを「ペルソナ」（persona）と呼ぶことと整合的である。人、すなわち「みずから活動する（actiones autem）……理性的自然をもつ単独者（habent singularia rationalis naturae）は……特別な名前をもつ。それが『ペルソナ』である」（A, ST: I, q. 29, a. 1, co）。トマスは、ボエティウスの語源学を用いて、persona を per-sonare（通して－響く）と解釈し、役者が仮面を通して話すとき、その響きは尊厳を有しているといい、「ペルソナは、尊厳あるものに属し、［他のものから］区別される固有特異な実体（hypostasis proprietate）である」といい、その意味で「すべてのペルソナは［それぞれ］一つの実体である」が（TA, ST: 1, q. 29, a. 3 ad 2, 3）、同時に「自存性として［神に］つながるもの」（relatio ut subsistens）でもある、という（TA, ST: 1, q. 29, a. 4 co）。一つの試みとして、この文言を、神とつながりながらもおのずから在るもの、と解釈しておきたい。

　トマスはまた、「存在」（esse）と存在者（ens）を区別し、その区別を、神と人のアニマの区別に重ねている。創世記（2. 8）に「神は人間を泥土から形づくり、その顔に生命の気息（spiraculum vitae）を吹き込み、その結果、人は生きるアニマ（animam viventem）となった」と記されているから（TA, ST: 1, q. 90, a. 1, arg. 1）、「生命の気息は、アニマである」と（TA, ST: 1, q. 91, a. 4, ad. 3）。このアニマは「純一の形相であるが、［神のような］みずから自存する存在（sum esse）ではなく、［神の存在が］分有されることで存在する存在者（ens per participationem）である」（TA, ST: 1, q. 90, a. 1, ad. 2）。いいかえれば、アニマは、「存在者」の「存在」、すなわち神から人に贈られた「存在」であり、このアニマとしての「存在」は、本来神に属している。この「存在」と存在者の区別は、ハイデガーが示した、「存在」／存在者という存在論的差異に通じている*。

　もうすこし敷衍しよう。トマスは「存在は、ペルソナ［＝人］を構成するもののなかにあり」（TA, ST: III, q. 19, a. 1, ad 4）、この「存在それ自体は、すべてのもののなかでもっとも完全なもの（perfectissimum）である」。「存在は、すべてのものの活動性（actualitas）にほかならない」と述べている（TA, ST: I, q. 4, a. 1, ad 3）。トマスは、さらに「出エジプト記」（3. 14）に記されていること、すなわち、モーセが神に名を尋ねたときの神の答えが「在りて在る」（ego sum qui sum）であったことにふれて、この「『存在すること』（'qui est'）は．．．．．現に存在すること（esse inpraesenti）を意味している」と述べている（TA, ST: I, q. 13, a. 11 co）。

こうしたアニマがみなぎる人の活動性の向かう先が、先ほど述べた慈愛である。トマスは、アウグスティヌスの『三位一体論』の第９巻第２章に言及しながら、「［慈愛の］心は、アニマの本質（animae essentia）である」と述べている（TA, QDV: q. 10, a. 1, arg. 1）。つまり、アニマは、慈愛を本来的に志向していると。ちなみに、アウグスティヌスは、その箇所で「愛は、ものではなく、心である。心は、ものではなく、霊性である」。「心や霊性は［揺らぎ変わる］関係ではなく［変わらない］本質を指し示す」と述べている（AA, DT: 9. 2. 2）。トマスにとって、アウグスティヌスのいう「心」「霊性」の本態はアニマである、ということだろう。

＊　リーゼンフーバーは、トマスのいう「存在」（esse）は、ハイデガーの「存在」（Sein）に重ねられる、と暗示している。トマスのいう「存在者の存在……は、存在そのものに向かって開かれており、そのために人間もまたそれ自身で、自らの本質を凌駕する超越との関係においてのみ自らに達する」と（リーゼンフーバー 2008: 161）。また、長倉は、「存在」が「現にあること」（actu esse）であることを強調している（長倉 2009: 91）。

感覚と知性

このアニマの内容を掘りさげるために、感覚と知性の差異・連関を確かめよう。感覚は、外からの身体への入力であり、心におけるそれへの反応である。たとえば「熱」が身体に入り、「熱い」と心が象ることである。感覚されたものは「表象」（phantasmata）、「像」（imago）、「形象」（species）と呼ばれている。これに対し、知性は、先にふれたが、端的にいえば「内を読み知る」（intus legere）ことを意味し、「もの［これは神性もふくむ］の本質」（essentia rei）に透入している状態である（TA, ST: II-II, q. 8, a. 1, co）。この知性は、感覚されたものを前提にしている。「知性は、ものの自然［＝本質］を思考するとき、その［可知的］形象を［感覚が作りだす」その表象から抽象し、その意味で、ものの自然を表象において知る」（TA, ST: I, q. 85, a. 1, ad 5）。

感覚と知性は、このように連関するが、それぞれ異なる仕方で「存在」を把握する。「感覚は、ここに今（hic et nunc）という条件のもとでのみ、存在を把握するが、知性は、純粋かつ不断に存在を把握する」（TA, ST: I, q. 75, a. 6, co）。しかし、感覚と知性は、無関係なはたらきではなく、知性が感覚のはたらきに支えられてはたらくというように、つらなっている。そもそも、知性のはたらきの原動力であるアニマは、感覚のはたらきの原動力でもあるからである。「知性的アニマ（anima intellectiva 生き生きと活動する知性）は、もっとも完成された仕方で［存在を］感覚する力をもっている。……下位のもの［＝感覚］に属するものは、上位のもの［＝知性］のうちに、より完全な仕方であらかじめ存在している」（TA, ST: I, q. 76, a. 5, co）。『真理論』からも引いておこう。「……心が知解し、また感覚する（intelligit, vel sentit）ものをつうじ、アニマは、活動の覚知（actualiter percipiendum）、つまり存在（esse）の覚知に到達する」（TA, QDV: q. 10, a. 8, co）。

知性は、感覚につらなるが、感覚を超えてはたらく。たしかに、感覚は「すべての可感的なものの形象を受けとる」。そして知性は「すべての可知的なものの形象を受けとる」。「人のアニマは、いわば、感覚と知性によってすべてのものとなる」（TA, ST: I, q. 80, a. 1, co）。これはおそらく、アニマは、どんなものでも象ることができる、という意味であろう。ただし「感覚の知が、知性の知の全面的で充全的な原因である、とはいえない」（TA, ST: I, q. 84, a. 6, co）。「人のなかのアニマのはたらきは［理性的な］分析と総合を通じて多様な事物の像（imagines）を形成するだけでなく、［知性の知解・直観を通じて］感覚が受容していない像も形成する」からである（TA, ST: I, q. 84, a. 6, ad 2）。この感覚を超えて形成される像は、第２節でふれた可知的形象である。この可知的形象としての像が、「神の類似」であり、また「神の像」である。

「神の類似」と「神の像」

トマスにおける「神の像」（imago Dei）と「神の類似」（similitudo dei）の違いについて、確認しよう*。まず、完全な「神の像」はイエスであり、人は不完全な「神の像」である。「すべての被造物にとっての長子（primogenitus）［＝イエス］は、完全な神の像（imago Dei perfecta）であり、その原像［＝神］を完全に体現している。よって、その『像』（imago）と呼ばれる」。これに対し「人は、その類似（similitudinem）によって像と呼ばれるが、その類似が不完全なため、その『像のような』（ad imaginem）と呼ばれる」（TA, ST: I, 93, a. 1, ad 2）。「神の類似」は、文字どおり、人が神に似て造られていることを意味している。「人は、像としての特徴を充分にもっていなくても、神の類似（Dei similitudinem）であり、［その意味で］神の像を［それなりに］分有している」（TA, ST: I, 93, a. 2, ad 1）。「神の類似が心に見いだされるとき、それは像となるが、その他の場合、痕跡（vestigii）のままである」（TA, ST: I, 93, a. 6, co）。「人は、神の像と呼ばれるが、それは、本質的に像だからではなく、心に［イエスという］神の像が刻まれる（impressa）からである」（TA, ST: I, 93, a. 6, ad 1）。

心に「神の像」が刻まれる、つまり「神を見る」ためには、人は、自分の「神の類似」つまり知性を知る必要がある。「心は、象り（imaginem）のもとにあり、とりわけ神と自分に向かうときにそうである。なぜなら、象りは、自分に現前し（sibi praesens）、神も同じように象られるからであり、それは、人がその形象を可感的なもの（sensibilibus）から受けとる前から、そうである」（TA, QDV: q. 10, a. 2, ad 5）。「神の類似は、人間の自然（natura humana）に見いだされる。なぜなら、それが、知ることと愛すること（cognitionis et amoris）という、人間［の心］に固有なはたらきによって、神に近接し神を受容する（capax）からである」（TA, ST: III, q. 4, a. 1, ad 2）。人が「神の類似」を知りうるのは、そもそも人間の自然が「神の類似」であり、そのなかに知性がふくまれているからである（神を愛する、受容することについては、次節でふれる）。

「あきらかに、神は［人の］知性の徳（intellectivae virtutis）の創造者であり、その知性によって見られうるものである。被造物［＝人］の知性の徳は……根源的知性（primus intellectus）である神自身にもとづき、それを分有するもの、それに類似するものである。……神を見るために求められるものは、見る能力としての、この神の類似（Dei similitudo）であり、そのなかには、知性が神を見うるものとして、設えられている」（TA, ST: I, q. 12, a. 2 co）。

すでにリーゼンフーバーが述べているように、トマスは、人の知解が神に向かうことを、人が思いあがり神になろうとすることから、区別している。すなわち、人の知解が神に向かうことは、意図的に「脱自」（エクスタシス）をめざすような「超越志向」ではない。神のはたらきと人のはたらきは「平行関係」にある。人の心の真のはたらきは、「神の類似」によって見いだされるものであり、そのはたらきは「知性的であり、自由選択（liberum arbitrium）であり、自存的である力である」（TA, ST: I-II, Pro; リーゼンフーバー 2008: 141, 148）。すなわち、人の心のはたらきは、神から隔てられつつも知性的であること、その知性に支えられて、おのずから・みずから生き生きと活動することである（「自由選択」については後述する）。

* 「神の類似」「神の像」の議論の元である「創世記」の記述は、「私たち［＝神］は、人を、私たちの像のように、かつ類似のように（ad imaginem et similitudinem）造ろう」である（創 1. 26）。トマスの「神の像」「神の類似」についての研究として、長倉（2009）がある。

「霊性の眼」で「神を見る」――観想

さて、トマスは、「神の像」の出来、すなわち人が心で「神を見る」ことを、三つに分けているが、さしあたり重要なそれは、不完全にであれ、完全にであれ、活動的に神を知解し人を愛することで生じるそれである（TA, ST: I, q. 93, a. 4 co）。この状態の「神を見る」ことは、基本的に、だれにでも生じる、アニマの神からの「発出」（exitus）であるが、限られた人に生じる、アニマの神への「還帰」（reditus）である。トマスは、この種の神の見え方は「像」と呼ぶにふさわしい、という（TA, ST: I, q. 93, a. 6 co）。ようするに、実際に神を知解し愛するという、心の活動的はたらきが、「神を見る」ためには不可欠である、と。

心が活動的にはたらく契機は、すでに人に与えられている。「神の子」であるイエスがそれである。人が「その本質において神を見るとき、神の本質は、知性にとって可知的形相（forma intelligibilis）となる」。そのとき、知性の能力は「神性の恵み（divina gratia）によって強化されなければならない」。この「神性の恵み」がイエスである。トマスは、こう述べて、「ヨハネの手紙第一」（3. 2）の文章、「彼［＝イエス］が顕れるとき、私たちは神に似たものとなるだろう。私たちは、神をあるがままに見るだろう」を引いている（TA, ST: I, q. 12, a. 5 co）。そこで見られる神の本質は「見られる神の類似ではなく、神を見るために強化された、いわば知性の完全態である」。いいかえれば、それは、どこかにいる神の主要な特徴ではなく、見る人自身の完全な知性である。くわえて、イエスは「それによって神が見られるものとなるような媒介（medium）ではなく、神が見られることを支えている（sub quo）」。したがって、トマスにとっては、「神を見ることは、無媒介的（immediatam）である」（TA, ST: I, q. 12, a. 5, ad 2）。

トマスは、「神を見る」ことができる強化された知性を「心の眼」と呼んでいる。パウロの「［人は］身体のなかで神を見るだろう」という言葉（エフェソ 1: 17）は、身体の眼によってではなく、「心の眼」（oculus mentis/cordis）によって「神を見る」ことである、と（TA, ST: I, q. 12, a. 3, ad. 1）。この「心の眼」＝強化された知性の能力は、分析し総合する能力ではない。すなわち「神という見えないものを、神によって造られたものから［溯源的に］認識し発見するという能力ではない」。それは、アウグスティヌスがいうように「人として、私たちとともに生き、生き生きと生活を営む人たちを、私たちが見かける（aspicimus）とき、私たちが、彼らが生きていることを［何らかの合理的理由によって］信用する（credimus）のではなく、［端的に］見る（videmus）ことである」。すなわち、彼らに「生命」（vita 生動性）を見ることである（TA, ST: I, q. 12, a. 3, ad. 2）*。

この「心の眼」が見る生命は「神性の顕れ」（divina praesentia）である。その生命は「感覚だけで知られるものではなく、感覚をともないつつ（cum sensu）、他の思考の力によって（ab aliqua alia virtute cognoscitiva）知られるものである」（TA, ST: I, q. 12, a. 3, ad 2）。その「他の思考」すなわち知解という能力は、たんなる「想像する」（imaginare）、「表象する」（repraesentare）ことから区別される。「神の本質は、想像し見ること（visione imaginaria）では見えない。想像において形成された何らかの形相（forma）は、いくらか［神の本質に］似ているが、神を［ただ］表象したものである。その表象は、聖書において、神的なものが可感的なものを手段として隠喩的に（metaphorice）語られていることに似ている」（TA, ST: I, q. 12, a. 3, ad 3）。

トマスは、こうした「神を見る」にいたる知解を「観想」（contemplatio［con ともにする・templum 聖域を］）と形容している。その営みが、他の何かを得るための手段ではなく「それ自身のために希求される営み」だからである（TA, ST: I-II, q. 3, a. 5, co）。その内容は、前述の慈愛であり、それが、人の「存在」の原動力である。したがって「神を見る」ことは「人の『存在』に慈愛（caritas）を見いだす」ことである。それが、人と神と「つながる」（unio）ことである。この観想において「人の知性は、向かう先としての神につながることで（per unionem ad Deum）、その完全性に到達する」（TA, ST: I-II, q. 3, a. 8, co）。トマスは「［慈愛の体現者である］キリストの姿（corpus Christi）は……たんなる感覚（sensui）によっても、たんなる想像（imaginationi）によっても覚知され（perceptibile）ず、霊性の眼（oculus spiritualis）と呼ばれる知性によってのみ、覚知される」と述べている（TA, ST: III, q. 76, a. 7, co）。この霊性も、神へというベクトルを意味している、と考えよう（〈図2〉参照）。

＊ この生命は、別のところで述べられている、「感覚的・身体的自然にもとづく外面的生命（［vita］exterior）」から区別される、「心にもとづく霊性的生命（［vita］spiritualis）」であろう。この霊性的生命は、人が「神や天使とつながり交わること」で見えてくる（TA, ST: II-II, q. 23, a. 1, ad 1）。

自由の意志と自由選択

人が知性の知解――「直観」・「観想」――によって「神を見る」ことは、人の「希求」（appetitus）と一体である。いいかえれば、「神を見る」ことは、人が漫然と見えるものを見ることではなく、自分が見たいと心の底から希求するものが見えることである。ただし、その「見たい」という希求の主体は、意図し思惑する自己ではなく、いわば、内なる神をおのずから希み求める自分である。その希求は、いつのまにか、気がついたら、イエスに引き寄せられ、突き動かされているように、イエスを希み求めているという希求である。そうした「希求は、驚異から生まれ来たる」（TA, ST: I-II, q. 3, a. 8, co）。

トマスにとっては、神への希求が「自由」（libertas）、すなわちみずからであり、この自由の源泉が「意志」（voluntas）と理性である。すなわち、人の「自由の根は、基体（subiectum）という意味では、意志であり、原因（causa）という意味では、理性である」（TA, ST: I-II, q. 17, a. 1, ad 2）。一方の意志は、だれにも強要されず「究極の目的」（ultimus finis humanae vitae）を志向することであり、他方の理性は、意志を原因としつつも、思考し選択することである。その「意志の本源は、神以外の何ものでもない」（TA, ST: I-II, q. 9, a. 6. co）。つまり、意志は、人間に属する神的なものであり、人の自由は、神の手中にある人の自由である。この意志と「自由選択」（liberum arbitrium）は、本来、同じであったが、ずれてしまっている。意志は、究極の目的を希求することであるが、自由選択は、何を目的とし手段とするのか、選択肢は多様であり、選択は未決定（indeterminatio）であり、自分で決定可能であることを意味している（cf. TA, ST: I, q. 83, a. 4. co）。

トマスにとって、人に内在する神的な力が、人間の自由の意志の根源である。この自由の意志、すなわち「解放された」でも「自律する」でもなく、おのずからである意志は、人の「自然」（natura）であり、原罪によって妨げられながらも、究極の目的である「至福」（beatitudo）を希求している（TA, QDV: q. 22, a. 5 co）。この至福への希求は、「推論や検証による判断」（judicio discussionis vel examinationis）、つまり自由選択ではない（TA, QDV: q. 24, a. 1, ad 20）。この至福への希求が見失なわれるとき、自由の意志と自由選択の違いがなくなる。自

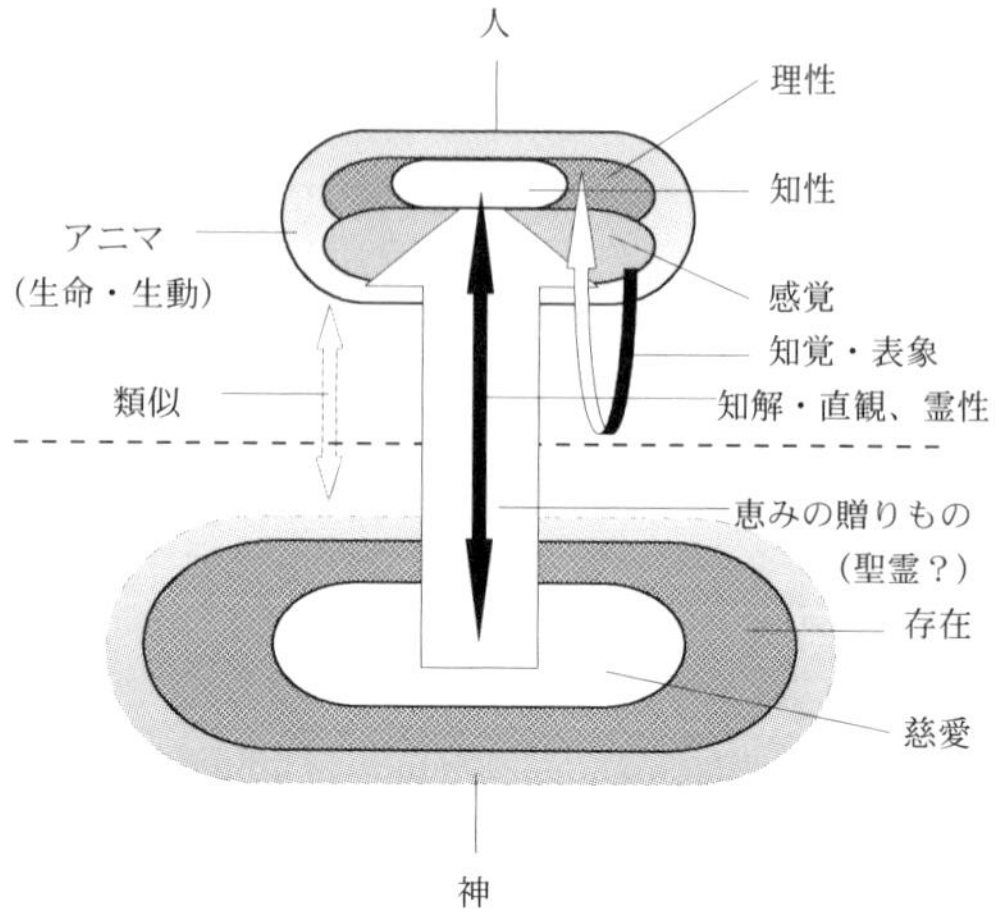

〈図2〉人と神の関係図（素案）

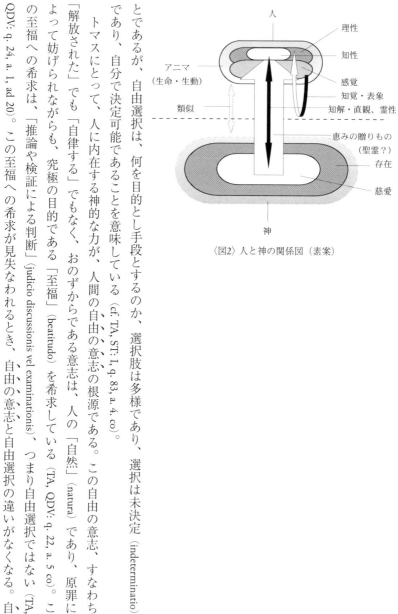

由の意志は、本来的に至福を志向するが、理性による自由選択は、かならずしもそうではないからである。理性は知性で補完され、自由選択は自由の意志によって補完される。その意味で、トマスは「理性に対し知性があるように、自由選択に対し［自由の］意志がある」という（TA, ST: I, q. 83, a. 4. co）。

ともあれ、トマスにおける自由は、現代的意味の「自発性」を支えうる人間の自然であるが、自発性と同じものではない。トマスにおける自由の意志と自由選択の区別は、のちにとりあげるエラスムスの「自由意志」（liberum arbitrrium これは、本来の自由の意志と一体である「自由選択」である）を理解するうえで、欠かせない区別である。エラスムスのいう「自由意志」のなかでは、すでに神に向かうという希求（志向性）、すなわち神からの「恵み」（gratitia）が、しっかりはたらいているからである（第4章参照）。

4　トマスのフミリタスと感受

アニマの通底性

さて、この自由の意志は、感覚によっても支えられている。トマスは、人の生が向かう「最高の善」としての「道徳的善の完全性」（perfection boni moralis）は、この善へ向かう「知性の希求」だけでなく、生身の「感覚の希求（appetitum sensitivum）によっても駆り立てられる」という（TA, ST: I-II, q. 24, a. 3 co）。また、人には「二つの自然、すなわち知性的自然と感覚的自然があるが［どちらも自然であるために］心の全体（totalitas）が同じ状態になってしまう」という（TA, ST: I-II, q. 10, a. 3 co）。いいかえれば、知性の希求も、感覚の希求も、人の自然に方向づけられている。「万人には、自然な（naturaliter）究極の目的が潜在している」（TA, ST: I-II, q.

1, a. 5 co）。「知性や意志」に「根源的に見いだされるもの」は「自然に即したもの（secundum naturam）である」。同じように「身体の動き」も「その根源は、自然に即したものである」。トマスは、こうした人の自然を「生命」と呼び、そこでは「アニマと身体が一つである」という（TA, ST: I-II, q. 17, a. 9 ad 2）。

トマスにおいては、たしかに知性と感覚、また心と身体は区別されているが、どちらもアニマによって通底している*。「生命（vita）は、生きもの（viventium）のさまざまな段階の、さまざまな営みに即して、外に現れる。生命のどのような営みであれ、その営みの原動力（primo）は、アニマである。私たちが摂取し、感覚し、運動することにおける原動力も、これと同じように、知解することにおける原動力も、アニマである」（TA, ST: I, q. 76, a. 1 co）。トマスのいうアニマと生命は、どちらも「生きる力」とくくることができるが、さしあたり、アニマが、心的である感覚、理性、知性を機能させる、個体のなかの可知的なものであり、生命は、身体的である呼吸、脈動、活動などから抽象される、個体を超える可知的なものである、と考えておこう。

こうした知性と感覚、心と身体がアニマによって通底していることを踏まえたうえで、次に考えたいことは、神と人の通底性が可能にする、その「つながり」（unio）である。神と人のつながりは――聖霊はともかく――「神の類似」すなわち知性という、両者の通底性があるから生じる、と考えられる。人と人についても、根底的通底性をもたない人と人の場合、コミュニケーションすら成り立たない。その種の人びとが、言葉をいくら交わしても、誤解と対立、妄執と徒労が生まれるだけである。ともあれ、トマスに即しつつ、神と人が知性という通底性をもつ場合、そこにどのようなつながりが生じるのか、確かめよう。

＊ トマスのアニマは、五〇〇年後に、スピノザが「アニムス」という言葉で示す、心の生き生きとした志向性に通じているだろう。本書の第5章を参照。なお、トマスも「アニムス」という言葉を多用している。たとえば「怒りとは……［自尊心が］傷つけられたために生じる、アニムスの撹乱（commotio animi）である」と述べられてい

るように（TA, ST: I-II, q. 46, a. 6, ad 3）。

従い（従僕）としてのフミリタス

まず、取りあげたい概念が「フミリタス」（謙虚）である。基本的に、フミリタスは、人の神に対する姿勢、また人の人に対する姿勢として、語られている。アウグスティヌスにさかのぼれば、彼は、おもに神に対する謙虚を「フミリタス」（humilitas）と呼び、それを「スペルビア」（superbia）すなわち高慢の対極に位置づけている。スペルビアは、いわば最古の悪（原罪）であり、意図し策謀し、他人に優越し他人を支配しようとする欲求である。石原謙の整理に従えば、アウグスティヌスは、『神の国』において、「神の国」（civitas dei）と「地の国」（civitas terrena）を区別し、その基礎を「カリタスの愛」（慈愛）と「クピディタスの愛」（自己愛）に、またフミリタスとスペルビアに見いだしている。フミリタスは「己れを低くして神への従順を求める」ことであり、カリタスと一体であり、「神の国」の礎である、と（石原 1979: 163-5）。

トマスも、アウグスティヌスと、およそ同じように、フミリタスを理解している。トマスにとって「フミリタスは、他人に優越しようとするアニムスの動きを節度づける」（motus animi ad aliquam excellentiam, quam moderatur humilitas）ことである（TA, ST: II-II, q. 160, a. 2 co）、いいかえれば「心が自分の力量を越えるものに我意のままに向かわないように、心を抑制し制御すること」である。その方法が、自分を他者の下に置くことである。「フミリタスの人」（humilis）は「自分を［他者の］下に置く人」であり、このフミリタスは「自分が頽落していること（defectum）を自覚することで」生じる（TA, ST: II-II, q. 161. a. 1 co, ad 1）。トマスは、さらに「私たちは、神そのものを尊敬するだけでなく、同じ仕方ではないが、どんな人も、神から［神の類似を］与えられているのだから、尊敬するべきである。すなわち、私たちは、神を理由とするフミリタスによって、すべての隣人に対し、自分をその下に置かなければならない」と述べている（TA, ST: II-II, q. 161. a. 3, ad 1）。

こうしたフミリタスを可能にするのは、人が神に従う（従僕する）ことである。「フミリタスは、何よりも、人が神に従うこと（subiectionem）を意味している」（TA, ST: II-II, q. 161. a. 2, ad 3）。トマスは『使徒信条講話』において、イエスは、死ぬまで神に従い、フミリタスを体現したといい、「フミリタスの模範を求めるなら、十字架に付けられた者を思いだせ」（Si quaeris exemplum humilitatis, respice crucifixum）と述べている（TA, ESA: a. 4/758）。人がフミリタスを体現する方法は、「人間的努力」による方法と、「恵みの贈りもの」に与る方法であるが、主要な方法は後者である（TA, ST: II-II, q. 161. a. 6, ad 2）。この「恵みの贈りもの」は、神が義・善とするものが浸潤している徳であり、いくつかあるが、もっとも重要なそれは、慈愛である。

ここで再度取りあげたいことは、第2節でふれた知性の直観である。というのも、この直観は、フミリタスに見いだされるような、人がイエスの人間としての活動と共振すること、それを「感受」することに、支えられている、と考えられるからである。人が神に従うようになる経験的契機は、人がイエスの生きざまに驚嘆し追従することである、と思われるからである。さらに想像力をたくましくしていえば、だれかに圧倒的な驚異を感じ、共振することは、多くの人に見いだされる自己創出の契機である、と考えられるからである（田中 2017a 参照）。以下、知性の直観を支える経験的事実として「共振」「感受」を見いだしてみたい。

知性の自己覚醒としての直観

私の知るかぎり、『神学大全』のなかに直観（intuitus/intuitio 注視）概念を敷衍する記述は、見いだせない。先にふれたように、トマスのいう直観は、知性の力である。たとえば「知性の力が完全に充実しているところでは、理性は必要なく、純一な直観（simplici intuitu）によって、真理は把握される。神や天使のように」といわれている（TA, ST: II-II, q. 49, a. 6, ad 2）。この直観は「天使の知性」（intellectus angelicus）の力とも形容されている。それは「［味わう、ふれるといった］身体的器官の活動でもなければ、［脚力、腕力といった］物質的質料に対する力能でもない」（TA, ST: I, q. 85, a. 1 co）。「人間の知性は、［理性的に］総合し分析し推論することによって知るが、神や天使の知性は、総合や分析や推論によらず、純一な何性の知解によって（per intellectum simplicis quidditatis）知る」（TA, ST: I, q. 85, a. 5 co）。この人間の知性と天使の知性の違いは、「命題へ」（ad enuntiabile）の営みと「ものへ」（ad rem）の営みの違いとしても、語られている。ものへの営みとは「在るがままに見ること」である（TA, ST: II-II, q. 1, a. 2, ad 2, 3）（「もの」（res）は、神性（普遍、永遠、真理）も指し示す）。

さしあたり、「純一な何性」すなわち真理は「神の言葉」（verbum Dei）であると考えてみよう。イエスが受肉した「神の自然」であると。神や天使は、おそらくこの言葉そのものであるはずだから、それを知るためにあれこれ分析し推論する必要はないはずである。人間も、そもそもこの言葉によって造られた被造物である。その言葉、すなわち「神の類似」＝知性は、すっかり埋もれているが、可能態として人間に内在している。求められているのは、その活性化である。「私たちの知性は、自分の本質によって（per essentiam suam）ではなく、その活動によって（per actum suum）、自分を知る」。それが「自分の何性、自然を知ることである」（TA, ST: I, q. 87, a. 1 co）。それは、純一の何性自体を知ることではないが、それに通じる営みである。このように考えられるなら、直観の構造は、可能態の知性によってより完全態の知性を知るという、自己覚醒である。

人にこの知性の直観を生じさせる最大の契機が、イエスの慈愛に満ちた活動であろう。人は、その活動に、あの希求・意志というベクトルの向かうところを見いだすだろう。それは、人とイエスが、知性によって、おのずから惹きつけあう（連動同軌する）ことである。なるほど、イエスは、神秘的能力も、巧妙な話術ももたず、ただ慈愛を説いた人であり、そのため、民衆に見捨てられ、嘲笑われ、幻滅した民衆によって刑死に追いやられた。しかし、「受難」すなわち刑死に象徴される彼の無力さは、弟子たちに、逆説的にも、圧倒的強度で襲いかかったはずである。「……キリストが賛嘆されるという栄光で報われたのは、受難するというフミリタスを通じてである」（TA, ST: III, Q. 46, A. 1 co）。しかしそれは、彼が、よくいわれ、トマスも言及している理由、すなわち「人類の罪を償った」（TA, ST: III, Q. 46, A. 1, ad 3）から、というよりも、彼が、ためらいなく、自分の命を守ることよりも神に従うことを選んだから、ではないだろうか。その圧倒的フミリタスによって、イエスは、弟子たちのなかで、象られ目ざされる像となったのではないだろうか。

ともあれ、確認しておくなら、トマスにとって、イエスは、神と弟子たちをつなぐ媒介項ではない。神と弟子たちは「神の類似」（＝「神の言葉」・知性）においてはじめから通底しているからであり、イエスは、その「神の類似」を覚醒させる契機だからである。「使徒たちは、神の言葉において（a verbo Dei）、無媒介に教え導かれた。その神性（divinitatem）を通じてではなく、［イエスによって］語られたことのフマニタス（humanitas）を通じて」（TA, ST: I, q. 117, a. 2, ad 2）。このフマニタスも、イエスと弟子たちにはじめから通底しているものではないだろうか。このフマニタスの通底の内実を、感覚（情感）のはたらきに即し、すこし推しはかってみよう。さきほど「神を知る」ところでふれた「愛する・受容する」を念頭に置きながら。

フマニタスの感受

トマスにとって、フマニタスは、「神の自然」（natura divina）の対語として用いられる「人間の自然」（natura humana）に重ねられる言葉であり、「人の本質」（essentia homo）である。「本質は、すべての自然に共有されるものを意味し、フマニタスは、人の本質である（humanitas est essentia hominis）」（TA, DEE: 1. prg 2/74）。「フマニタスが意味することは、人が人であるところ（quo homo est homo）である」（TA, ST: I. q. 3 a. 3 co）。「フマニタスは、人の一部分、すなわち形相的部分を意味している」（TA, ST: I, q. 3, a. 3, co）。「フマニタスは、この人、あの人においてのみ実在する」が、「そうした固有な諸条件」を捨象するとき、知性によって把握される（TA, ST: I, q. 85, a. 2, ad 2）。「慈しみ（beneficentia）、それがここでいうフマニタスである」（TA, ST: II-II. q. 80, a. 1, ad 2）。ようするに、イエスと使徒たちに通底するフマニタスは、他者への慈しみである。

　この慈しみは「（自然な）愛」（amor [naturalis]）であろう。それは、たとえば、律法を知らなくても、見ず知らずの人を気遣い介抱した、あの「善きソマリア人」の愛であろう（ルカ 10.25-37）。さきにふれた慈愛は、神性＝知性の営みであるが、愛の特殊な様態である。「自然な愛は、アニマの諸力すべてに……いや、すべての生きもののなかに普遍的にある」（TA, ST: I-II, q. 26, a.1, ad 3）。この自然な愛は、理性に導かれる愛（dilectio）よりも「はるかによく神に向かいうる」という意味で「神的（divinius）である」（TA, ST: I-II, q. 26, a.4, ad 4）。この自然な愛は「自然な共振」（naturale consonantia）である。「愛は、ふさわしい（conveniens ともに来るもの）と把握されるものに向かう希求が示す自然な共振である」。この対極に位置するのが「憎しみ」（odium）である。「憎しみは、背反し害悪である（repugnans et nocivum）と把握されるものに向かう希求が示す非共振（dissonantia）である」。「愛の対象が善であるように、憎しみの対象は悪である」（TA, ST: I-II, q. 29, a. 1, co）*。

　この愛＝共振は「交感」（compassio 互いに感受すること）にひとしい。トマスは、「神を知る」方法として、哲学的議論という「思弁的」（speculativa）方法と、「感応的ないし経験的」（affectiua seu experimentalis）方法があるといい、後者の感応的・経験的方法は「自分自身のうちで（in seipso）、神性の歓びと気遣いの味わい（gustemu）を体験する」ことであるという。それは、いいかえれば、人が「交感（compassione）とともに、神について学ぶ」ことであると。この交感の経験は、哲学的議論の「証すこと」（probemus）から区別されている（TA, ST: II-2, q. 97, a. 2, ad 2）。すなわち、思弁的方法の中心が、「神を知る」ためにあれこれと分析・総合・推論することであるとすれば、経験的方法の中心は、人とイエスが、理屈抜きで一挙に交感することである。それは、自分が何かを考え行うべきか、イエスの生きざまに引き寄せられることで、直観することである。

交感は、およそ「感受」（passio）と重ねられる。passio は「受難」「情念」も意味するが、「感受」も意味する。それは、自分が希求するものを他者から感覚・感情で受容することである。いいかえれば、人が、慈愛を体現したイエスに圧倒され、自分の希求するものをイエスに見いだし、イエスに引き寄せられることである。この感受が生じるのは、その慈愛の活動が可能な（in potentia）のに、その機会を奪われている（privatio）からである（TA, ST: I-II, q. 22, a. 2, ad 1）。すなわち、人は、自分に欠けている神性を感受し希求する。「神性の感受（passio）が意味しているのは、神性に感応すること（affectio）、愛によってそれと結合すること（coniunctio）である」（TA, ST: I-II, q. 22, a. 3, ad 1）。慈愛の活動という「知性の希求するもの（obiectum appetitus intellectivi）は、［慈愛の歓びという］感覚の希求するもの（obiectum appetitus sensitivi）よりも活動的（activum）であるが、それは、そもそも感覚の希求が知性の希求よりも感受的（passivus）だからである」（TA, ST: I-II, q. 22, a. 3, ad 2）。

＊「共鳴」「共振」（écho, résonance）という概念の重要さは、ドゥルーズの『差異と反復』に教えられた（田中 2017 参照）。なお、トマスの思想に「共振」に見いだす大切さは、山本のトマス研究に教えられた。山本は、トマスの「共鳴」（consonantia）を「愛」の特質として確認している（山本 2014: 218-35）。

事後のテロスとしてのキリスト

こうしてみると、一つの試みとして、イエスと弟子たちに通底するフマニタスの機制は感受（共振）である、と考えられる。そう考えられるなら、この感受が知性の活動である直観を喚起する、と考えられる。こうした解釈は、トマスのいう「教えること」と整合的である。トマスは「人は人を教えられるか」と問い、人は、人を自分の思いどおりに操作するという意味では、人を教えることはできないが、人の可能態としての潜勢力を喚起するという意味では、人を教えることができる、と答えている。人のアニマには、他の動物のアニマとちがい、「可能態の知性」（intellectus possibilis）が「内的原理」（principium interius）としてふくまれ、それは、それにふさわしい「外的原理」（principium exterius）の支援によって、具現化する。すなわち「わかりやすい事例の提示」や「論証の秩序の提示」などによって。ただし、その主要な動因は、あくまで可能態の知性である。「内なる光輝な知性（interius lumen intellectus イエスを直観することであろう）が、［至福に向かう］知識を生みだす主要な動因である」（TA, ST: I, q. 117, a. 1, ad 1）。ようするに、教えることを可能にするものは、学ぶ人に潜在する知性であり、その知性の活動（直観）を喚起するものが、イエスの感受である、と。

たんなる私見であるが、人びとがフマニタスを通じて希求してきたイエスは、「メシア」（ヘブライ語で「救世主」を意味する）という表象から区別されるだろう。古代ユダヤの民衆、すなわちイエスを祭りあげ、イエスに拒絶され、イエスを逆恨みし、イエスを罪人に仕立てた彼らは、悔恨とともに、イエスを「メシア」と表象し意味づけてきた。しかし、イエスの死後、弟子たちの宣教活動のなかで人びとが希求したイエスは、無条件の愛としての慈愛を体現した人間であり、あくまで「事後のテロス」という意味で「キリスト」（「メシア」のギリシア語訳）と呼ばれたのではないだろうか。イエスを希求する人びとは、自分でも、具体的にだれかを愛しつつも、より完全な愛としての慈愛を遂行したイエスを知ることで、イエスのフマニタス（慈しみ・慈愛）を感受し、イエスを究極的に希求されるもの、「キリスト」として象り意味づけたのではないだろうか。もしも人が、だれかに教え込まれたり、また自分で分析し総合し推論したりすることで、イエスを「キリスト」と表象し奉るなら、イエスは「事前のテロス」と化し、偶像に堕ちてしまうだろう。

ここで私がいう象りと表象を分けるものは、感受の経験のある／なしである。感受（共振）は、だれにでもおこりうるが、それがいつ・だれに・どのようにおこるのか、事前に確定したり条件づけたりすることはできない。ある人において、イエスが「キリスト」と確信されることは、事前に予想されていなかったはずである。その人が、イエスのフマニタスに驚嘆し、喚起され、イエスに「神を見る」ことは、思いがけない出来であったはずである。トマスのいう「神を見る」に通じる理性も、「神を見る」知性も、この思いがけない感受に支えられてこそ、活性化される、といえるだろう。いいかえれば、哲学や神学によって行われる理性と知性についての入念な議論も、イエスの感受を前提にしてこそ、活動的に行われる（直観となる）、と。こうした感受は、私たちの多くにとって、不思議な体験ではなく、思議の内にある体験である。

こうした解釈は、「神の受肉」（incarnatio）であるイエスの出来を、経験的事実と見なすことではない。啓示としてのイエスの出来は、私に語りうることではない。リーゼンフーバーは「キリスト教の真理は、根本的にあらゆる議論を超えている。なぜなら、キリスト教を根拠づけるのは哲学ではなく、啓示だからである」と述べているが（リーゼンフーバー 2008: 20）、私が語ってきた知性の営みは、啓示としてのそれではない*。私は「神を見る」ことを、絶対的事実ではなく、ニーチェにならい、隠喩的記述にずらしている。すなわち、一人ひとりにおいて、自分の人生の軌跡とともに、特異的かつ歴史的に意味づけられる表徴表現に。それはまた、私にとって、事実的に〈よりよく〉を志す生を構成する営為を示す経験概念でもある。くりかえすなら、その営為の礎が、強度に彩られた感受（共振）である。

* トマス自身は、知性に追加される「神性の光」（lumen divinum）という「恵み」（gratia）を「啓示」と形容している。「[それは] 啓示によってである。すなわち、[理性による] 表象（phantasmatibus）にもとづいて知られるものがより豊かになるのは、神性の光（divini luminis）が [知性に] 注入されることによってである」と（TA, ST: I, q. 12, a. 13, co, ad 2）。この神性の光は、イエスのことだろう（TA, ST: I, q. 12, a. 5, co）。

5　無媒介のつながり

無媒介のつながりを語る実在論

これまでの議論をふりかえておこう。トマスにおいて「心の眼」（また「霊性の眼」）で「神を見る」とはどういう意味で「実在的」な営みなのか、敷衍しようとしてきた。まず、「神を見る」ものは、人の知性であり、人の知性は「神の類似」であり、それが完全化されたものが「神の像」である、と確認した。それは、神と人が知性の分有でつながることである。次に、人の知性（理性）と感覚は、神の「存在」に類似する、アニマに共属している、と確認した。さらに、人とイエスは、思弁的理性の分析・総合から区別される、経験的な感受（共振）によってつながる、と確認した。ようするに、トマスの思想に見られる、神／人、知性／感覚、人／人（イエス）という区別は、知性の分有、アニマへの共属、希求の感受によって、つながっている、ということができる。こうした、つながりのもつ含意について、ごく簡単にふれておこう。

このつながりは、現代哲学においてドレイファス（Hubert Dryfus）とテイラー（Charles Taylor）が『実在論を立てなおす』において、ハイデガーに依拠しながら展開している、媒介論批判に通じている（Dreyfus/Taylor 2015）。彼らの批判対象は、デカルト、カントに由来するだろう表象である。これは、受動／能動、事物／人間といった対項が主体（自己）の表象によって媒介されるということであるが、この媒介という発想そのものが誤りではないのか、と問いかける。かつてヘルダー（Herder, Johann Gottfried）が「理性と経験」で論じたように（FW 8, VE; Sikka 2013）。それらは、はじめからつながっている、ないし地続きであるのではないか、と。なるほど、たとえば、屋外の騒音に苦しむ人は、屋外に響く騒音という外的事実と、心が感じ表象する騒音という内的表象を区別していない。肯定的にであれ、否定的にであれ、関心興味が集中していることがらについては、外的事実と内的表象と重なりあう。こうした外的事実と内的表象の重なりは、思考の傾向性である。いいかえれば、思考は、外的事実と内的現象をともに自分に内属させるという傾きをもつ。

そのドレイファス／テイラーは、同書で、トマスに少しだけ言及し、その神学を「実在論」（realism）と呼んでいる。「トマスは……妥協なき一体化の実在論（unified realism）を採用し、［神と人を］完全に一つに収束させることを自分の課題とした」と（Dreyfus/Tayor 2015: 157/258）。この実在論は、〈五感で知覚される個体が実在する〉という近代の素朴な実在論ではなく、〈内的概念と通底する外的普遍が実在する〉という中世的な通底の実在論である。受動／能動、事物／人間という区別は、意図し欲望し表象する主体・主観としての自己と、その自己の外／自己の内という区別を前提にしている。しかし、その自己が内にも外にも開かれた、思考本来の広がり——中世神学が語った、全世界に及ぶ普遍（universus）の広がりに比べれば、あまりにもささやかな広がり——であるとすれば、これらの対項は、媒介されるものではなく、通底しているものである。本章で確かめてきたトマスの知性、アニマ、感受は、そうした思考の広がりを暗示している。

ドレイファス／テイラーも、同じように考えている（と思う）。彼らが神と人の無媒介のつながりを「結合」（engaged）、「分有」（shared）、「コミュニオン」（communion）と形容しているからである（コミュニオンは、キリスト教思想で神・人の交わりを形容する言葉である）。彼らは、また神と人が無媒介につながるように、自分と他者が無媒介につながることは、人が学び生きることの本態である、と考えている。たとえば「［子どもが経験する］通過儀礼、すなわち子どもがはじめて言葉を学ぶときは、［何か・だれかとの］コミュニオンのときであり、注意が［何か・だれかと］分有されるときである。すなわち、子どもが［何か・だれかを］強烈に希求するときであり、それが彼らの成長に不可欠なときである」。もっと拡大していえば、「結びつくというこのスタンスは、私たちの生にとって不可欠でありつづける」と（Dreyfus/Taylor 2015: 36-7/58-9）。

向きあい在ること

こうした無媒介のつながりは、ガブリエル（Markus Gabriel）の「超越論的で実在論的」と形容される存在論にも通じている。ガブリエルは、ジジェクとの共著『神話・狂気・哄笑』のなかで、ハイデガーに依りつつ「所与である」（es gibt）世界と、「生起する」（sich ereignen）世界を区別し、生起する世界を「光」に喩えている。生起する世界は、事物・意味として現象しないからである。この生起する世界は、ハイデガーの言葉を用いるなら、人から「退き隠れる」（entziehen）ところである。人に迫り来るものは、何らかの、観察され述定され意味づけられる場面である。光としての世界は、この場面を可能にするが、人から退き隠れている。「光は、私たちが特定の仕方である場面に没頭するように、取り計らっている。この光こそ、［真の］世界に他ならない」。しかし、その光としての世界とは何か、という「謎を解こうとするなら、私たちは、その傲慢に対する罰として、拠りどころを失い、すべての意味の喪失という深淵に落下するだろう」（Gabriel/Žižek 2009/2015: 324-6 訳文変更）。

それでも、私たちは、この光としての世界を、わずかながら「見る」ことができる。ガブリエルは、リルケ（Rainer Maria Rilke 1875-1926）の詩『ドゥイノの悲歌』第八歌を引きながら、この光としての世界を「見る」ための契機を語っている。すなわち「……［自分の］死に臨んで、人が見るものは、もはや［自分の］死ではない。その眼は、その彼方を見ている。おそらく動物のようなつぶらな眼で」と。そして、死に臨み、死の彼方（＝光としての世界）を見る他者の眼は、その他者に臨む「私たちを平然と貫く」。臨床の場面において、私たちは、それぞれにその眼に「向きあい在る」（gegenüber sein）。この「向きあい在る」ことは、私たち一人ひとりに固有特異な「運命」である（Rilke 1996: 8e. E; Gabriel/Žižek 2009/2015: 327-8；Gabriel 2015: 124）。つまり、意味・価値を超える世界を「見る」ことを可能にするのは、この「私」を見つめ、この「私」とともに在る「あなた」という、二人の固有特異な関係性であり、その本態は感受である、といえる。

リルケの「向きあい在る」ことは、フミリタスの愛に通じている。冒頭でふれたジジェクが引いているように、キェルケゴールは、『愛の業』において「［フミリタスの］愛は、だれでも信じる――しかし、けっして欺かれない」と述べている（KSV, 12, KG: 227/364; Žižek: 2000: 119/181）。自己が棚上げされているからである。「だれにも欺かれないために、だれも信じない」という考え方もあるが、それは、自己に閉じこもる高慢であろう。いいかえれば、だれかを謙虚に愛する人は、素朴な実在論が「妄想」と切り捨てる仮象のなかに、闇のなかの灯り、すなわち本人すら気づいていない善さを見いだすだろう。その灯り・善さは、人が「自分の権利」「自分の矜持」「自分の利益」を脇におくときに、おのずから顕現する気遣いである。

もう少し敷衍するなら、人と人の無媒介のつながり、すなわち感受は、子どもの生育（生きて育つこと）を根底から支える臨床哲学的事実でもある。それは、親が子どもに無条件の気遣いを贈り伝えることであり、子どもが親の無条件の気遣いを受け容れることである。どちらも、もっともらしい意味・価値づけ、損益計算・利害関心、世間的評価・法令的公正などに染まっていない。思うに、現代社会の実践一般は、自己を絶対視する自己本位を前提としているように見えるし、それは、客観性の観点が開く「どこでもないところからの視界」（a view from nowhere）と対極にあるように見える。しかし、それらはよく似ているともいえる。客観性の視界が「どこでもないところからの視界」を特権化するからであり、それは「なんでも思いどおりにする自己」を特権化することと、たいして変わらないからである。どちらも、偶像崇拝の現代版ではないだろうか。

第３章　〈魂の根底〉に生じる像
――エックハルトの〈人間性〉

Imago in Seelengrund: Humanity of Meister Eckhart

〈概要〉本章では、ヨーロッパ中世・近世の思想に〈**心の眼**〉の教育思想を見いだすという試みの一環として、まず、**エックハルト**のいう「**魂の根底**」が**アウグスティヌス**、**トマス**のいう〈心の眼〉にあたる、と論じる。次に、エックハルトの「**形成**」論の原型が、パウロのいう、人とイエスの「**同形**」論である、と確認し、その形成が、「魂の根底」に「**神の像**」が映しだされることであり、それが「**形なき像**」であるということ、すなわち表象ではなく「**存在**」であるということを確認する。つづいて、エックハルトのいう**人間の自然**が「純粋なアニマ［魂］」であり、その現れの一つが「**慈しみ**」であることを確かめ、また魂のもつ**知性**が神に向かう力であり、「自己自身」からの「**離脱**」ないし「**放棄**」を生みだすが、その足場となるものが「**謙虚**」（フミリタス）であることを確かめる。最後に、**上田閑照**がエックハルトに見いだす「**真の自由**」が「**存在**」**への還帰**であり、その「存在」は、おのずからの**生動性**と形容できる、と述べる。

1 「魂の根底」をめぐって

エックハルトの「魂の根底」

ドイツに生まれ、パリ大学で学び、またそこで教えたこともある思想家エックハルト（Meister Eckhart / Eckhart von Hochheim 1260-1328）は、ともにドミニコ会（修道会）に属したアルベルトゥス・マグヌス（Albertus Magnus 1193-1280）とトマス・アクィナスから大きな影響を受けた、といわれている。そしてアルベルトゥスもトマスも、アリストテレス由来の「理性」（ratio）概念によってキリスト教思想を再構成した、といわれている。ジルソン（Etiénne Gilson）の『中世の哲学』の言葉を引くなら、アルベルトゥスのモットーは「哲学者たるものは、述べるところを、理性によって述べること」であった（EG, PMA: 523/234）。

こうしたジルソンのとらえ方に対し、前章で述べてきたことは、少なくともトマスにおいては、理性よりも「知性」（intellectus）が重視されていたことである。すなわち、分析し総合し推論する心のはたらきよりも、神の本質を迎え入れる心のはたらきが重視されていたことである。トマスにおいては、その知性によって迎え入れられた神の本質が「神の像」と呼ばれ、その知性のはたらきが「心の眼」「霊性の眼」と呼ばれていた。トマスにおいて退けられていたのは、神へというベクトルを体現する「意志」――トマスにとって「意志」とは本来そういうものである――をともなわない「表象」や「想像」の産物である「神の紛いもの」である。こうしたトマスの思想と、エックハルトの思想は、どこか通じるところがあるだろうか。

エックハルトの神学的特徴を示す概念は、しばしば取りあげられる「魂の根底」（Seelengrund）であろう。多くの研究者がこの概念を取りあげ、その含意を追求してきた。たとえば、上田閑照は、『非神秘主義』において、エックハルトの「魂の根底」を、日本の禅思想に重ねている。上田は、神人合一と唱える「神秘主義」を突き抜ける思考をエックハルトに見いだし、それを「非神秘主義」と呼んでいる。それは「神秘主義の『身心脱落』態」と定義されている。それは、いいかえれば「合一から脱自へ」という動態であり、禅思想のいう「無窮の動性」である。それは、キリストを心に象り（＝合一）、そののち「キリストなしに歩む」（＝脱自）こと、「他者や自然と霊性において交流しつつ歩む」ことである（上田 2002: 321, 323, 329, 339）。

こうした解釈の広がりをもつエックハルトの「魂の根底」について本章で提示することは、次の二つである。一つは、ヨーロッパ中世・近世の思想に〈心の眼〉の教育思想を見いだすという試みの一環として、エックハルトのいう「魂の根底」がアウグスティヌス、トマスのいう〈心の眼〉にあたる、と考えることである。もう一つは、その「魂の根底」のはたらきが、「神の像」を映しだす＝「象ること」（ビルドゥング）であり、「謙虚」に基礎づけられ「慈しみ」として現れる、と考えることである。「魂の根底」は、「知性（理性）」（intellectus/vernünft）といいかえられるが、その「知性」は、近代以降の「合理性」（rationality）ではなく、超越性に向かい、超越性を見る直観であり、最高の歓びとしての「至福」（beatitudo）に向かう営みである。

＊　一三世紀のパリ大学、アルベルトゥス、トマス、エックハルトの関係については、上田（2001: 67-122）参照。

陶冶（人間形成）の思想的源泉

ここでエックハルトの「魂の根底」を取りあげる理由は、教育思想史的である。すなわち、エックハルトの「像」（Bild ビルド）概念がドイツの近代教育学のビルドゥング概念の淵源であり、したがってまた日本の近代教育学の「陶冶」（人間形成）概念の淵源でもあるからである。現代の日本では、「陶冶」（人間形成）概念は、過去の遺物のような扱いを受けている（ように見える）が、もともとのそれ、つまりエックハルトのいうビルドゥングは、存在論的概念であり、それは、有用有能と規則随順に枠づけられ方向づけられている現代の日本社会を生きる私たちの思考を解放する思想的契機となりうる、と考えられるからである。

確認するなら、ドイツ近代教育学の基礎概念である「ビルドゥング」は、現代では、「自己形成」（Selbstbildung）や「教育一般」という意味で使われているが、もともとそれは「内面を形づくる」ことを意味していた。このビルドゥングは、一九世紀初期のフンボルト、ヘルバルトの名前とともによく知られているが、最近の研究によると、アルベルトゥス・マグヌスに依りつつも、エックハルトに由来する概念である、とされている。たとえば、高名な神学者ホンネフェルダー（Ludger Honnefelder）は「……アルベルトゥス・マグヌスの知性（intellectus）展開論は、マイスター・エックハルトや他のドイツ神秘主義者たちの『内面的ビルドゥング』（inneren Bildung）論を生みだす契機となった。彼らの議論には、新しいビルドゥングについての考え方があり、それはまた、のちのヴィルヘルム・フォン・フンボルトが展開した『ビルドゥング』論につながっているし、新しいフマニスムスの思想を呼び寄せた」と述べている（Honnefelder 2017: 21）。

中世キリスト教思想の研究者であるヘルマイア（Paul D. Hellmeier）は、「中世後期のビルドゥング」という論文で「たしかにドイツ語のビルドゥング、人間の内的形成（inneren Formung）としてのそれは、ここ［エックハルトの説教］に見いだされる。マイスター・エックハルトがその創始者である」と述べている（Hellmeier 2016: 75）。また、アルベルトゥスとエックハルトのビルドゥング概念の違いは、端的にいえば、対象となる人が限定的であるか、開放的であるかであるという。すなわち、アルベルトゥスもエックハルトも、ビルドゥングは「魂の根底に神を生成させること」（Geburt Gottes im Seelengrund）であると考えていたが、アルベルトゥスは、ビルドゥングは「神学」を「聖なる知性」（intellectus sanctus）によって極めることで可能になるので、およそ限られた人に見られる、と考え、エックハルトは、ビルドゥングは「説教」を真摯に受けとめることで可能になるので、「善い人」（gute Menschen）すべてに見られる、と考えていた（Hellmeier 2016: 80）。

もっとも、本章で確認したいことは、こうしたアルベルトゥスとエックハルトのビルドゥング概念の違いではなく、エックハルトのビルドゥング概念、すなわち「魂の根底に神が映しだされること」である。あらかじめ述べるなら、エックハルトが語る「魂の根底」に映しだされる神は、「形」（icon）ではなく、「形なき像」といいかえられるだろう（第3節参照）。すなわち、「自己自身」である「私」が描くイエスの容貌・容姿ではなく、「自己自身」である「私」を超える〈私〉が与える超越性へのベクトルである。この超越性へのベクトルは、本来の「人間の自然」（natura humana ナートゥーラ・フーマーナ）の特徴である。もっとも、上田は「エックハルトの場合、自然が魂の究極の事となるということはない」と断じている。「魂の神への集中のために自然は離脱されるべきもの」だからである、と（上田 2002: 153）。

人間性＝人間の自然とは何か

ともあれ、ここで、**natura humana** を「人間本性」と訳さず、「人間の自然」と訳す理由にふれておこう*。**natura humana** の **natura** は、およそ「本性」と訳されているが、私は、それを「自然」と訳している。そうする理由は、**natura** に「おのずから然る」という意味を読み込むことができるのではないか、と考えているからである。いいかえれば、**natura** に「本性」のような固定された内実・性状ではなく、無窮に生成する動態・動性が見いだされるのではないか、と考えているからである。

現代の「人間性」（humanity/Humanität）が何を意味するのか、一義的に確定できないだろうが、現代のそれは、人間によってめざされるべき人間の理念として定義されている、といえるだろう。たとえば、よく知られている、全一二巻のあるドイツ語辞典（*Farbiges großes Volkslexikon*）は「一般に［人が］人間性（Humanität）をめざすということは、人間の尊厳（Menschenwürde）と自由な人格性の発達（freien Persönlichkeitsentfaltung）にふさわしく人生と社会を形成するということであり、その形成は、そうするために必要な教育や陶冶〔＝人間形成〕によって、また生活や環境の諸条件の整備によって行われる」と述べている（FgV 5: 475）。

しかし、エックハルトにおける「人間の自然」は、理念でもあれば、事実でもある。のちほど確かめるが、エックハルトのいう「人間の自然」＝「人間性」は、アニマ＝魂が神へ向かうこと、すなわち超越性へのベクトルを本態としている。前述の上田も取りあげているが、「アニマ」「霊性」といった言葉など知らず、ただこまやかな気遣いとともに来客をもてなす準備をしていた、あのマルタが示した「慈しみ」は、この超越性へのベクトルの起点、礎である。また、イエスの受肉に由来する「謙虚」（Demut）（フミリタス）も、このベクトルの起点、礎である。確かめたいことは、こうした慈しみ・謙虚と離脱の関係である。

以下、まず、エックハルトのいう「魂の根底」が、アウグスティヌス、トマスのいう〈心の眼〉に相当し、「知性」に重ねられる、と確認する（第2節）。次に、エックハルトの「形成」論の原型が、パウロのいう、人とイエスの「同形」論である、と確認し、その形成が、「魂の根底」に「神の像」が映しだされることであり、それが「形なき像」であである、すなわち表象ではなく「存在」である、と確認する（第3節）。つづいて、エックハルトのいう人間性の本態が「慈しみ」であり、離脱の起点、礎が「謙虚」であることを確かめ、そうであるにもかかわらず、それらよりも離脱が高く評価される理由を推論する（第4節）。最後に、上田がエックハルトに見いだす「自由」が「存在」への還帰と不即不離である、と述べる（第5節）。

＊　一九七四年に社会学者の田中義久は、『人間的自然と社会構造』において human nature を「人間的自然」と訳している。その理由は明示されていないが、その意図はなんとなく理解できる。同書で田中は「現代社会学では」「個的人間は、役割の平明において機能的にとらえられるばかりで、人間的自然の自己発展の運動法則を内具するものとしてはとらえられていない。人間的自然の弁証法は死せる犬のようにきわめて主観的に黙殺されているのである」

と述べているからである（田中 1974: ii）。この「人間的自然」は、いわゆる「人間本性」のような所与ではなく、環境との相互作用のなかで「自己発展」するベクトル的なものであろうか。

2　魂の根底と〈心の眼〉

魂すなわちアニマの含意

まず確認するなら、エックハルトのいうドイツ語の「ゼーレ」（Seele「魂」と訳す）は、ラテン語の「アニマ」（anima 表音表記する）である。エックハルトにとって、この魂＝アニマは、いわば〈不断の今・ここを生きる力〉である。エックハルトは、ドイツ語の「説教二」において「魂には、時間とも肉体ともかかわらない一つの力（Kraft）がある」といい、その力は「［神から贈られる］霊性（Geist）から流れ出るが、霊性のままであり、まったく霊性的である」といい、「歓び」（Freude）に満ちているという。さらに、その力に与る人には「一つの不変の永遠性（eine gleichbleibende Ewigkeit）がある」という。すなわち、「つねに新たに、たえず、一つの今（einem Nun）に住んでいる」と。神がまさにそうであるように（DW 1, Pr. 2: 34-5 [Q. I: 31]/16-7）*。

この魂の〈不断の今を生きる力〉は、無窮の力動性を意味している、と考えてみよう。エックハルトが読んでいただろうトマスの『神学大全』において、アニマは「生き生きと生きているものの生命（vitae）の第一始源（primum principium）」と定義されている（TA, ST: I. q.75, a.1 co）（トマスのアニマ概念については、第３章第３節参照）。すなわち、トマスにとって、生きているものと生きていないものを区別するものが、アニマである。たとえば、イヌにも、ネコにも、アニマはある。このアニマには、よく採用されている「魂」という訳語ではなく「生きる力」という訳語を充てたくなる。トマスの力点が第一原理に置かれているとすれば、そしてそれが活動態を示しているとすれば、アニマは「生動」を意味していると考えられるからである。

ともあれ、エックハルトは、ドイツ語の「説教七」において「魂とは何か、［それを知るためには］超自然な知が必要である」と述べている。すなわち「魂が、その根底においてどのようなものであるか、だれも知らない。これについて知りうるためには、人は超自然的でなければならないし、そうなるために、人は「神の」恵みに依らなければならない。そこでは、神は慈しみ（Barmherzigkeit）を行う」と（DW 1, Pr. 7: 121［Q. I: 95］/48）。この「慈しみ」については、のちほど取りあげることとし、さしあたり、エックハルトのいう魂が、どういうかたちであるにしても、神と通じている、と確認しておきたい。これは、アウグスティヌス、トマスのいうアニマが霊性によって神に通じているという考え方と、基本的に同じである。

さらに、アウグスティヌス、トマスに引きつけていえば、エックハルトにおいて、生動性としての魂が重視される理由は、霊性を贈る神そのものが生動性そのものであるから、と考えられる。すなわち、魂が神に通じうる理由は、神が活動態そのものであるから、と。このように考えるなら、あくまで一つの考え方であるが、あの「魂の根底」を〈心の眼〉と見なすことが可能になるだろう。試みてみよう。

＊ エックハルトの引用は、全集の完全版といえるだろう Deutsche Forschungsgemeinschaft 版で示し、［］に精選普及版といえるだろう Quint 版の引用箇所を示している。［］内の Q は Quint を意味し、**I, II** は巻数をさす。

〈心の眼〉としての「魂の根底」

アウグスティヌス、トマスが論じてきた「心の眼」という言葉は、エックハルトの説教・論述のなかに見いだされない。おそらく、エックハルトにおいては「心の眼」は「魂の根底」といいかえられているのではないだろうか。第一に、トマスにおいて、「心の眼」が「神を見る」眼、「霊性の眼」（oculus spiritualis）とも形容されているように（TA, ST: III, q. 76, a. 7, co）、それは、神が象られる場である。エックハルトにおいても、ドイツ語「説教一〇」で「魂の根底」（grund der Seele/Seelegrund）が、「霊性」（Geist）、また「［神の］一つの力」（einer Kraft）と形容されている（DW 1, Pr. 10: 171［Q. I: 129］/65）。確認しておくなら、ドイツ語の「説教八三」で、エックハルトは Geist を spiritus と等値している。霊性は、パウロ以来、アニマが「新しくされる」ときの、アニマに内属する原動力であり、神へ向かうベクトルである。エックハルトも「魂［＝アニマ］が……霊性と呼ばれるかぎり、魂は新しくされる」と述べている（DW 3, Pr. 83: 437-9［Q. I: 191］/210）。

第二に、エックハルトが、アウグスティヌスのように、「眼」（Auge）を二つに分け、神が象られる眼を語っているからであり、その眼が「魂の根底」と重ねられそうだからである。「説教一〇」において、エックハルトは「眼」を「内なる眼」（innere Auge）と「外なる眼」（äußere Auge）に分け、「内なる眼は、存在のなかで、存在を、まったく媒介なしに（unmittelbar）神から受けとる」といい、その受けとったものを「魂の真の像」（eigentliche Bild der Seele）と形容し（外なる眼は、いわゆる眼であり、「すべての被造物に向けられ、それらを［いわゆる］像として……知覚する」眼である）（DW 1, Pr. 10: 165［Q. I: 123］/62）、「神は、魂の根底において、そのすべての神性を備えて存在する」と記されている（DW 1, Pr. 10: 164［Q. I: 119］/60）。

第三に、エックハルトが、神と人間の通底性を「根底」という言葉で表現しているからである。エックハルトは「説教五ｂ」において「神の根底は、私の［魂の］根底であり、私の［魂の］根底は、神の根底である」と述べている（DW 1, Pr. 5b: 450［Q. I: 71］/36）。この「根底」は「被造物が終わるところであり、神が存在し始めるところである」。そこには「ほんの小さな被造物的像（kreatürliche Bild）」もあってはならない。それが「神すべてがあなたのなかに入ることを妨げるからである」（DW 1, Pr. 5b: 91［Q. I: 73］/37）。この「被造物的像」は、「内なる眼」が象る像ではなく、「外なる眼」が映しだす像であろう。「説教一二」からも引こう。「私が神を見る眼は、神が私を見る眼と同じ眼である。私の眼と神の眼は、一つの眼（ein Auge）、一つの視（ein Sehen）、一つの知（ein Erkennen）、一つの愛（ein Lieben）である」」（DW 1, Pr. 12: 201［Q. I: 149］/75）。

このように考えられるなら、「魂の根底」は、アウグスティヌスのいう「心の眼」におよそ重ねられる。この「魂の根底」に生じる像は、どのような像だろうか。

「魂の根底」の知性

エックハルトは、「魂の根底」には、特殊な力が潜在している、という。エックハルトは「説教八三」において、パウロの言葉「霊性から新たにされよ」（Renouamini spiritu）（エペソ 4. 23）を引き、ラテン語の「メンス」（mens 心）とドイツ語の「ガイスト」（Geist 精神）を重ねている。「聖アウグスティヌスは、神が、メンス（mens）ないしガイスト（geist）という魂の原初的部分［＝魂の根底］に、魂の存在と一つの力を創った、という」と。「この力が、魂と父［なる神］にひとしいもの［＝イエス］を、神性の流出を通じて、創りだす」力である。この力は「魂の記憶がもっている……いくつかの『像』［bilde たとえば、天使の像、神の像］を、魂のほかの諸力に注ぎ込む」（DW 3, Pr. 83: 437［Q. I: 189］/209）。この「一つの力」が「魂の根底」である。

この「魂の根底」に支えられつつも、魂の諸力、すなわち下位のその力である悟性、怒り、希求が把握する像は、真実の像すなわちイエスではない。その表象にすぎない。「魂がその力によって……何らかの像を見るだけなら、その魂はまだ不完全である。魂が神を見る場合でも、それが神としての神、像としての神、ペルソナ［位格］としての神を見ることなら、その魂はまだ不完全である」。必要なことは「すべての像（Bilder いわゆる表象）が魂から取り去られること」である（DW 3, Pr. 83: 437［Q. I: 189］/209）。それは「あなたが、あなたの存在（Deinsein）からすっかり離れ、神の存在（Seinsein 存在の存在）に溶け入り、あなたの存在が、神の存在のなかで、完全に一つの私なるもの（Mein）になる」ことである（DW 3, Pr. 83: 442［Q. I: 193］/211）。

人と神が「完全に一つである」ために必要なものが、魂の三つの上位の力である。一つめは「保持力、記憶力」（behaltende Kraft, memoria）であり、そのはたらきは、永遠なものを「保持する」ことである。二つめが「理性、知性」（Vernunft, intellectus）であり*、そのはたらきは「彼［＝イエス］を像なしで知ることである、媒介なし、写しなしで」。それは「神が私に、私が神になる」ことである。三つめが「意志」（Wille, voluntas）であり、そのはたらきは、神への「愛」（Liebe）である。それは「神を非精神的に愛する（ungeistig lieben）ことである。「あなたの魂が非精神的になり、すべての精神性（Geistigkeit）を脱ぎ捨てて愛すること」である（DW 3, Pr. 83: 445-7［Q. I: 195］/212）。ここで、田島照久、植田兼義によって示された先例にならい、「精神性」と訳した「ガイスティヒカイト」は、まぎらわしいが、「霊性」ではなく、表象する力であり、生動的ベクトルとしての霊性ではない。エックハルトは次のように述べている「あなたの魂が形づくる精神（geistförmig）であるかぎり、魂は『像』（Bilder）をもつ。魂が『像』をもつかぎり、魂は媒介するもの（Vermittelndes）をもつ。魂が媒介するものをもつかぎり、魂は、一性（Einheit）や単純性（Infachheit）をもたない。魂が単純性をもたなければ、魂は、神を正しく愛することにならない」と（DW 3, Pr. 83: 447［Q. I: 195-6］/213）。

エックハルトがいう神への愛に支えられつつ、知性によって「イエスを像なしで知る」という営みは、トマスの「神を見る」ことと重ねられる。トマスは『神学大全』において「キリストの姿は……たんなる知覚によって（sensui）も、ただの想像によって（imaginationi）もとらえられず、霊性の眼（oculus spiritualis）と呼ばれる知性によってのみ、とらえられる」と述べている（TA, ST: III, q. 76, a. 7, co）。トマスにとって「霊性の眼」「心の眼」は、知性にひとしく、そこで象られるイエスは、なるほど「神の像」（imago dei）と形容されているが、表象としての像ではない。その像は、あくまで知性ないし霊性によって象られる像である。エックハルトとトマスの「神の像」論の違いは、子細に確認されるべきかもしれないが、本論では、そうした確認作業に踏み込まず、二人の「神の像」論を重ねて理解しておきたい。エックハルトのいう「イエスを像なしで知る」ことは、アウグスティヌス、トマスの「神の像」の象りと重ねられる、と**。

それにしても、「イエスを像なしで知る」とは、どのような営みだろうか。『離脱について』によれば、それは、人間が「キリストとの同形性」（einförmicheit mit Kristus）、「神との同形性」（einförmicheit mit Gott）を体現していくことである。エックハルトは、パウロの「イエス・キリストをまといなさい」（ローマ 13. 14）を引き、それは「もっとも高い、神との同形性のなかに立ち、同時に神の流入をもっともよく受け容れることである」と述べている。その「形」は「人間の自然」である。「キリストが人になったとき、彼は、自分のなかに人間（Menschen）を入れず、人間の自然（menschliche Natur）を入れた。したがって、もしもあなたがすべての世俗的なもの（aller Dinge）からあなた自身を切り離すなら、残るのは、キリストが彼自身に入れたもの［＝人間の自然］だけである。そのとき、あなたは、キリストをまとうことになる」と（DW 5, VA: 430, 6-9［Q. II: 455-7］/390）。この同形性は、表象としての像なしでどのように生じるのか、節を改めて確かめてみよう。

* エックハルトの知性概念については、たとえば、上田（1966）の「マイスター・エックハルトの Inkarnatio 論」、高橋（2007）の「エックハルトにおける intellectus adeptus」を参照。

** ちなみに、エックハルトは、『ヨハネ福音書註解』で、パウロに依りつつ、「神の像」である「子」と「範型」である「父」の関係を論じている（LW 3, In Ioh: 19［n. 24-6］）/56-8）。

3　エックハルトの形成と像

僕の形と同形（化）

まず、キリスト教思想史における同形（化）概念の由来について、ふれておこう。起点となるのは、パウロの次の言葉である。「彼［＝イエス］は、神の形（morphé theou/forma Dei）をしていたが、神とひとしいことを自分のものとせず、自分を空しくし、僕の形（morphen doulou/formam servi）となり、人と同じになった」（フィリポイ 2. 6-7）。ここで「形」と訳されたギリシア語の「モルフェー」（morphé）、ラテン語の「フォルマ」（forma）は、ふつうに使われる言葉である。また、この「僕の形」となることは、キリスト教思想において「フミリタス」（humilitas）と呼ばれてきた。それは、パウロが人に「謙虚に（te tapeinophrosune/in humilitate）互いに他者を自分より優れていると見なす」ことを呼びかけ、それを、イエスの「僕の形」となることにも見いだしたからである（フィリポイ 2. 3-5）。ちなみに「タペイノス」（tapeinos）は、ふつう「屈従」を意味する言葉であり、肯定的な意味では用いられない。パウロは、その意味を大きく書き換えている。

パウロは、また「シンモルフォー」（symmorphoo）、すなわち「同形化する」という表現を用いている。それは、基本的に〈形を morph・ともにする sym〉を意味している。この言葉のラテン語訳は「コンフィギュラーレ」（configurare）である。たとえば「彼［＝イエス］を知り、その復活の力と、その受難の交わりを知り、その死ののち、［人を自分と］と同形にするために（symmorphizomenos to thanato autou / configuratus morti ejus）……」といい（フィリポイ 3. 10）、「彼［＝イエス］は、すべてのものを自分に従わせることができる。その力によって、彼は、私たちの空しい身体を、彼の素晴らしい身体と同形化するだろう（symmorphon to somati tes doxes autou / configuratum corpori claritatis suæ）」と述べている（フィリポイ 3. 13）である。

パウロは、さらに「ローマの信徒への手紙」において、「シンモルフォス」（symmorphos）、すなわち「同型的」を意味する言葉を、「イエスと同型的」という意味で用いている。たとえば「神は、あらかじめ識別した人を、自分の子と同型的であると定めた（proorisen symmorphous tes eikonos/prædestinavit conformes fieri imaginis）」と。このイエスと同型的であると定められた人は、神へとおのずから愛する人、すなわち神へとおのずから信じる人であり、すでに神から「義とされている」（edikaiosen/justificavit）人である（ローマ 8. 29-30）。この、すでに「義とされている」という性状は、人が体現する、神への信によって証《あか》し示される。このおのずからの証し示しが、のちにルターが強調する「神の義」（iustitia Dei）である。

形成と「神の像」

こうしたパウロのいう同形（化）概念は、エックハルトのいう「形成」（bilden）概念の起源であると考えられる。冒頭でふれたヘルマイアが教えるところによれば、エックハルトの「形成」は、「魂が、神の言葉を、その理性〔＝知性〕という〔人間の〕自然において保ち、……充分な可能知性〔＝すべてを知りうる知性〕を受けとるとき、神が、その人の魂に『生成する』（gebiert）」ことである。これは「その人が神のそれ自体になることである」（DW 2, Pr. 49: 433, 438〔Q. I: 515, 521〕）。ヘルマイアは、エックハルトのドイツ語説教から、この「形成」についての文言を挙示している。たとえば「〔魂は〕神の子のもとで形成されなおされる」（überbildet im Sohn）ないし「成形されなおされる」（überformiert）（DW 2, Pr. 41: 293, 296〔Q. I: 443, 447〕）、また「……もし人間が、充分な愛とともに、神に従うなら、彼は、よく形成され（entbildet）、同型化され（eingebildet）、神的同形性（göttlichen Einförmigkeit）のもとで、形成されなおされ（überbildet）、神と一つになる」などである（DW 2, Pr. 40: 278〔Q. I: 433〕; Hellmeier 2016: 74）。

「形成」の内実がよくわかる文言を、ドイツ語の「説教七〇」から、引いておこう。

「私は次のように言う。『私たちも、彼［＝イエス］をまさに知る。彼が自分自身を知るように』と。それは［父なる神の］似像（Abbild）においてであり、唯一の神の像（Bild Gottes）ないし神性（Gottheit）においてである……である。まさに私たちは、この『像』（»Bild«）［＝父なる神の子としてのイエス］、すなわち、どのような『像』であれ、すべての［表象の］『像』が放出され排出された後の、［父なる神に］ひとしい（gleichen）『像』、この『像』において、［私たちは］再形成され（widergebildet）、父の『像』のなかに入る。つまり、彼が彼自身を私たちのなかに認めるかぎり、彼が自分自身（sich selbst）を知るように、私たちも、神を知る」（DW 3, Pr. 70: 197-8［Q. I: 63］/82 ; Hellmeier 2016: 75）。

「神の像」（Bild Gottes/göttliche Bild）であるイエスは、人が倣うべき「範例」（exempla）である。「神の像」にならうことは、人間の意志であるが、その意志は、意図や欲望に染まった意志ではない。その意志は、「神の意志」を体現する人間の意志である。その意志は、「魂のうちにある一つの力」（「知性」「霊性」）を通じて、「神を顕わな姿でとらえる」（DW 1, Pr. 13: 220-2［Q. I: 159］/80）。「神の自然（Gottes Natur）は、すべてのよい魂に自分自身を与える」。「魂の自然（Seele natur）は、神を受け容れることである」。「魂がそうするとき、魂は、神の像（götliche Bild）をもち、神とひとしくなる。どんな像（Bild）も、それと同じもの（本体）がなければ、ありえないが、像がなければ、それと同じものも、ありえないだろう」（DW 1, Pr. 16b: 265［Q. I: 187］/83）。すなわち、人は、自分の魂に現れるイエスという「神の像」から、遡及的に父である神に近づく。「［神の］子［であるイエス］は、形象的なものを超える、神の像（überbildliches Bild Gottes）、つまり隠された神性の像（Bild seiner verborgenen

Gottheit）である」（DW 3, Pr. 72: 244-5［Q. II: 83］/238）。

この「神の像」は「［心の］鏡」におのずから出来し象られる。「［神の］像は、［神の］自然が生みだすものであり、木から枝が出るように、その自然から出来する（geboren）」。「顔が、鏡（spiegel）のまえにあれば……鏡のなかにその像が象られる（abgebildet）。しかし、その［＝顔の］自然［＝本質］は、その鏡の像には現れない。……しかし、神は、自分の自然、自分の本質、言動のすべてを、［心の］鏡に完全におのずから映しだす（erbildet）」。「［人の］意志は、［神の］像と［神の］自然の媒介項ではない。認識（Erkennen）も、認知（Wissen）も、知恵（Weisheit）も、これら二つを媒介するものではない。なぜなら、神の像は、豊穣なその自然から、媒介するものなしで（unvermittelt）湧出するからである」。もしもそこに「知恵」が見いだされるとすれば、それは「その像が示すもの」つまりイエスの「存在」（wesen［=esse］）である（DW 1, Pr. 16b: 266-8［Q.I: 189］/83-4）。こうした考え方は、トマスの無媒介論を思いださせる（第２章第５節参照）。

存在と像

エックハルトのいう「神の像」は、アウグスティヌス、トマスが「神の類似」から区別する「神の像」をおよそ意味している。エックハルトは、たとえば、ラテン語の「説教四九」において、「その像は、すべての形を超えており、より高いものである」といい（LW 4, S. 49: 423［n. 508］）、「神に類似する人は、他のいかなる被造物にも似ていない人」であり、「キリストとともに変容させられている人である」といい、この「変容（transfiguratio/widerbilden）に向けて、かつこの変容のために、［神の］像は形成される」と述べている（LW 4, S. 49: 424［n. 509］）。「神の像」はイエスであるが、人の本来の「神の類似」でもある。それは、ドイツ語の「説教一六ｂ」の「魂の最内奥の自然に銘記されている、素朴な神の像（einvaltic götliche bilde）」、「神がすべての魂に本質的に刻み込んだ、神の自然な像（natiurlich Bild Gottes）」であろう（DW 1, Pr. 16b: 268［Q. I: 189-91］/84）。またドイツ語の「説教七二」で「神の子は、神の像［＝イエス］と同形である（eingebildet）が、同じ仕方で、［人間の］魂も、形成されている（gebildet）」（DW 3, Pr. 72: 244［Q. II: 83］/238）といわれるときの「魂」も「神の類似」であろう。そして『創世記註解』で「知性的存在者は……神そのものの類似（ipsum deum similitudinem）をもつ」といわれるときの「神そのものの類似」も（LW 1. 1, In Gen. I: 270［n. 115］）。

しかし、おそらくエックハルトにとって重要であったことは、「神の類似」と「神の像」の違いよりも、生動性としての「存在」（esse/Sein）と、表象としての「像」（imago/Bild）の違いだったのではないだろうか（LW 5, SAP: 85［n.2］）。先に述べたように、エックハルトは、「像」が生じることに、主語としての「自己自身」のはたらきを見ていた。そのはたらきは、「我意」をふくんでいるから、少なくとも「神の像」の生成においては無用であった。上田閑照の言葉を引くなら、「『神が私を子なる神として生む』といわれたことを……反転して私を主語にして『私は子なる神である』という事は許されない」（上田 1973: 33）。「魂の根底」に生じる「神の像」は、「像」でありながら、もはや「存在」であろう。少なくとも、生き生きとした至福に満ちたその姿は、そうであるかぎり、もはや「存在」であろう。その像＝「存在」が、『離脱について』でいわれる「直観される表出像」（vernünftic bilde / Erkenntnismäßige Bildvorstellung）、「像のない直観される何か」（etwas vernünftiges ane bilde / etwas bildlos Erkenntnismäßiges）ではないだろうか（DW 5, VA: 421［Q. II: 449］/386）。

この「存在」としての「神の像」は、ドイツ語の「説教八三」で「存在者を超える無性」（überseiende Nichtheit）と形容されている（DW 3, Pr. 83: 439［Q. II: 191］/210）。さらに「形から自由な存在」、「存在者を超える存在」とも形容されている。存在者は「形」を定められたものであり、「存在」は「形」から自由であることである、ということであろう。この「形」も、「同形性」の「形」ではなく、表象としてのそれであろう。ハイデガーのいう存在論的差異、すなわち「存在者」と「存在」の区別は、ここに見いだされる（なお、エックハルトのラテン語文献における「存在」（esse）については、田島（1996, 1988）の研究で詳細に検討されている）。

「すべての像（Bilder いわゆる表象）が、魂から取り去られ、魂が、唯一の一なるもの（einige Eine）を見るなら、魂の純粋な存在（reine Sein 神の類似）は、受動的に、自分のうちに安らぎながら、形から自由な存在（formenfreie Sein）、神性の一なるもの、一つの、存在者を超える存在（überseiendes Sein 神の像）を見いだす」（DW 3, Pr. 83: 437［Q. II: 189］/209）。

4　エックハルトの謙虚と離脱

慈しみと自己愛

エックハルトにとって、人の内面が「神の像」のなかで「形成」されることとは、「神の像」であるイエスの体現した「愛」が具現されることである。そのイエスの「愛」は、父である神が体現する「神の愛」（gotes minne/Gottes Liebe）でもある。エックハルトは、『神の慰めの書』で「詩篇」の「私［＝父である神］は、人とともに苦しむ」（詩篇 91. 15）を取りあげ、「神は、彼［＝善い人］が苦しむとき、彼とともに苦しむ。私の苦しみが神のうちにあり、神がともに苦しむのなら、苦しみは苦痛を失う（das Leiden das leid verliert）」と述べている（DW 5, LB: 51［Q. II: 301/363］）。また、ドイツ語の「説教四一」で「神の愛とは何か。神の自然（Natur）であり、神の存在（wesen/Sein）である」と述べている（DW 2, Pr. 41: 287［Q. I: 439］）*。

「慈しみ」（misericordia/Barmherzigkeit）は、この「神の愛」に通じつつも区別される、人の営みである。エックハルトにとってそれは、ドイツ語の「説教七」で述べられているように、もっとも大切な営みである。「……〔通俗的な〕知（Erkennen）と愛（Liebe）よりも、慈しみ（Barmherzigkeit）のほうが上位にある。神は、もっとも気高く純粋なはたらきとして、慈しみを行う」と（DW 1, Pr. 7: 123〔Q. I: 93〕/47）。ラテン語の「説教一八」では「慈しみは、存在それ自体、善それ自体が神に帰属するように、神に帰属する」と述べられている（LW 4, S. 18: 170〔n.181〕）。この慈しみは、人にも見いだされる。人の慈しみは、いわゆる自己を超越する営みである。たとえば、ラテン語の「説教一二」では「慈しみ」（misericordia）は「与えること」と「赦すこと」という二つのはたらきをもつ、とされる。すなわち、慈しみのはたらきは、飢えを満たすような「身体的慈しみ」と、傷んだ心を支えるような「霊性的慈しみ」に分けられると（LW 4, S. 12: 123〔n.130〕）。そしてどちらの「慈しみも、アニマを神の形にひとしいものに装わせる。すなわち、アニマに神に固有な着物をまとわせる」と（LW 4, S 12: 122〔n.129〕）。そして、この「慈しみは……最終的に私たちを救済する」と述べられている（LW 4, S. 12: 127〔n.135〕）。ようするに、慈しみは、アニマを、のちに述べる「離脱」ないし「放棄」に向かわせる初発的契機である。

本来の慈しみは、通念の慈しみを超えている。エックハルトは、ラテン語の「説教一八」で「神は、私たちに憤るほどに、私たちを慈しみ、私たちに同情する」と述べている。「神においては、憤りと慈しみが完全に同一だから」と（LW 4, S. 18: 171〔n.182〕）。憤りと慈しみが同一であるのは、イエスが「情念抜きで慈しみ」「純一的で本質的な業として慈しむ」からである（LW 4, S. 12: 127〔n.135〕）。いいかえれば、イエスが憤りにも慈しみにも自己を介在させないからである。すなわち「私」に従わないから憤るのでも、「私」よりも弱いから慈しむのでもなく、神を忘却しているから、憤り慈しむ。おそらくそういう意味で、エックハルトは、神においては「対立する二つのものは同じである」というのだろう（LW 4, S. 18: 171［n.182］）。

　ともあれ、人の慈しみは、「神の像」の現れと一体であり、「神の像」が現れる目的は、人に慈しみを贈ることである。エックハルトは、ラテン語の「説教四六」で「神の慈しみは、私たちがそれを希むよりも先に［私たちに］贈られている。それは、私たちが無駄に欲望することがないように、私たちに付き従っている」、すなわち「苦悩と誘惑から解放されるために」、そして「至福にいたるために」と述べている。神は、私たちを見まもっているが、「それは、神が私たちを慈しみ、［私たちが］他の人びとを慈しむこと、同情すること、援助することに駆り立てるためである」。神から人への慈しみの贈与は、「もっとも内的な仕方で」、すなわち「主が下りてくる」という仕方で、すでに行われていると（LW 4, S. 46: 394-6［n.477-80］）。

　ようするに、エックハルトのいう慈しみは、自己愛の対極に位置している。自己愛は、教育学の世界では、ルソーが擁護したことで知られているが、一三世紀にすでに「自己愛」を意味する「アモール・スイ」（amor sui）という言葉が使われていた。もっとも、この言葉よりも他の言葉のほうが、よく知られていた。それは、古代ギリシア語の「ヒュブリス」（hublis）であり、ラテン語の「スペルビア」（sperbia）である。どちらも「高慢・驕慢」と訳されてきたが、その本態は自己愛（いいかえれば、自己を絶対視するエゴセントリズム）である。エックハルトは「すべての悪の根源は自己愛である」（radix omnis mali est amor sui）と確信していた（LW 3, In Ioh. : 475［n. 544］）。これに対し、慈しみの礎は「人間の自然」（natura humana）である。人が慈しみを抱くのは、人に「人間の自然」があるからであり、それが神から贈られた「恵み」だからである。

＊　ラドラーの研究（Radler 2010）によれば、「エックハルトは、愛のさまざまな意味あいを示すために、おもにラテン語の著述においてはamor、dilectio、caritasを用い、ドイツ語の著述においてはminne、liebeを用いているが、重要なことは、エックハルトがこれらの言葉を愛の程度を示すものとして特定して用いていない、ということであ

る」（Radler 2010: 174）。

人間の自然

エックハルトにとって、キリストの生誕という「神の受肉」は、神から人へいのちが贈られるという「永遠の流出の範型」（exemplata ab aeterna emanatione）、ないし「［神の］もとにある自然全体の範型」（exemplar totius naturae inferioris）である（LW 3, In Ioh: 154［n.185］）。すべての人は「人間の自然」をもっているが、イエスも「人間の自然」をもっている。ただし、ふつうの人のそれと違い、イエスのそれは、本来「神の自然」である。イエスにおいて「神の自然」が「人間の自然」に変容することが「神の受肉」である。これに対し、ふつうの人の「人間の自然」は、はじめから「人間の自然」として神から贈られたものである。この神からの贈与が「流出」であり、それが持続的であることが「永遠の」と形容されている。

『ヨハネの福音書註解』によれば、この「神の自然」が「人間の自然」に変容すること、すなわち「神の受肉」は、「神、言葉が、人のペルソナ（persona hominis）ではなく、［人間の］自然（natura［humana］）となったことである」（LW 3, In Ioh: 241［n. 289］）。ここでは「ペルソナ」についての輻輳した議論を棚あげし*、トマスにならい（TA, ST: I, q. 85, a. 2）、端的に「人のペルソナ」（persona hominis）は、一人ひとりの固有な人、つまり多様である質料を意味し、「人間の自然」は、すべての人に通底する本質、つまり一様である形相を意味する、と考えることにしたい。そうすると、だれの「人間の自然」も、イエスのそれと同じである。事実、エックハルトは、ふつうの人の「人間の自然」は「キリスト［のそれ］と一声的に等質的で分有的である」（aequaliter communis cum Christo univoce）と述べている（LW 3, In Ioh: 241［n. 289］）。そして、この「人間の自然」は、だれにも作り変えられない「純粋なアニマ」（nuda anima）であると（LW 4, S. 9: 95［n. 100］）。

この「人のペルソナ」と「人間の自然」の区別は、具体・個体と抽象・普遍の区別だけでなく、生成消滅と永遠無限の区別を暗示している。たとえば、イエスの「復活」は、生成し消滅する「人のペルソナ」にできることではない。「人のペルソナ」は、それぞれ、死んだら死んだまま、塵に還るだけである。したがって、復活したイエスの「ペルソナ」は、「人のペルソナ」ではなく「神のペルソナ」である。受肉において「神［＝イエス］」は、人間の自然（menschliche Natur）を受け容れ、それを神のペルソナと一体化させた。このとき、神は、人間の自然となった。神が受け容れたのは、純粋な人間の自然であり、あるひとりの人間（menschen）ではなかった。……あなたの人間の自然とキリストの人間の自然には、いかなる区別もない。それらは、一つの同じ人間の自然である」（DW 1, Pr. 24: 421［Q. I: 281］/251）。念のために確認しておくなら、エックハルトにとっては、ラテン語の「ホモ」（homo）と「フマニタス」（humanus）は、ドイツ語の「メンシェン」（menschen）と「メンシュリッヘ・ナチュール」（menschliche Natur）にあたる。

こうしたエックハルトの「人のペルソナ」と「人間の自然」の区別は、トマスの「ホモ」と「フマニタス」の区別を踏襲している、と思われる。トマスにおいて、「ホモ」は、可感的である具体・個体の実在であり、「フマニタス」は、可知的である永遠なものの象りである。いいかえれば、「人のペルソナ」は、知覚される「人」の実在であり、「人間の自然」は、知解される「人」の本質である（TA, ST: I, q. 3, a. 3, co）。つまるところ、トマス、エックハルトのいうフマニタス・「人間の自然」は「神の類似」である。トマスが「知解」と呼ぶ営みは、エックハルトが「離脱」（abgescheidenheit）と呼ぶ営みと、はたらきとして見るかぎり、重ねられる。「離脱」が「我性」（eigenschaft）からの離脱だからである。すなわち、近現代の個人主体の、意図し欲望する自己の営みからの、たとえば、達成・所有・支配・操作からの、離脱だからである。

＊　エックハルトの「ペルソナ」概念については、田島（1996: 222-3）の議論を参照。四五一年に定められた「カ

ルケドン信条」（Chalcedonense）は、イエス・キリストは、「神性」（deitas）において、父と同一の本質であり、「人間性」（humanitas）において、人と同一の本質である、と定めている。そして「神性」も「人間性」も「自然」（natura）と形容されている。したがって、「神性」は「神の自然」と同義であり、「人間性」は「人間の自然」と同義である。ただし、そこでは「人のペルソナ」（persona hominis）という言葉は、使われていない。

離脱し放棄すること

「人間の自然」の優れた力は、「神の子」を見る・知る力であり、それは、はじめから神から人間に贈られている力である。いいかえれば、ふつうの人間の「人間の自然」は、人間があらためて「神の恵み」を享け、この世界で自分の「人間の自然」を完全化するための、礎である。しかし、通念の世界に生きているかぎり、その「人間の自然」は、およそ休眠状態である。その「人間の自然」を活性化する契機が「離脱」（Abgeschiedenheit）である。「離脱は、すべての被造物の束縛から逃れること」であり、「思い煩わず、純粋である（lauter）こと」である。離脱は、どんな「愛」（Liebe）よりも賞賛されるべきである。なぜなら、愛は「私が神を愛さざるをえないようにする」が、離脱は「神が私を愛さざるをえないようにする」からである（DW 5, VA: 403［Q. II: 435］/380）。この離脱は、第３節で述べた「像から自由な」「非精神的」と同じであろう。

エックハルトの離脱は、研究者のあいだでよく知られている（上田 2008: 294）。それは、ハイデガーが取りあげて注目されるようになったエックハルトの「ゲラッセンハイト」（Gelassenheit）にひとしい（GA 13, ZEG; GA 16, G）*。「ゲラッセンハイト」は、「放下」（「放念」）と訳されているが、仏教的意味を棚あげするために、ここではたんに「放棄」と訳そう。エックハルトがラテン語の「説教五三」で述べていることを踏まえていうなら、「放棄」は、我意としての「自己自身」の放棄を意味している。そこで引用されている聖書の言葉は、ペトロがいう「私たちはすべてを捨てた」（マタイ 19. 27）である。「すべて捨てる」（relinquere omnia）とは、イエスがいう「自己自身を否定する」（abnegare semet ipsum）ことである（マタイ 16. 24）（LW, 4, S. 53: 441［n. 524］）。エックハルトは『教導講話（対話）』においても「まず、あなたの自己（dir selbst）からはじめよ、あなたを捨てよ（laß dich）」と説いている。「自己自身（sich selbst）を捨てることは……財貨も、名誉も、他のものも、それらを所有しているなら、すべて捨てることである」と（DW 5, RU: 192-3［Q. II: 339-341］/280）。

この「自己自身」の放棄は、「なぜかという理由なし」（kein Warum）の「愛」（Liebe）と「善」（Göte）をもたらす。エックハルトは、ドイツ語の「説教二八」で、何らかの「見返りを求めて」自分の財産を放棄することは「放棄」ではないといい、「［見返りを求める］あなた自身を放棄しなければならない」と説いている。そしてそうした「自己自身」を放棄するとき、人は「自由」になり、「なぜかという理由なし」で、他者を愛することができる、と述べている（DW 2, Pr. 28: 60, 59［Q. I: 317］/156, 155）。また、ドイツ語の「説教一五」では、こうした「自己自身」の放棄は、「謙虚」（Demut）という生き方において神と「一つになる」ことである、と述べている。すなわち、人間の「謙虚である」（demutige）ことと、神の「大いなる」（gewaltig）ことが一致することである、と。そして「このような［謙虚である］人は、神の存在［の顕れ］である」と述べている（DW 1, Pr. 15: 245-6［Q. I: 175］）。このように見てくると、エックハルトのいう「離脱」は、「謙虚」と同じものに思えてくるが、そうではない。

＊　ドイツには、エックハルトのアプゲシャイデンハイトとゲラッセンハイトについての詳細な研究が、いくつかある。たとえば、パンツィヒの研究（Panzig 2005）は、古代・中世のキリスト教思想に言及しつつ、これらの概念の含意を明解に敷衍している。

謙虚と離脱の関係

ここで、離脱と謙虚の関係を確認しよう。エックハルトにとって、謙虚は、もっとも重要な「徳」である。エックハルトは「高貴な［＝気高い］人について」（*Vom edlen Menschen*）のなかで「十全で真正な謙虚」（volle und eigentliche Demut）は、「人間」（Mensch）という言葉のラテン語「ホモ」（homo）に示されているという、それは「人が、彼が在ることと在るもののすべてを棚上げし、神のもとで身を低くし（beugt）、神に出会い、神を仰ぎ直観し、自分を後見し支持し取り巻くものから眼を逸らすことである」と述べている（DW 5, VEM: 115［Q. II: 327］/376）。エックハルトはまた、ドイツ語の「説教七四」において、アッシジのフランチェスコを高く評価し、彼が体現していた「徳」が「真の謙虚」（wahre Demut）である、と述べている。そして「この徳が、人をもっとも大いなるものにする」と述べ、「この徳をもっとも深く完全にもつ人は、すべての完全性を受けとる可能性がある」と述べている（DW 3, Pr. 74: 275［Q. II: 101］/166）。

しかし、エックハルトは『離脱において』のなかで「どのような謙虚よりも離脱を賞賛する（loben）」と述べている。「謙虚は、離脱がなくてもありうるが、完全な離脱は、完全な謙虚がなければありえない。完全な謙虚は、我意的自己（eigenen Selbst）を滅ぼそうとするからであり、［その結果である］離脱は、無にきわめて近いからである」と（DW 5, VA: 409-10［Q. II: 437］/381）。すなわち、完全な謙虚は、離脱の前提である。「完全な謙虚は、すべての被造物に対し、自己自身（sich selbst）をなくす。自己自身の内から出て、被造物の下に向かっていく。これに対し、離脱は、自己自身の内にとどまる。自己自身の外に出ることは、たしかに高潔（edel）であるが、それは、自己自身の内にとどまるという気高さ（edler）をもらえない」と（DW 5, VA: 405［Q. II: 439］/381）。同じように「私はまた、どのような慈しみよりも離脱を賞賛する。慈しみが、人が自分自身の外に出て、隣人の困窮を見て、それによって自分の心が悲しくなることだからである」。これらに対し「離脱は……いかなるものによっても悲くならない」と（DW 5, VA: 409-410［Q. II: 441］/383）。

さしあたり、謙虚についてのみいえば、エックハルトは、なぜ謙虚よりも離脱を「賞賛する」のか。エックハルトは、情感に媒介される謙虚よりも、知性に媒介される離脱を重視しているのかもしれない。いいかえれば、神ではない人が神と通底するための、知性の懸命な努力を讃えようとしているのかもしれない。また、謙虚は起点であるが、その行先は離脱である、といいたいのかもしれない。まぎらわしいが「自己自身の内」の「自己自身」は、我意としての「自己自身」ではなく、あの魂のはたらきとしての、健気な知解的努力であろう。それは、我意をともなわず、謙虚に支えられながら、懸命にイエスと一体化しようとする。その自己自身は「私は離脱している」と勝手に思い描くような「自己自身」ではない。「［私が］一言でも、離脱を思い、主は私が離脱することを見てくれた、と言ったとするなら［＝主を自分の表象として思い描くなら］、その離脱は濁らされてしまい、完全でも十全でもなくなるだろう」（DW 5, VA: 409［Q. II: 441］/382）。

ともあれ、エックハルトにとって、我意としての「自己自身」の放棄は、神の放棄を意味している。この考え方は、エックハルトの独創ではなく、すでにパウロが示していることであり（ローマ 9. 3）、それは、我意に染められ表象された神を捨てることである。エックハルトは、ドイツ語の「説教一二」において、それは「神のために神を放棄すること」である、すなわち、自分のなかの神と自分が一体となるために、外から自分に敬虔、慰め、褒美などを与える神を放棄することである、と述べている（DW 1, Pr. 12: 297［Q. I: 147］/73-4）。人の我意・表象を超える「神は、すべてのものにひとしく［自然を］与える」。たとえば、馬に「馬の自然」を与え、人には「人間の自然」を与える。その「人間の自然」は、神を見ようとする。そして「私が神を見る眼は、神が私を見る眼と同じ眼である」（DW 1, Pr. 12: 299［Q. I: 149］/75）。すなわち「私」の眼は、神の眼がそうするように、我意としての「自己自身」と関係なく「神を見る」。いいかえれば、我意としての「自己自身」の放棄は、人がおのずから「神を見る眼」を開くことである。つまり、エックハルトのいう「人間の自然」は、神を見ようとする魂の知性、すなわち「神の類似」のはたらきである。

5　「存在」に還帰する魂

おのずからの意志としての自由

離脱の起点は謙虚であるが、それよりも離脱を賞賛するエックハルトに、上田は「真の自由」を見いだしている。「何処かで『神が』という」絶対受動から翻って『私は』と私を主にし得るのでなければ真の自由はない。エックハルトが魂の窮りなき向上を語るとき、それはこの自由の問題、絶対的主体性の問題と結びついている」と（上田 1973: 34）。それは、いいかえれば、みずからの自由ではなく、おのずからの自由とはどんな状態か、という問いであろう。上田は、この「自由」は「自力」ではなく「絶対の能動を受納する」という意味の「絶対の受動」である、という。それは「神を受納した魂の内奥から」「魂の本質的な一精気［＝知性］」が「能動自発」することである。上田は、その魂の状態を「無」と形容している。「無となって［魂が］受納した神を、無［である魂］が能動して、舍離放下していく」と（上田 1973: 36-7）。この「無」は「自己自身」も「世界」もないこと、同時に魂が直接的に「神の存在」につながることを意味している。

上田が考えるエックハルトの「自由」は、いいかえれば、魂が表象としての像から逃れつづけるという動態である。上田は、それを、「神の像がうつされている魂の内奥を剥ぎ捨てて行」くことと形容している（上田 1973: 88）。それは、エックハルトの創見というよりも、アウグスティヌスが神は対象格で知ることはできないといったことに、またトマスが神は表象することはできないといったことにひとしい。二人にとって、神は質料をもたない形相だからである。ともあれ、「魂の根底」が表象としての「神の像」から逃れつづけるとき、ドイツ語の「説教五ｂ」で述べられているように「神の根底は私の根底であり、私の根底は神の根底である」という状態が生じ、「神が、神自身から固有的に生きるように、私は、私自身から固有的に生きる」(DW 1, Pr. 5b: 90 [Q. I: 71]/36)。「神の根底」＝「私の根底」は「神の存在」＝「私の存在」といいかえられるだろう。それは、神と人がその根底＝「存在」において通底（分有）している状態である。

上田は、この神と人の通底性が、中世神学の「存在者の類比」(analogia entis)――上田のいう「有の類比的比論」(analogia proportionalitatis)」――が語る神と人の類比から区別され、「大乗仏教の真空妙有」に近い、という（上田 2002: 139; 上田 2008: 76）。「存在の類比」と訳される analogia entis は、「存在」(esse)と「存在者」(ens)を区別するかぎり、「存在者の類比」である。トマスの『真理論』(TA, QDV: q. 2, a. 11) におけるその議論を無理やりまとめていえば、それは、神と人（また生きものすべて）は親子関係のような因果関係にあり、神は「存在」という原因として人に内在し、人を「存在者」にする、という考え方である*。このような「存在者の類比」と、大乗仏教の「真空妙有」がどのように重なるのか、私にはわからないが、少なくとも、この「存在者の類比」とエックハルトの「根底」の通底は、そう大きく異なっていないだろう。

ともあれ、エックハルトにとっての「自由」は、離脱、すなわち人が神に直接に対面している、一体であるという究極の状態を意味している。それは、さかのぼれば、パウロがいう、人が神を「顔と顔を直接に合わすように見る」(Ⅰコリント 13. 12) ことである。そして、エックハルトのいう、「神の根底は私の根底であり、私の根底は神の根底である」は、パウロがいう「自分が、神によってたしかに認識されているように、私も神をたしかに認識すること」(Ⅰコリント 13. 12) を敷衍した表現である、と考えられる。さらに、エックハルトが「神の像」を映しだす初発の契機として「慈しみ」「謙虚」を重視したことも、パウロが「神を見る」ために「愛を追い求めよ」（Ｉコリント 14. 1）と述べたことに従っている、と考えられる。つまるところ、エックハルトにとっての「自由」は、「私」の意志なき意志、すなわちおのずからの意志であろう。『教導講話（対話）』の言葉を引いておこう。「人間が、神の意志のうちに入り、我意（Eigenwille）なしであるときにはじめて［意志は］完全で真実の意志になる」（DW 5, RU: 227［Q. II: 367］/294）。

＊ トマスの「存在者の類比」は、すでにドミニコ会修道士、モンターニュ（Bernard Montagne）によって、また稲垣良典によって詳細に検討されている（Montagne 2008［1963］; 稲垣 2013a: 129-43）。

生動性としての「存在」への還帰

これまで述べてきたことをまとめておこう。本章で私は、ヨーロッパ中世・近世の思想に〈心の眼〉の教育思想を見いだすという試みの一環として、エックハルトのいう「魂の根底」がアウグスティヌス、トマスのいう「心の眼」にあたる、と考えてみた。この「魂の根底」は、エックハルトにとって「知性」でもあった。この「魂の根底」に「神の像」が生じることが「形成」であり、それは、人とイエスが「同形化」することであった。上田のエックハルト解釈でも述べられているように、この「同形化」は、我意としての「自己自身」からの「離脱」であり、「神の根底」と「魂の根底」が通じることである。この「離脱」は、「謙虚」（また「慈しみ」）よりも高く評価されているが、少なくとも「謙虚」を前提としている。エックハルトの「人間の自然」は、こうした「離脱」として現れる、〈神を見よう〉とする魂のはたらき（意志）である。

本章でハイデガーに与りながら私が提案したことは、エックハルトの「神の像」を表象ではなく「存在」としてとらえなおすことである。「神の像」は、表象に解消されない生動性としての「存在」である、と。

その意味で、「神の像」は、形なき像である、と。少なくとも、アウグスティヌスやトマスが「神の像」と形容するとき、それは表象としての像、つまり模造などではなく、「存在」(エッセ)としての「神の像」である。すなわち〈心の眼〉に映しだされる＝象られることによって、人に善き生動性を漲らせるものである。言葉が意味を創造する力をもつとすれば、〈心の眼〉に映しだされる「神の像」は、「存在」を喚起する力をもつ。「神はたえず愛しつづけ、はたらきつづける。神のはたらきは、その自然(Natur)であり、その存在(Sein)であり、その生命(Leben)であり、その至福(Seligkeit)である」(DW 5, LB: 488［Q. II: 285］/356)。

エックハルトは、ドイツ語の「説教五b」で、「存在」すなわち「生」(Leben)がおのずからの生動性であることを語っているのではないだろうか。

「どのような方法(Weise)も［神を］媒介するものとしないで、ただ神を求める人……そうした人こそが［神の］子とともに生きる人であり、生そのもの(Leben selbst)である。もし私たちが生に向かって『なぜあなたは生きるのか』という問いを、千年間発しつづけたところで、生は……『私は生きるために生きる』(Ich lebe darum, daß ich lebe)としか答えないだろう。生は、それ自身の根底から生きようとするもの、それ自身のなかで湧きあがってくるものである」(DW 1, Pr. 5b: 91-2［Q. 1: 71］/36-7)。

ハイデガーに示唆されながらいえば、エックハルトは、人が、自分の「人間の自然」によって「存在」へと還帰しうると考えている、といえる*。エックハルトにおいて、人間の「存在」は、神の「存在」すなわち永続的に生動的に在りつづけることに通じている。その意味で、エックハルトは、ラテン語の「説教二五」において「私は、存在するところの者である」(sum id quod sum)と述べているのだろう(LW 4, S. 25, 1:

232［n. 254］)。「私」は、「存在」それ自体がもっている生き生きとした生動性を体現できる者である、と。その生動性は、自分の「人間の自然」によって、「存在」が自分自身へと還帰することでもある。エックハルトの「人間の自然」は、近現代の人間性とはちがう、いわば存在論的人間性である。それは、「神の類似」にあたると考えられる内在性であり、キリスト教思想における理念でありかつ事実である。

＊ ハイデガーがエックハルトに言及した理由・経緯については、ムーアの研究（Moor 2019）に詳しく述べられている。ハイデガーとエックハルトの密接な思想的連関は、よく知られている。たとえば、カプート（Caputo 1978）の研究があるが、ムーアの研究は、これまでの研究以上に実証的で説得的である。そこでは、一九一五年以降から七〇年代までの、ハイデガーのエックハルトへの言及が、すべて確認されている。また西谷啓治のエックハルト研究についてのハイデガーの評価も、詳細に検討されている。

第4章 恵みに与る意志

——エラスムスの〈アニマ〉

Voluntas in the Gratia : Anima of Desiderius Erasmus

〈概要〉 本論は、**エラスムス**の「**自由意志**」論を、**高慢**、**エゴセントリズム**を超える思考として位置づける試みである。まず、**アウグスティヌス**において「**人間の自然**」が「**神の類似**」を意味し、「フミリタス」が自己の離脱、他者への支援を意味することを確認する。次に、ルターの「人間の自然」「**奴隷意志**」と対比させつつ、エラスムスの「人の自然」「**自由意志**」の意味を確認し、それが「[神の]**恵み**」のもとにあることを確認する。そのうえで、エラスムスの唱える「**キリストの哲学**」の中核に、無心にキリストへ向かう、**敬虔**というベクトルを見いだし、それを「自由意志」を先導するものと見なし、このベクトルの向かう先が、「**アニマ**」ないし「**アニムス**」の本態である、自他の**交感・共振**であろう、と解釈する。最後に、エラスムスのいう「**愚かさ**」にふれつつ、アニマ（アニムス）に**生動性への志向**というベクトルを見いだし、そのベクトルに支えられつつ、無条件の**慈しみ**としての「恵み」に与る意志は、高慢、エゴセントリズムに染まる**欲望**の自己を超える意志である、と述べる。

1 「意志」をめぐって

意志をめぐるルターとエラスムス

エラスムス（Desiderius Erasmus 1466-1536）は、ロッテルダムで生まれ、パリ大学で学び、トリノ大学で神学博士となった。有名な『［痴］愚神礼讃』の著者として知られるとともに、一五・六世紀ヨーロッパの「人文主義」（humanisme ユマニスム）を代表する思想家の一人と見なされている（詳しくは、金子 2011 参照）。その思想の背景は、ペトラルカ（Francesco Petrarca 1304-74）に発するだろう「人文研究」（studio humanitas）に象徴されるイタリアにおける「ルネサンス」（文芸復興）であろうが、エラスムスの思想は、そうしたギリシア・ローマの古典への回帰、すなわち「源泉に帰れ」（ad fontes）という理念には回収されない。金子晴勇が論じているように、エラスムスは、むしろ聖書に即したキリスト教の復興を目指していた（金子 2016: 596; 2011）。

ヨーロッパの思想史研究において、このエラスムスとルター（Martin Luther 1483-1546）の論争は、よく知られている。二人の考え方が分かれるところは、「意志」（voluntas）についての考え方である（たとえば Faber 2005; 金子 2011）。雑駁な言い方をすれば、この意志を「自由意志」（liberum arbitrium 自由選択）と考えたのがエラスムスであり、「奴隷意志」と考えたのがルターである。精確な言い方をすれば、金子が『エラスムスの人間学』で述べているように、「ルターは……『もし恩恵［＝神の恵み］がないなら、自由意志は何をなしえないか』を探究」し、「エラスムスは『自由意志は恩恵の援けにより何をなしうるか』を追求している」（金子 2011: 206）。ようするに、人の救済について、ルターは「神の恵み」（gratia Dei）に援けられていない「人の意志」の無力を語り、エラスムスは「神の恵み」に援けられている「人の意志」の可能性を語っている、と。

キーワードは、「神の恵み」と「人の意志」である。このエラスムスの説く人の意志の可能性は、のちに確認するが、アウグスティヌスのキリスト教思想にも見いだされる。この可能性をもたらすのは「アニマ」（anima）である。アニマは、身体とともに、「人の自然／人間の自然」（natura hominis/natura humana）であり、端的にいえば、〈神に与り生きる力〉であり、その具体的なはたらきが〈感受する・思考する〉などである。エラスムスも、アニマ（アニムス）について語っている。もう一つの「神の恵み」にかかわる概念は「フミリタス」（humulitas）である。これも、アウグスティヌスの思想に見いだされる。それは、しばしば「謙虚」と訳されるが、アウグスティヌスの場合〈命がけで神に従うこと〉である。エラスムスは、この言葉を主題的に用いていないが、それに相当する言葉として「敬虔」（pius）、「信仰」（fides）を用いている*。

* フミリタスは、ハイデガーが「神性」につらなる人の在りようとして語る「下降」（Abstig）と重なり、「貧しさ」（Armut）につらなる。「『ヒューマニズム』についての書簡」で、ハイデガーは、「形而上学を克服する」思考は、「形而上学を［栄光の神学のように］より上昇させ、超越させ、止揚することに向かわせる思考ではなく、もっとも身近なものの近しさに立ち戻る思考である」と述べ、この「下降（Abstig）は、［人を］人らしい実存［Ek-sistenz 脱存・脱自］の貧しさ（Armut）に向かわせる」と述べている（GA 9, Hum: 352）。この「身近なものの近しさ」は、本論の最後でふれる、エラスムスのいう「愚かさ」（stultitia）に通じている。

キリスト教的ヒューマニズム

冒頭に述べた「ルネサンス」に立ちかえれば、通念において一六世紀に始まるとされるそれは、中世に見いだされることがある。たとえば「カロリング・ルネサンス」（九世紀）のように（樺山 1993）。また、渡辺一夫は『フランス・ユマニスムの成立』において「ルネサンス期に見られる一切の清新なもの」の「萌芽」は、すでに中世に存在していた、と述べている（渡辺 1976: 4）。こうした中世のルネサンスは、古代ギリシア・ローマ由来の「自由学芸」（artes liberales）を重視するという意味で「ヒューマニズム（ユマニスム）」*と形容されるが、そうしたヒューマニズムが支配的になれば、自由学芸、「人文研究」（studia humanitatis）から区別される、いわば人間中心のヒューマニズムを超える思考が見失われてしまわないだろうか。たとえば「ホモ・フマヌス」（homo humanus）と「ホモ・バルバルス」（homo barbarus）が対語であり、「フマヌス」がローマ市民的教養を意味し、「バルバルス」が非ローマ的異邦を意味する、と強調されることによって。

人間中心のヒューマニズムを超える思考は、先にふれた金子のいう「キリスト教人文主義」、また稲垣良典のいう「キリスト教的ヒューマニズム」に見いだされる*。稲垣は『教養の源泉をたずねて』において、その概念が「一種の内的緊張」をふくんでしまうのは、ヒューマニズムを「人間中心」のそれに還元するからである、という。すなわち、啓蒙主義以降のヒューマニズムにおいては「人間本性（フマニタス）」が「（人間を超える）価値あるいは目的へ向けて形成され、『創造』されるべきものであることが忘却され、人間本性そのものが最高の価値であるかのような幻想が支配している」といい、それはヒューマニズムと「人間中心主義」（anthropocentricism）を混同することである、という（稲垣［編］2000: vii-viii）。そして、この人間中心主義を超えるヒューマニズムの可能性を「キリスト教的ヒューマニズム」に見いだそうとしている。取りあげられている思想家は、ニュッサのグレゴリオスに始まり、トマスにいたる、神学思想である。

本章でとりあげるエラスムスの思想も、このキリスト教的ヒューマニズムのなかに位置づけられる**。金子によれば、エラスムスが「キリストの哲学」（Christi philosophia）を唱えたからである。「キリストの哲学とは、善く造られた自然（naturae）の回復——キリスト自身が再生［renascentia］と呼ぶそれ」を説くことである（EAS 3, INTP: 22/235）。金子によれば、それは「［ギリシア哲学の］『自然の復活』とキリスト教の『復活』」を同一視することであり、「このような二つの要素を総合するところに彼の『キリスト教的ヒューマニズム』

の実質がよくあらわれている」（金子 2002b: 14）。金子は、「善く造られた自然」という言葉の背景にギリシアの「哲学」が語る「自然」を見いだし、その「自然の回復」が、新約聖書のあちこちで語られている（たとえば、ヨハネ 3. 3、マタイ 19. 28）、人のキリストによる「再生」に重ねられている、と考えている。

本章では、金子のこうした創見を尊重しつつも、少し異なる見方を提案してみたい。そのために私が注目する概念は、エラスムスのいうアニマ（アニムス）である。その意味を確かめることで、エラスムスの思想のなかに、個人主体の「意志」ではない意志、いいかえれば「恵み」に与る意志を見いだしてみよう。以下、まず「人間の自然」「フミリタス」「意志」について、アウグスティヌスの考え方を確認する（第2節）。次に、ルターの「人間の自然」「フミリタス」「奴隷意志」に対比させつつ、エラスムスの「人の自然」「信仰・慈愛」「自由意志」の意味内容を確認する（第3節）。そののち、エラスムスの思想の中核に「自由意志」を先導するものとして、交感的・共振的である「アニマ（アニムス）」を見いだす（第4節）。最後に、「愚かさ」という概念にふれつつ、このアニマに生動性志向のベクトルを見いだし、そのベクトルに支えられることで「恵み」に与る意志が立ち現れる、と論じる（第5節）。

* 「ヒューマニズム」に先行するフランス語の「ユマニスム」は、一八世紀に生まれた言葉である。『ラルース百科事典』は、humanisme が一七六五年に使われ、「人類への愛一般」（amour général de l'humanité）を意味していた、と記している（www.larousse.fr/encyclopedie/humanisme）。たしかに一八世紀後半に humanisme は、ラテン語の philanthropia（フィランソロフィア［人類への愛］）と重ねられていた。しかし、たとえば、ルター派の教育思想家ニートハンマー（Friedrich Niethammer 1766-1848）は、一八〇八年にキリスト教思想の「人間への恵み」（eine Wohlthat feur die Menfchheit）、すなわち神・家族・隣人への愛の大切さを意味する Philanthropismus と、古代ギリシア・ローマの「古典研究」を意味する Humanismus を区別すべきである、と論じている（Niethammer 1808: 8）。

＊＊「キリスト教的ユマニスム」という言葉は、ジルソン（Etiénne Gilson）によって用いられている。ジルソンは一九三二年の『中世哲学の精神』において、ギリシア教父のユスティノス（Iustinos ho Martyr［Iustinus Martyr］100-165）の『護教論』（*Apologie*）を例示し「すでに二世紀から、キリスト教的ユマニスムの恒久的憲章が定式化されている」と述べている（EG, EPM: 24）。すなわち〈人間は本来的に善である〉と。

2　アウグスティヌスの意志

「人間の自然」とフミリタス

アウグスティヌスから始めよう。アウグスティヌスは「フマニタス」という言葉を使っているが（AA, DCD: 8. 23. 1; AA, CSA: 8. 6）、重要な意味を込めて使っている言葉は、「人の自然」（natura hominis）、「人間の自然」（natura humana）であろう。それは、神によって創られたもので、非物体であるアニマと物体である身体である。アウグスティヌスは『自然と恵み』において「人間の自然は、神によって自分が創られたことを自然に感じ、キリストと受難と復活の信仰を教えられなくても、正しく生きることで、神の意志を実現しているのではないか」と問いかけている（AA, DNG: 2. 2）。アウグスティヌスがいう「人間の自然」は「完成する」（perfici）可能性をもっている。アウグスティヌスは「人間の自然が罪と無縁に存在する可能性を否定しない」し、「その自然が前進する（proficere）ことを否定しない」と述べている。ただし「その自然が義となり幸福となるために必要なものは、その自然を存在させ創造した神の援助である」という（AA, DNG: 58. 68）。

フミリタスについていえば、アウグスティヌスは、「説教一五九Ｂ」において、「彼［＝イエス］は、私たちすべての混乱の根本原因をスペルビア（高慢）に見いだし、彼自身のフミリタスによって私たちを癒やした」（quia causam omnium morborum nostrorum superbiam videbat, humilitate sua nos sanavit）と説いている（AA, S 159B: 11）。「彼自身のフミリタス」とは、神の言葉が「受肉」されてイエスとなること、つまり神が人になることであり、また「受難」に象徴されること、つまり自分の命よりも神への従僕を選ぶことである。アウグスティヌスは、イエスのフミリタスが、とりわけ神に従僕するという姿勢を生みだすという意味で、人がスペルビアに対抗する力となる、と考えている。彼は、たとえば「キリストのフミリタスを蔑ろにするな。彼のフミリタスは、スペルビアを低める。スペルビアであるな」（Non tibi sordeat humilitas Christi, humilitas illa superbiae sordet. Noli esse superbus）と説いている（AA, S. 159B: 12）。アウグスティヌスは、また「説教一六〇」において「自分で望んでいても、だれも自分で自分［のスペルビア］を癒やすことはできない」が、イエスのフミリタス（神への従僕）は、他人に優越し、他者を操作しようとする生き方を超えて、自分を他者の下におき、他者を支えるという生き方へと、自分を方向づけなおす契機となる、と述べている（AA, S. 160: 7）。

アウグスティヌス自身が明示的に述べている箇所が見つけられないが、アウグスティヌスにとっての「人間の自然」は、あの「神の類似」であり、それが「完成する」ことは、「神の類似」が「神の像」を見ることである。「神の像」は、神の子すなわちイエスであるから、この完成のための最重要の契機が、イエスの受難に示されているフミリタスを情感的に深く受けとめることである。すなわち、自分の「情感（affectus）が［神へと］向かう」道の「途上（in via）にある」と実感することである（AA, DC: 1. 17. 16）。その道は、原罪によってぼろぼろの「人間の自然」＝「神の類似」が「神の恵み」に依りつつ、本来態に回復される道である。この回復への道において、人の「意志」は、どのようにそれにかかわり、はたらくのだろうか。

〈神に向かう志向性〉を潜ませる意志

アウグスティヌスにとって、人のいわゆる「意志」（voluntas）は、条件つきの「自由」（libertas）である。すなわち「意志」は「私たちの能力のうちにある」かぎり「自由」である（AA, DLA: L. 3, 3. 8）。いいかえれば、アウグスティヌスのいう「意志」は、目的を受けとめたり退けたりする自由な「能力」をもっているが、目的を定め、それに向かうという自由の「能力」をもっていない。「アニムス〔＝想念〕のまなざし」（intentio animi）に「現れたもの」がなければ、「意志」は、定めるべき目的を定め、それに向かうことができない（AA, DLA: L. 3, 25. 74）。この「アニムスのまなざし」に現れるものは、「神の戒め」に通じるものでもあれば、「蛇の唆し」に通じるものでもある（AA, DLA: L. 3, 25. 75）。すなわち、背反的な二つの選択肢である。

アウグスティヌスにとって、この「アニムスのまなざしに現れるものは、アニムスそのものであり、……またそれに従う身体である」（AA, DLA: L. 3, 25. 75）。具体的にいえば、「神の戒め」に通じるアニムスは、キリストであり、「蛇の唆し」に通じるアニムスは、ディアボロス（diabolus 悪魔）である。この「アニムスのまなざし」は、前者においては「心の眼」（oculus mentis）と同じものを意味している。アウグスティヌスは、それは「神を愛することで、自分を忘れ、……よりよいものになる」と述べている。すなわち、キリストの体現したフミリタス（神への従僕）に近づいていく、と。これに対し、後者においては、「アニムスのまなざし」はスピルビアに向かう。「ディアボロスは〔人に〕スペルビアを模倣させるために現れるが、主〔＝キリスト〕は〔人に〕フミリタスを模倣させるために現れる」と（AA, DLA: L. 3, 25. 76）。

アウグスティヌスにおいて、人をフミリタスに向かわせるものは、「アニマがアニマそれ自体に従う」ときの意志である（AA, C: L. 8. 20）。この「アニマそれ自体」は、霊性に方向づけられたアニマである。ここでいう霊性は、端的にいえば〈神に向かう志向性〉である。このアニマそれ自体は「〔イエスという〕真理

（veritas）によって呼び覚まされるが、［ふだんは］通念（consuetudo）によって押さえつけられている」。いいかえれば、霊性、フミリタスへの意志としてのアニマそれ自体は、人全体に及んでいない。スペルビアに向かう自己本位の力が、たえず邪魔するからである。そのため「一方の［霊性に向かう］意志にふくまれているものが、他方の［俗念に傾く］意志にはふくまれていない」という状態が生じる（AA, C: L. 8. 21）。

そのアニマの状態は、いわば、意志する／しないという矛盾状態であるが、アウグスティヌスは、その矛盾状態のなかでこそ、人は「謙虚に意志し、意志の力ゆえに、あたかも義［＝神によって肯定されること］を完成させる意志の力が充分にあるかのように、みずから自分を高める」ことができる、と述べている（AA, DNG: 32. 36 傍点は引用者）。ちなみに、この意志の矛盾状態は、アウグスティヌス研究から出発したアレントの『過去と未来の間』の表現を用いるなら、「意志そのものの内部で抗争が生じている」という状態であろう（HA, BPF: 160/214）。

自由と心・心情

このように考えられるなら、アウグスティヌスがいう「従僕意志」（servum arbitrium 定訳は「奴隷意志」）は、はたしてルターのいうそれと同じか、という問いが浮かぶ（Harrison 2000; Couenhoven 2007）。まず確認しよう。アウグスティヌスは『自由意志論』（388-95）において「自由意志（自由選択）」（liberum arbitrium）を否定的にとらえている。すなわち「心を情欲に染めるのは、自分の意志、ないし自由意志［自由選択］」であり、人は「原罪」をともなうから、ペラギウス派のいう、みずから善に向かうような「自由意志」（libera voluntas）をもっていない、と（AA, DLA: L. 1, 11. 21）。また『ユリアヌス駁論』第二巻でも、人の意志は「自由意志ではなく、従僕意志」（non libero, …… servo propriae voluntatis arbitrio）である、と論じている（AA, CI: L. 2, 8. 23）。

アウグスティヌス派修道院で教育を受けたルターは、彼が「自由意志」を説くエラスムスに対峙し「奴隷［＝従僕］意志」を唱えたとき、アウグスティヌスの「従僕意志」を踏まえていたように見える。もう少し、アウグスティヌスの言葉を引いておこう。「もしもあなたが［自分の欲望のままに行うという］意志によって罪を犯すなら、あなたは罪の従僕である。……［しかし］あなたが［義の iustitiae］従僕であるなら、あなたは自由であろう」（AA, IEIT: 41. 8）。意志が霊性に従うなら、それは義の従僕（＝神の従僕）であり、それに従わなければ、罪の従僕である。ようするに、アウグスティヌスのいう意志は、罪の従僕にも、義の従僕にもなりうる。このように理解するかぎり、アウグスティヌスのいう意志は、そもそも従僕的である。

しかし、さきに述べたように、アウグスティヌスは、アニマに〈神に向かう志向性〉を見いだしている。ここで、そのアニマのはたらきである「心」（mens）、「心情」（cor）についての、アウグスティヌスの考え方を確かめてみよう。アウグスティヌスは『ユリアヌス駁論』で「私たちの心情は、私たちの能力（potestate）のなかにふくまれていない」と述べるとともに（AA, CI: L. 2, 8. 23）、人の「心」を「さまざまな考え」（cogitationes）から区別している。「さまざまな考えは、不意に広がり、アニムスの心（mentem animumque）を混乱させ、あなたが意志しているものとは違うところに［あなたを］引き寄せる。それは、現世的なものを呼び寄せ、世俗的なものを注ぎ込み、官能的なものを持ち込み、誘惑的なものを織り込む（saecularia revocant, mundana inserunt, voluptuaria ingerunt, illecebrosa intexunt）。そして私たちが、自分の心を高めようとするときにも、無益な考えが入り込み、私たちは俗世的なものに引き戻される」と（AA, CI: L. 2, 8. 23 傍点は引用者）。

アウグスティヌスは、しかし同書で、アニマは「心においては、たえず［この現世・世俗を］超越する（ascendare）」力動である、と述べている（AA, CI: L. 2, 8. 24）。また『ヨハネの福音書説教』で「私たちは、心情の眼（cordis oculis）で真理（veritatem）を見る」と述べている（AA, IEIT: 7. 6）。ようするに、心・心情は、〈神に向かう志向性〉をふくんでいる、と。そうした心・心情は、現代社会を生きる私たちにとって、無縁ではない。私たちは、ああしたい、いやこうすべきだ、あれがほしい、いやこれで我慢しよう、こう思っているのか、いや違うかもしれない、といった「さまざまな考え」に引きずりまわされているが、ときにそうした心理的・道徳的・戦略的な葛藤を一蹴するような、垂直な思考に向かうことがあるからである。

意志と義化

ともあれ、アウグスティヌスにとって、心・心情に先導される意志は、「神の恵み」(gratia dei)による「義化(義認)」(iustificatio 我執・我意から救われること)の、いわば拠点となりうる。『霊性と文字』から引こう。

「私たちは[ユダヤ教が説く]律法によって義化されるのでもなければ、私たち固有の意志によって義化させるのでもない。神の恵みによって義化される。[もっとも]それは、私たちの意志なしで生じるのではなく、私たちの意志が律法によって無力であると示され、神の恵みによって癒やされることによって、生じる。それは、律法に従属するのでも律法を無視するのでもなく、それを完全化する(=完了させ終了させる)ことである」(Non itaque iustificati per legem, non iustificati per propriam voluntatem, sed iustificati gratis per gratiam ipsius; non quod sine voluntate nostra fiat, sed voluntas nostra ostenditur infirma per legem, ut sanet gratia voluntatem et sana voluntas impleat legem non constituta sub lege nec indigens lege)(AA, DSL: 9. 15)。

義化され、癒やされる人は、それに「値する」可能性をもっているはずである。人にアニマがあり、アニマが「神の類似」であるかぎり、人は、いかにボロボロでも「神の類似」だからである。「神の類似」であるかぎり、人は義化され、癒やされる可能性をもっている。アウグスティヌスは、『ヨハネの福音書説教』で、人は「部分的に自由（libertas）であり、部分的に従僕（servitus）である」と述べ（AA, IEIT: 41. 10）、さらにパウロの言葉（ローマ 7. 25）を引きつつ、「私自身は、心（mente）で神の律法に仕えているが、救いへの闘いが弱々しい（languor）かぎり、肉で罪の律法に仕える」と述べている（AA, IEIT: 41. 11）。

ちなみに、トマスは、アウグスティヌス以上に積極的に、意志のなかに義化され癒やされる可能性を見いだしている。トマスは『神学大全』で次のように述べている。「理性的［＝知性的］である被造物［＝人］は、自分の自由意志の功績によって、自分の行動を決定することができる。人の行動が神の恵みに値する理由は、これである。これは、他の被造物には見いだされない」（...quia creatura rationalis seipsam movet ad agendum per liberum arbitrium, unde sua actio habet rationem meriti; quod non est in aliis creaturis.）（TA, ST: 1-2, Q. 114, a. 1 co）。いいかえれば、「なすべきことをなすということが、人の固有な意志による営みであるかぎり、人は［神の恵みに］値する」（homo inquantum propria voluntate facit illud quod debet, meretur）（TA, ST: 1-2, Q. 114, a. 1 ad. 1）。人が心に象るべき「神の像という言葉が意味することは……知性的であり、自由意志的（arbitro liberum）であり、自存的（per se postativum）である力である、ということである」（TA, ST: 1-2, Pro.）

ようするに、アウグスティヌスにおいては、意志が、人が義化されるための拠点となるための必要条件は、「神の恵み」が贈られること、またアニマ（アニムス）が心・心情として発動することである。対比的にいえば、ペラギウスは、思いどおりという意味の「自由意志」に因る「人の行い」を重視するが、アウグスティヌスは、「神の恵み」に与る「人の意志」を重視している、と表現するなら、ルターは、義化を実現する要件としての「神の恵み」を重視したが、義化を可能にする要件としてのアニマの心・心情を排除しているように見える。これに対し、次節で確認するように、エラスムスは、アウグスティヌスにならい、義化の要件としての「神の恵み」も、アニマの心・心情も、ともに重視している、といえるだろう。ルターとエラスムスのこうした違いを論じるために、まず「人（間）の自然」について、両者の考え方を確かめよう。

3　エラスムスの〈恵み〉

エラスムスの「人の自然」とアニマ

ルターにとって「人間の自然」（menschen Natur）は「霊性、魂、身体」である。ルターは『マグニフィカート』において「［人間は］二つの部分に分けられる。霊性（Geist）と肉（Fleisch）と呼ばれる部分であるが、これらは、自然（natur）の区別ではなく、性状（Eigenschaff）の区別である。［人間の］自然は、霊性（Geist）、魂（Seele）、身体（Leib）の三つであり、これらすべては、善いものでも悪いものでもありうる」と述べている。ただし、霊性は「人間のもっとも気高く深く尊い部分」であるが、と（WA 7, M: 551）。金子は『ルターの人間学』でも『ヨーロッパ人間学の歴史』でもこの箇所を引き、ルターが〈霊性／肉〉の「性状」の区別よりも〈霊性／魂／身体〉の「自然」の区別を重視している、という（金子 1975: 36; 2008: 202）。

ここで「性状」と訳した Eigeschaff（アイゲンシャフ）は、もともと〈自分の（eig［e］）－中身（schaff）〉を意味する言葉であり、変わらない与件である。自然としての魂は、考えたり想ったりする心であり、自然としての身体は、物質としてのそれである。性状としての霊性、すなわち spiritus（スピリトゥス）は神へ向かう力であり、肉、すなわち caro（カロ）は「世」にかかわる力であり、両者は上下の関係にある。これらに対し、自然としての霊性は、励起されうる「神の類似」であろう。すなわち、ふつうの人のそれのように、傷つけられて忘失状態でもあるし、イエスが体現したそれのように、輝かしく活動状態でもある。

これに対し、エラスムスが明確に「人間の自然」（natura humana）を規定している記述は、『真の神学方法論』におけるキリストの「人間の自然」についての記述以外に（EAS 3, R: 234/336）、なかなか見つからない。たとえば、エラスムスは、一五〇三年の『エンキリディオン』において、ルターが「人間の自然」（menschen natur）」と呼ぶ「霊性、魂、身体」をそう呼ばず、「人の三つの部分」（tribus hominis patribus）と呼ぶにとどめている。「身体ないし肉（corpus sive caro）には、老獪な蛇が罪の定めを書き込み……また霊性（spiritus）、すなわち神性の自然の類似（divinae naturae similitudiem）の現れであるそれには、最高の造物主が……永遠の徳義の法を刻み込み……、さらに神は、これら二つの中間にあるものとしてアニマを構成した」。「アニマは自由である。もしアニマが肉を拒絶し、霊性に与するなら、それは霊性的になり、もし肉の欲望に与するなら、それは身体的になる」と（EAS 1, E: 140/57）。「神性の自然の類似」は、あの「神の類似」と同義であろう。

しかし、一五二四年の『自由意志について』において、エラスムスは、霊性と身体を「人の自然」（natura hominis）と見なしている。「マニ教徒は*……人に二つの自然があると夢想している。一つは罪を犯さざるをえないものであり、もう一つは善を為さずにいられないものである」（EAS 4, LA: IV 7/91）。エラスムスは、この罪に傾斜する「人の自然」と、善に傾斜する「人の自然」を、マニ教徒に帰しているが、エラスムス自身もそれを踏襲している。罪に傾斜する「人の自然」は、「死にゆく者〔＝人〕の本性（ingenia）はおよそ粗暴であり、肉的であり、不信に傾き、邪悪に走り、涜神に陥りがちである」といわれるときの「本性」であり（EAS 4, LA: Ia 10/22）、善に傾斜する「人の自然」は、『エンキリディオン』でいわれる「功績と数えられない自然」すなわち「両親を尊敬し、兄弟を愛し、子どもを愛し、友人を尊重すること」、つまり自然な愛である（EAS 1, E: 144/59）。このように「人の自然」は、罪にも善にも通じ、どちらか一方に還元されない。

エラスムスは、アウグスティヌスの「アニマの心情」にあたるものを「アニムスの力」と形容しつつ、次のように述べている。「アニムスの力（vis animi）、すなわち私たちが判断する力としてのそれ、あなたがヌース、すなわち心（mentis）、知性（intellectum）と呼ぶそれ、またロゴス、すなわち理性（rationem）と呼ぶそれは、罪によって衰微しているだけで、消失していない。意志（voluntas）、すなわち私たちが選んだり避けたりすることは、悪に傾いている。それ自身の［善に傾斜する人の］自然の（naturalibus）援助だけでは、よりよい実りに向かえず、むしろ自由を失い、自分が認めた罪にまた仕えてしまう。しかし、意志は、神の恵み（dei gratia）によって、罪を許され、ある程度まで自由になる」（EAS 4, LA: IIa 3/31）。「もしも意志が［そもそも］自由でなかったら、罪が人に帰せられることもなかったであろう」（EAS 4, LA: IIa 7/34）。エラスムスにおいては、意志も、その素地であるアニムスも、のちに論じるが、善なる「人の自然」と無縁ではない。

＊ マニ教は、三世紀のペルシアに生まれた宗教で、善／悪、精神／肉体の二元論を特徴とし、禁欲的であることを重視する。アウグスティヌスは、キリスト教に改宗するまえに、マニ教に傾斜していた。

エラスムスの敬虔と霊性

さて、金子が詳述しているように、フミリタスは、ルターがもっとも重視した概念である（金子 1975: 165-94）。ルターは、一五一三年の『詩編についての注釈』において「フミリタスのみが［あなたを］救う。［フミリタスにおいてのみ］あなたは、万物のなかにあなた自身を沈め、そして譲る（cedere）ためである」と述べている（WA 4, AQP: 473）。このフミリタスは、いいかえれば、無条件に相手を気遣い下支えすることである。ルターは、一五二一年の『マグニフィカート』で「真の謙虚（Die waren demutigen［＝フミリタス］）は、行為の結果を求めず、ただ無心であり、卑しい者に目を留め、喜んで彼にかかわることである。そして、自分の謙虚（demutig）をけっして認めない。……正しい謙虚（Rechte demut）は、けっして自分が謙っている（demutig）と知らない。というのも、もしもそうであると知るなら……［正しく謙る者も］高慢になるだろう」と述べている（WA 7, M: 562）。すなわち、善意からであれ、意図し作為する自己が介入すると、人の行為は、もはや「真の謙虚」ではなくなる、と。

ルターは、この謙虚を欠く人を激しく非難している。一五二五年の『奴隷意志について』のなかで、ルターは、そうした人は「高慢であり、無知であり……自分の無力を認めないし、感じもしない」といい（WA 18, DSA: 675/243）、そうした「改善されない残余の人は、滅び去るだろう」という（WA 18, DSA: 632/161）。これに対し「神は、謙虚な人、すなわち自己を嘆き、自己に絶望する人に、恵みを約束している」という。ただし、人間は、自分の救いが……まったくの他者である神の決定、企図、意志、営為に依存していることを知らなければ、真に謙虚になることはできない」ともいう（WA 18, DSA: 632/162）。そもそも「私たちの行うことすべては悪であり、私たちは救いにとってまったく無益である」と（WA 18, DSA: 634/165）。そして「自由意志（liberam arbitrium）は、神以外のだれにも帰せられない」から（WA 18, DSA: 662/216）、「アウグスティヌスは［人間の意志］を、自由意志ではなく、奴隷（servum）［意志］と呼んだ」という（WA 18, DSA: 665/223）。

こうしたルターに対し、エラスムスは、私の知るかぎり、「フミリタス」を重要な言葉として用いていないが、およそそれにあたる言葉を重視している。それは「敬虔」（pius）ないし「信仰」（fides）である。どちらも、神のもとに在り、神に自分を委ねることを意味している。エラスムスは、一五一一年の『愚神礼讃』で「彼ら［＝世の俗人］とちがい、敬虔な人（［hominis］pii）は、何であれ、物質的なものに近づけば近づくほど、それを無視し、全身全霊で見えないものを観照することに、心を奪われる」と述べている（EAS 2, ME: 203/216-7）。エラスムスは、また一五一九年の『真の神学方法論』において「信仰は、自己を信頼せず、私たちの信頼をすべて神に向けること」である、と述べている（EAS 3, R: 296/365）。

『愚神礼讃』に立ちかえれば、エラスムスは、敬虔な人が「身体という粗雑なものに密接に関連している」「情念的アニムスに（in affectibus animi）あるもの」、たとえば「性欲、食欲、睡眠欲、怒り、傲慢、嫉妬など」に「仮借なき戦いを挑んでいる」という。敬虔な人はまた「中間的で自然的な情念」、たとえば「祖国への愛、子どもへの愛、両親への愛、友人への愛など」を「アニムスから一掃するか、それらがアニムスのもっとも気高い部分になるように努力する」と。それは、たとえば「親を、親としてではなく、心の最高の像（imago）として輝く人として愛することである。敬虔な人たちは、それを至高の善（summum bonum）と呼び、それ以外のものを愛したり、求めたりしてはならない、と明言している」と（EAS 2, ME: 204/218-9）。

ともあれ、エラスムスにとってアニマ、アニムスを敬虔なものにするのは、アニマないし心にもともとふくまれている霊性である。「［敬虔な人の心（mens）］においては、霊性があきらかな勝利者であり、それが身体を吸い尽くすだろう。霊性は、それを容易にやりとげるが、それは、この［アニマ、心の?］変形に備えて、［人の意志が?］身体を浄化し、その身体の力を弱めていたからであり、［自分のアニマ、心が?］まるごと無限に強大な至高なもの［神］に吸収されているからである」（EAS 2, ME: 208/222）。この霊性は、心、アニマそのものというよりも、そのなかに潜在する向神のベクトルといってよいだろう。

人の原罪と神の恵み

こうしてみると、人間の意志は、罪への傾斜に対し奴隷か自由か、という問いに、エラスムスは、自由であると答えている。事実、エラスムスは、『自由意志について』で、「自由意志」（liberum arbitrrium）を「人間の意志の力」（vim humanae voluntatis）であると規定し、「人間は、その力によって、永遠の救いに導くもの［＝

神の言葉、キリスト」へ自分を変容させることも、それから離反することもできる」と述べている（EAS 4, LA: IIb 10/29-30）。この自由意志は、あたかも「永遠の救いに導くもの」を思いどおりに扱えるかのように、書かれている。この書き方は、金子が確認しているように、ルターが批判するところであった（金子 2011: 209-210）。エラスムスは、神性を処遇するというあまりにも過大な力を「自由意志」に与えている、と。

しかし、アウグスティヌスの意志論を背景にしつつ、あらためて考えるなら、エラスムスの自由意志は、すでに「永遠の救いに導くもの」に類似するもの（おそらくアニマ、アニムス）を潜在させている。すなわち、人を「義化」（「完全化」）する潜勢力を保有している、と。「信仰の律法は……溢れんばかりの恵みによって支えられれば、人自身では不可能なことを可能にし、さらに容易にする。すなわち、信仰は、罪によって傷つけられた理性を癒やし、［イエスとともに在ることである信仰によって生みだされる］愛は、弱められた意志を強める」。「パウロが述べているように『私を強くしてくれる彼［＝イエス］によって、［私は］何事もなしうるようになる』」と（EAS 4, LA: IIa 6/32-3）。そして神は「彼ら［＝ユダヤ人］に［神に向かうという／向かわないという］意志を選択する能力を残した」と（EAS 4, LA: IIa 7/33）。念のためにいえば、その能力は、「ユダヤ人」だけでなく、すべての人に残されている能力である。

エラスムスにとって、神の「恵み（gratia）」とは、無償の慈しみ（beneficium gratis）を意味する」（EAS 4, LA: IIa 11/36）。それは、ふつうに生きているという「自然的恵み」（gratia naturalis）、改心に誘われるという「励起的恵み」（gratia exstimulans）、意志が協力するという「協働的恵み」（gratia cooperans）、そして「目的に確かに導く恵み」（gratia, quae perducit usque ad finem）に分けられるが、自然的恵み以外の恵みは、同じものの異なるはたらきにすぎない（EAS 4, LA: IIa 11/37-8）。この自然的恵み以外の恵みは、イエスの受肉であり、活動であり、言葉であり、人を神へ向かわせる必須の契機である。この恵みは、外からのはたらきかけであるが、それが神のはたらきかけとなるためには、そのはたらきかけを受容し、それに励起され、それと協働する「内奥」のる力が必要である。アウグスティヌスにとって、その力がアニマ（アニムス）であったように、エラスムスにとっても、それはアニマ（アニムス）であった、と思われる（次節で確認する）。

ともあれ、金子（2011）の研究に教えられつつも、私なりにまとめるなら、ルターの奴隷意志とエラスムスの自由意志の違いは、次のように描かれる。すなわち、ルターから見れば、エラスムスの考え方は「人の原罪」の深刻な影響を軽んじているが（金子 2011: 212）、エラスムスから見れば、ルターの考え方は「神の恵み」に応答する内在を軽んじている、と。いいかえれば、ルターは、人間の内奥に、原罪という過去からの負債をより大きく見いだすが、エラスムスは、人間の内奥に、原罪を越える未来への力動をより大きく見いだす、と。いいかえれば、ルターは、負債が重ければ重いほど、それをはねかえす力も強くなりうるという、逆理の力動を語っているが、エラスムスは、可能性がいくら小さくても、それを諦めずに具現化するという、敢然な活動を語っている、と。

こうしたアウグスティヌスの意志概念と、ルターと対比させつつ素描したエラスムスの自由意志概念を踏まえたうえで、次に確かめたいことは、先に棚上げした、エラスムスのアニマ（アニムス）概念である。それは、「神の恵み」によって人が「義化」されるときの、前提条件である。

4　エラスムスの愛とアニマ

エラスムスの「心の眼」と慈愛

エラスムスは、『愚神礼讃』において、キリストの言葉を「アニムスの鏡」（animi speculum）と表現している。人は、言葉をあれこれ用いるが、「言葉の助けを借りなくても、一瞥しただけで、そう［＝事実］ではない、とはっきりわかる。［しかし、本来の］言葉は、偽りのないアニムスの鏡（animi speculum）である」と（EAS 2, ME: 12［pr. 5］）。また、『リングア』において、「その子［＝イエス］は、父の像（imago Patris）である、と言われた。したがって、一方を知る人は、どちらも知ることになる。そして、私たちにおいても［キリストの］言葉（oratio）は、アニムスの鏡（speculum animi）である」と（ASD IV-1, L: 93［訳文は私訳。この箇所は山本2020に教えられた］）。さしあたり、この「アニムスの鏡」に映る像は、アウグスティヌスのいう「心の眼」（oculus mentis）、トマスのいう「霊性の眼」（oculus spiritualis）に映る像にひとしい、と考えておこう。

そして『エンキリディオン』では、「心の眼」（cordis oculos）という言葉が用いられている（EAS 1, E: 68/18）。エラスムスはそこで、この「心の眼」が「最高の光」を見なければ、いいかえれば「内なる耳」（internis auribus）が「神的な言葉」を聴かなければ、「アニマは生きているとはいえない」と述べている。「死んでいるアニマ」は、自分の苦痛・損害に敏感・過剰に反応するが、他人が災厄・災害で苦しんでいようとも、他人を脅迫・中傷し苦しめていても、何も感じない。私の利益という利己的な正しさだけしか考えられない。いいかえれば、「生きているアニマ」とは、人が自己を越えて他者と交感・共振している状態である。エラスムスは、その交感・共振の欠如した状態を、次のようなに描いている。

「あなたは、不正に苦しんでいる仲間を見ても、自分に被害が及ばなければ、心を痛めたりしない。なぜあなたのアニマは、何も感じないのか。もちろん、［あなたのアニマが］死んでいるからである。なぜ死んでいるのか。アニマを生き生きとさせる神が、あなたのなかにいないからである。神がいるところにこそ、慈愛（caritas）があるからである」（EAS 1, E: 68/18）。

「あなたは、友人を裏切り、信頼を踏みつけ、自分のアニマを傷つけているのに、あなたは何の痛みも感じず、むしろあなたはうまく利益を得たと喜び、恥ずべき自分の行為を自慢している。あなたが考えるべきことは、あなたのアニマがすでに死んでいることである」（EAS 1, E: 68/19）。

「ある人が、冒涜的で、歪曲的で、中傷的で、愚弄的で、攻撃的な言葉を、近くにいる人に吐きかけていたなら、すなわちある人の暴力的な言葉を聞いたなら、あなたは、その人が生きているアニマを活動させていると思ってはならない。腐敗した屍が、その人の胸という墓に横たわっている。そこからは、悪臭がまき散らされ、近くにいる人を蝕んでいく」（EAS 1, E: 68, 70/19）。

「生きているアニマ」（他者との交感・共振）は、おそらく「自然な慈愛」と重ねられるだろう。エラスムスは「キリストは、つねに信仰（fidem）と慈愛（caritatem）を教えている」といい、「信仰は、自己を信頼せず、私たちの信頼をすべて神に向けること」であり、「慈愛は、私たちがすべての人を支援すること」である、という（EAS 3, R: 296/365）。「彼［＝キリスト］が私たちのところに来た理由は、この［慈愛という］一つのことを教えるためであった」し、「ヨハネがいうように、神は慈愛である」（Deus, inquit Ioannes, caritas est）（Iヨハネ 4. 16）。「キリストの慈愛」は、人の「自然な慈愛」（naturae caritas）から区別されている。キリストの慈愛は、無条件であり、すべての人に向けられるが、（人の）自然な慈愛は、無条件になりにくく、限定された人に向けられている。「それは、キリストの慈愛に比べれば、冷たい」（EAS 3, R: 300/367）。この「自然な慈愛」を「キリストの慈愛」へと高めるために必要なことは、先に述べた敬虔、いいかえれば、謙虚である。

エラスムスの養育を支える愛

さて、ここで、エラスムスの養育論に見られる「自然な慈愛」すなわち「愛」（amare/amor）にふれておこう。エラスムスは、一五二九年のいわゆる「子どもを教えることについて」（*De pueris instituendis*）において、大人は、子どもを「養育する」（educare 原義は〈外へ［e］- 導く［ducare］〉）ことによって、彼らを「徳性」（virtus）に導き、また「識字」（literae）を「教える」（instituere 原義は〈中に［in］- 立てる［sto］〉）ことによって、彼らを「知恵」（sapientia）に導くべきである、と説いている。「正しい［識字を］教えること（institutio）は、知恵に（sapientiam）向かって活動する力を豊かにするものであり、細やかで確かな養育（educatio）は、すべての徳性の（virtutis）源泉である」と（ASD I-2, DPI: 28/16）。知恵は、さまざまな学識・知見であり、徳性は「人の自然」（hominis natura）としての「理性の使用」（ratione vti）である（ASD I-2, DPI: 44/48）。

エラスムスにとって、養育の本態は「気遣い」（cura）であり、「本源的気遣いは愛である」（Prima cura est amari）。「すなわち、恐怖を用いず、敬意を抱かせることで、子どもを自由にすることである」（ASD I-2, DPI: 54/67）。エラスムスは、当時の教師の子どもたちへの暴力、とりわけ「鞭打ち」を繰りかえし批判している。「鞭打ちに慣れることほど、子どもにとって有害なことはない。ひどい鞭打ちが行われれば……子どもは絶望し無気力になる。ひどい鞭打ちが頻繁に行われれば、子どもの身体は鞭打ちに対し無感覚になり、また心情（animus）は言葉に対し無感覚になる」（ASD I-2, DPI: 61-2/81）。エラスムスは、子どもに「恥辱」（pudor）を与えること、今風にいえば「言葉の暴力」も批判している。そして、子どもに必要なものは、立つ瀬をなくさせる「恥辱」ではなく、義しい言動に与えられる「称賛」（laus）である、という。そうした「称賛」は「すべての知恵の乳母であり」「子どもの素質を自由にするものである」（ASD I-2, DPI: 62/83）。

エラスムスにとって、養育に携わる人は「父親の情愛というアニムスの誘い」（animi inductione parentis affectum）を示すべきである。「およそ［父の］情愛は、すべての労苦や困難を乗り越えていく」と（ASD I-2, DPI: 65/87）。この「父親の愛」は、パウロのいうそれである。エラスムスは、パウロが、子どもたちを奴隷のように虐待することに強く抗議し、警告や叱責から暴力や苦痛を取り除くことを命じた、と述べている。パウロは「父親たちよ、あなたがたも、子どもを怒らせないで、主の規律と訓戒（disciplina et correptione）によって彼らを養育しなさい」と言った、と（エペソ 6. 4）。この「主の規律と訓戒」は、「穏やかさ」（lenitas）、「温良さ」（mansuetudo）、「慈愛」である（ASD I-2, DPI: 58/75）。エラスムスは、『格言集』で、人間は本来的に「友愛」に向かう動物である、と述べている。「人間とは、この地上で唯一、たがいに助けあえばますますたがいに離れがたくなるという、あの友愛の実現のために生を享けている動物である」と（EAS 7, AC: IV. 1. 1）。

こうした、エラスムスの、教えを支える養育、養育を支える愛は、エラスムスが「子どもを教えることについて」の全体で体現しているように、暴力によって虐待されている子どもへの交感・共振を下地としている。エラスムスは、古いギリシア語の「身体は墓に似ている」（soma quasi sema）という表現は、愛を欠いた者の身体を形容する言葉である、という。エラスムスにとって、愛、すなわち生命であり、「生命、すなわち神」（vita, deus）である（EAS 1, E: 70/19）。いいかえれば、交感・共振する生は、神的な生である。同じように、「意志」と呼ばれる能力も、それが利己的・暴力的な人のそれであるなら、たんなる愚劣な欲望である。意志が意志でありうる理由は、それが「自由」であり「神の恵み」であることである。

エラスムスの「神の義」

過去の自分の言動が充分によくないと感じるとき、悔やみが生じる。それは、ルターにとって、「神の恵み」が届けられる契機である。ルターは「恵みの言葉は、罪を感じ、苦悩し、絶望によって試されている人のみに、届けられる」と述べている（WA 18, DSA: 684/264）。エラスムスも、似ていることを述べている。「あなたが力のかぎりすべてを試みても、自分が敬虔（pietatis）に向かっていない、と考えるなら、それは、あなたが真の敬虔であることのもっとも確かな証しである」と（EAS 3, R: 280/357）。エラスムスにとって、自由意志は「義しく行いうる」という人の能力であるが、その源泉は人そのものではない。パウロが「私たちの［義しく行いうるという］能力は、神に由来する」と述べているように（Ⅱコリント 3. 4-5）。エラスムスは、パウロは「力を尽くし最善であろうと努めながらも、成功のすべては、［自分を超える神からの］無償の恵みによる、と気づいている」と述べている（EAS 3, R: 284/359）。

エラスムスは、その無償の恵みを「神の義」（iustitia dei）と呼んでいる（EAS 3, R: 284/359）。ここで「神の義」の意味を、アウグスティヌスの『人の義の完全性について』（*De perfectione iustitiae hominis*）に拠りつつ、確かめておこう。アウグスティヌスは、そこで、自分を導くものを失った人のアニマは病んでいる、といい、癒されなければならない、という。「健康とは、真に自由である［＝神へ向かう］ことである」（AA, DPIH: 4. 9）。「健康（sanitas）が十全であるとき、義（iustitia）は十全である。慈愛（caritas）が十全であるとき、健康は十全である」。つまり、十全な慈愛が十全な健康を具現化し、十全な健康が十全な義を具現化する、と。そして「神の真実の姿を見るときに、慈愛は十全なものなる。なぜなら、信仰が［神を］見ることに（ad visionem）到達するとき［に体現される］愛に（ad dilectionem）つけ加えられるものは、何もないから」と（AA, DPIH: 3. 8）。

アウグスティヌスにとって「人間の自然は善であり、人は悪から遠ざかりうる」が、この遠ざかりが完遂されるのは「恵みである信仰をつうじてである」（AA, DPIH: 6. 14）。いいかえれば、「人が、自分をよく更新するのではなく、神が、人をよく更新する。人が意志し信仰し希求するとき、［神は］人が作りだした邪悪（malo）から人を解放し、よく更新する」（AA, DPIH: 4. 10）。必要なことは、神に対し謙虚である（＝敬虔である）ことである。「邪悪」（malum）とは、慈愛を欠き、高慢に塗れるという「罪」（peccatum）である。「あるべき慈愛がない場合、ないしそれが足らない場合、罪が意志によって避けられるか、避けられないかにかかわらず、そこには、罪がある」。謙虚こそが、慈愛を高める。「罪が避けられるのは、高慢な意志が称賛されるときではなく、謙虚な（humilis）意志が［神によって］支援されるときである」（AA, DPIH: 6. 15）。

エラスムスの「神の義」も、基本的にアウグスティヌスの「神の義」に沿っているが、「キリストの哲学」を説くエラスムスは、「神の義」に向かうことが「ただひとりイエス・キリストを通じて」（par unum Iesum Christum）具現化される、と強調している。このイエスが体現する真理に比べれば、「私たちの知恵は愚かしさであり、私たちの純粋は不純である」。したがって「神の義」に向かううえで求められることは「イエス・キリストに従う人」（sevum Iesu Christi）であることである（EAS 3, R: 286/360）。その人は「富や快楽を軽蔑する」という「人間の慎み［＝フミリタス？］の驚くべき力」（mira vis pudoris humani）を体現する人である（EAS 3, R: 288/361）。その力は、イエスへの「信仰と慈愛」によって生じる。エラスムスは「人の営みは、すべて神に負い、神なしでは、人は何も為しえない」といい、人の「自由意志が可能にする営みはごくわずかであり、それすらも神の恵み（gratiae）である」という（EAS 4, LA: IV 7/92）。それでもエラスムスは「人に、神の恵みに助けられてできないことは何もない。それに与るかぎり、人のすべて営みは善（bona）でありうる」という（EAS 4, LA: IIIc 13/85）。

エラスムスのアニマ（アニムス）

エラスムスは、『エンキリディオン』において、「神の義」への道を「キリストの道」と形容し、その道を歩く人を「寄留者」（peregrinus 原義は「故郷を離れる人」）と呼んでいる。そして、寄留者である人は「決して休息などせずに」「知性界にふさわしい人の部分」すなわち「霊性における神性的な心（divina mens）」にかかわらなければならない、という（EAS 1, E: 163, 181/71, 81）。これは、さきに確かめたアニマが向かうべきところを意味している。この寄留者が歩く道は、また「霊性的で完全な生命の道」（iter ad vitam spiritlem ac perfectam）とも形容されている。それは「少しずつ消え去り無に帰するものから離脱することに習熟し、真に永遠なもの、不変で純粋なものへと向かうように駆り立てられる」ことである（EAS 1, E: 184-6/82）。

この「キリストの道」を歩くことは、キリストを「唯一の敬虔の模範（exemplum）」とすることである。エラスムスは「キリストを真摯に求める人のアニムスは、民衆の行動や意見からできるかぎり離れ、キリストという唯一の敬虔の模範（uno Christo pietatis exemplum）以外、何も求めるべきではない」と述べている（EAS 1, E: 240/111）。『真の神学方法論』では「私たちの内なる真実の聖堂とは、神の似像（dei simulacrum ＝ イエス・キリスト）を再現し、偽りの偶像を認めないアニムスである」と述べている（EAS 3, R: 372/402）。エラスムスは、実際の事物と事物の像は区別されるが、キリストが語った言葉と心に象られるキリストの像は区別されない、という。「キリストは、最高の純粋と真実そのものであり、神性的な心の像と、それに由来する言葉が象るもののあいだに、非類似性はまったくない」と（EAS 1, E: 202, 204/92）。大事なことは「霊性とともに歩く」ことであり、「霊性とともに在る人は、霊性に属するものを思う」と（EAS 1, E: 212/97）*。

エラスムスにとって、アニマ（アニムス）は、霊性、すなわち人を善なる「人の自然」に向かわせる力をふくんでいる。エラスムスは『新約聖書の序文』で「もっとも［人の］自然にふさわしいことは、すべて人のアニムスに容易に入ってくる」と述べている。それが「キリストの哲学」である「善く造られている自然の回復」となる、と（EAS 3, INTP: 22/235）。また「私たちは、アニマを、身体的なさまざまな感情からできるかぎり切り離し、たとえ直知できなくても（non videantur）、〔キリストという〕真に存在するもの（quae vere sunt）へ〔自分を〕導くべきである」が、その指針はアニムスに見いだされる、と。「アニムスが〔良心のように〕何らかの疚しさを感じるなら、人の生に、快適なことなどありえない」からである（EAS 3, INTP: 24/235）。

エラスムスは、アニムスの力を心・知性・理性と規定しているが、アニムスそのものを明示的に規定していない。それは、イエス・他者の「存在」を感応（交感・共振）すること、たとえば、次のような営みではないだろうか。「この書物〔＝新約聖書〕のなかで、彼〔＝イエス〕は、今でも私たちとともに生活し、呼吸し、談話している。彼が〔ユダヤの〕人びとのなかにいたときよりも、生き生きと」（EAS 3, INTP: 28/237）。エラスムスはまた「〔キリストの〕哲学は、三段論法よりも心情（affectibus）のなかにあり、論争よりも生活（vita）であり、博識よりも息吹（afflatus）であり、〔説得する〕論理（ratio）よりも〔自分の〕変形（transformatio）である」と述べている（EAS 3, INTP: 22/235）。ここでエラスムスが強調している「心情」「生活」「息吹」「変形」に通底することは、他者への愛（慈愛）、自・他の交感・共振であろう。それは、たとえば「〔ある人を〕愛する人が、もはや自分の内にではなく、自分が愛するその人の内に生き、できるかぎり自己（ipso）から離れ、その人の内に入り込むほどに、より大きな歓びを感じること」である（EAS 2, ME: 206, 208 [Pr. 67]/221-2）。

ここでは、詳細な跡づけを諦めて、推論だけ述べるなら、次のようになろう。第一に、エラスムスは、アニマ（アニムス）に愛、とりわけ自・他の交感・共振の傾きを見いだし、人がそれに支えられつつ、神の「恵み」としての無条件の慈しみに与ることで、すなわち敬虔であることで、人は、肉の「人の自然」よりも、霊性の「人の自然」を選ぶ意志が可能になる、と考えている。第二に、アニマと霊性が完全に一致している存在者がイエスであり、人がこのイエスをめざす「キリストの道」を歩くうえで指針となるものが、アニマの愛の活動であり、このアニマの愛の活動が「自由意志」を、ささやかながら先導する、と考えている、と。最後に、エラスムスのアニマ概念を、『愚神礼讃』に依りつつ、すこし大胆に敷衍してみよう。

＊　エラスムスは、『真の神学方法論』において、アウグスティヌスに依拠しながら、「比喩」(tropus)を用いる「物語による叙述」を、「論理」(logica)を用いる「体系による整序」から区別し、前者を、より神学にふさわしい解釈の仕方として位置づけている。論理は、弁証法であれ、三段論法であれ、一つの地平に張りついているが、比喩は、隠喩であれ、寓喩であれ、通念的な字義の地平と超越的な霊性の地平を往還するからである。

5　〈恵み〉に与る意志

愚かさとアニマの生動性への志向

エラスムスは、『愚神礼讃』において、善に傾く「人の自然」を語り、その善を「愚かさ」(stultitia)と呼んでいる。この「愚かさ」は、文字どおりの意味ではなく、「本当に善いものを気前よく分け与える」ことを意味しているが(EAS 2, ME: 12［Pr. 4］/25)、もうすこし踏み込んで理解すれば、それは、高慢に染まる自己正当化から解放された、陽気で自然な状態である＊。「愚かな人」(stultus)は、危険な事態に身をもって立ち向かい、真の思慮(prudentiam)を体現する」(EAS 2, ME: 60［Pr. 29］/70)。「愚かさに囚われて、失敗を犯したり、妄想を抱いたり、無知に溺れたりすること……それこそが人(homo)である」。そういう生き方をする「人は、愚かであるが、惨めではない」(EAS 2, ME: 72［Pr. 32］/82-3)。この愚かさは、突きつめれば、知恵に塗れる以前の原初的生動性である。「あらゆる学芸と無関係のまま、ただ自然が導くままに生きる人は、もっとも幸福である」（EAS 2, ME: 76［Pr. 33］/86）。そういう人は「できるかぎり、野生の性状（brutorum ingenium）のおめでたさに近づき［神学者がするような］人を越える営みをまったく企てない」（EAS 2, ME: 78［Pr. 35］/89）。

エラスムスのいうアニマ（アニムス）の力は、このような生動性への志向だろうか。もしそうであるなら、エラスムスのアニマの力は、キリスト教思想を前提にしなくても、理解できる。それが、成功、正常、有能などを強要されて生きざるをえない息苦しさの外へ向かうベクトルにひとしいからである。このベクトルは、おそらく日本語に特有であろう一対の言葉、「みずから」と「おのずから」を用いるなら、「おのずからのベクトル」と形容できるし、いわゆる意志は「みずからのベクトル」と形容できる。「みずから」は、自己（意志決定の主体）を前提にする志向性であり、「おのずから」は自己（意志決定の主体）を前提にしない志向性である。この「みずから」と「おのずから」の区別を用いるなら、エラスムス、さかのぼれば、アウグスティヌスのいうアニマは、おのずからの生動性への志向を秘めている、と考えられる。

確認しておくなら、キリスト教思想は、古くから、神へのおのずからのベクトルを「霊性（知性）」と形容してきた。古来のキリスト教思想は、神と人を明確に区別しているにもかかわらず、人の思考の基底に「神的なもの」、たとえば「神の類似」と呼ばれるものを見いだしてきた。いわば、人の心の奥底には、はじめから神的なものが潜在している、と考えてきた。かりに、霊性が、賦活された「神の類似」の現れであるとすれば、この霊性に突き動かされる人の思考は、人の思考でありながら、もはや人に固有な思考ではない。それは、意志というみずからのベクトルと、霊性というおのずからのベクトルが、重なっている状態である、といえるからである。その意味では、アウグスティヌス、エラスムスのアニマという概念は、現代の意図し思惑し欲望する自己を、こうした二つのベクトルの重なりにずらし、とらえなおす一つの契機である。

ちなみに、ルターは、エラスムスがいうアニマのなかに、生動性への志向というベクトルを見いだしていない。ルターは、エラスムスのいうアニマを「善悪にかかわらない絶対意欲（absolutum velle）」「中間的な純粋意欲（purum velle）」と呼び、それは「たんなる弁証論的虚構である」と論難している（WA 18, DSA: 669, 670/230, 231）。つまりもっともらしいでっちあげである、と。ルターはまた、このアニマを、端的に「熱意」（studium）とも呼び、エラスムスにおいては、それが「自由意志そのもの」から区別されつつも、人間のなかに「留保されている」というが、そうした考え方をはっきり拒否している（WA 18, DSA: 670/232）。ルターにとって、人は、みずから司る者ではなく、キリストに司られる者である。人にできることは、キリストに司られるように、キリストを信じることである。義化は、その瞬間に生じ、以後、人は義人として生きる。エラスムスの場合、人は義化されるために、生涯をかけて「キリストの道」を歩まなければならない。

＊　エラスムスは、stultus（愚かな／愚かな人）を本当に「愚劣な／愚劣な人」という意味でも使うため、ときに混乱させられる。たとえば、「すべての人のなかでもっとも愚劣な（stultissimum）、下劣な人は、商人である。……そのやり方が、このうえなく卑劣だからである」と書かれているように（EAS 2, ME: 114［Pr. 48］/126-7）。なお、ラテン語の ideoticus（無知な・愚かな）は、ギリシア語の idios に由来するが、その原義は「自分に閉じこもるもの」であり、stultus から区別される。

生動性志向と「恵み」に与る意志

エラスムスのいう愚かさ、すなわち原初的生動性は、いわば交感し共振することである。それは「恥辱も気にせず、恐れも知らず、野心も抱かず、嫉妬もせず、執着もしない」こと、つまり高慢から無縁である。「愚かな人は、一人でも、いつでも陽気に戯れ、歌い、笑うだけでなく、どこでも、だれにでも愉快、冗談、戯れ、笑いをふりまく」（EAS 2, ME: 80［Pr. 35］/90-1）。むろん、こうした、ともに生き生きしている生の様態は、一つの理念であるが、それは、キリスト教思想で語られてきた「神の類似」としての「人間の自然」ではないように見えるだろう。しかし、エラスムスは、パウロの「十字架［にかけられたイエス］の言葉は、滅び去る者にとっては、愚かなものである」（Ⅰコリント 1. 18）を引き、愚かさと神性を重ね（EAS 2, ME: 194［Pr. 65］/207）、「キリストは、小さな人たち、女たち、漁師たちとともにすごすことを、もっとも歓んでいた」と述べている（EAS 2, ME: 194［Pr. 65］/208）。原始キリスト教に立ちかえれば、交感し共振することは、神の本態である「存在」（esse）と矛盾しないし、まさに人的な「存在」である、とも考えられる。

ともあれ、確認するなら、この交感・共振は、他者への無条件の愛、慈しみのなかで、生じる。この「他者」は、人に限定されない。交感・共振は、しばしば「絆」と呼ばれるつながりを作りだすが、それは、人と動物、たとえば、ニホンカモシカのあいだでも、生じる。例示しよう。山深い一軒家に住んでいるある老夫婦は、大怪我をして死にかけていたニホンカモシカの子どもを連れ帰り、親代わりになってそのニホンカモシカを愛し育てた。子どものない二人にとって、そのニホンカモシカは自分の子どもであった。二人は、成長したそのニホンカモシカを、法律に従い、やむなく、何度も家から遠く離れた山中に放したが、そのニホンカモシカは、何日もかけて、何度も二人の住む家に帰ってきた。この事例における、ニホンカモシカを育てるという、二人の意志は、みずからの意志であるが、同時におのずからの生動性志向に支えられた、無条件の慈しみに与る意志でもあろう。

現代社会における人の意志は、生動性志向に支えられ、「恵み」に与っているというよりも、知識・情報に規定され、しばしば高慢に染まる自己に帰せられている。たしかに、何を選び行うかは、当人の意志に帰せられるが、その選択・言動は、その人の情況認知に大きく規定され、その情況認知は、他者・社会の知識・情報に大きく規定されている。人の意志決定には、どこまでも他者・社会の知識・情報が入り込んでいる。しかも、その知識・情報は、基本的に成功（優越性）、正常（合法性）、有能（有用性）を高く評価するそれである。そうした知識・情報に刺激される自己は、ときに、すべて自分の思いどおりにしようとする高慢に蝕まれる。それは、自己本位性、すなわち自分の思考・趣向を相対化できず、それを絶対視し他者に強要するハビトゥスとして、現れる。この思いあがりの自己は、神が人に贈る慈愛をまねて人が行う愛である「恵み」ですら、自己正当化の手段としての「慈善」にすり替えてしまう。

人が生動性志向に支えられ、「恵み」に与る意志によって活動することは、うまく正当化できない。交感・共振、無条件の慈しみは、利益に直結せず、数値で測定できず、論理で記述できないからである。加えて、この交感・共振、無条件の慈しみは、高慢、自己本位によって妨げられる。高慢、自己本位を突き動かすのは、自尊感情を保全し自己利益を求める欲望である。この欲望に染まる自己は強大であるが、交感・共振、無条件の慈しみの意志は微弱である。にもかかわらず、エラスムスの自由意志、すなわちアニマの生動性志向に支えられ、思いがけない「恵み」に与るという意志は、そうした欲望に染まる自己を超越する意志である。その意志は愚かさ、そして弱さであるが、そうであるからこそ、超越的である。

第5章 喚起されるアニムス
――スピノザの〈心の眼〉

Activating Animus: Eyes of Mind in Baruch de Spinoza

〈概要〉 本章では、**スピノザ**の思想を取りあげ、そのなかに〈**心の眼**〉の教育思想に通じる思考を見いだす。まず、スピノザのいう「**心**」が「**知性**」としてはたらくこと、そしてそれが向かうところが神であることを確認する。次に、ドゥルーズによりながら、その「心」を構成する思考の三態、すなわち**アフェクト**（**感受**）、**コンセプト**（**概念**）、**パーセプト**（**覚知・直観**）を、それぞれ敷衍する。その後で、教育が語られるときの原喩と考えられる、ドゥルーズの挙げた二つの隠喩（〈**鏡**〉**の隠喩**と〈**芽**〉**の隠喩**）を確認し、前者について、**アウグスティヌス**の〈心の眼〉概念に依りつつ、それがたんなる**模倣**を超えた営みを示しているととらえなおし、それをスピノザの〈心の眼〉概念につなぐ。最後に、近現代教育学の基礎概念である「**陶冶**」（「**人間形成**」）にふれつつ、〈心の眼〉としての〈鏡〉を原喩とする教育思想の可能性を述べ、その道標をベルクソンの直観論に見いだす。

1　「思考」をめぐって

ヘルバルトのスピノザ論への批判

本章でとりあげるのは、一七世紀の哲学者・神学者、スピノザ（Baruch De Spinoza 1632-77）である。スピノザは、アムステルダムに生まれ、とくに大学教育を受けることなく、ハーグで家業を営みながら、哲学・神学の研究をつづけた。『エティカ』において「神ないし自然」（deus sive natura）という概念を提唱したことで知られているが、「無神論者」と見なされ、複数の神学者から激しく攻撃されたために、主著である『エティカ』も出版することができなかった（Stewart 2006/2011参照）。しかし、一八世紀後半から一九世紀前半にかけて、スピノザは、どういうわけか、高く評価されるようになった。たとえば、ヘーゲル（Georg Wilhelm Friedrich Hegel 1770- 1831）は、『哲学史講義』のなかで「哲学を始めようとする人は、まずスピノザ主義者でなければならない」と述べている。スピノザ主義であることが「精神（Geist）の解放と、絶対の基礎」をもたらすからである、と（HW 20, VGP. III: 165/下 246）。

しかし、フォイエルバッハが「スピノザとヘルバルト」で論じているように、ドイツ近代教育学の創設者であるヘルバルト（Johann Friedrich Herbart 1776-1841）は、スピノザを低く評価している。およそ同時代に生きていたヘルダー、レッシング、ゲーテ、シュライアマッハ、ヘーゲルがスピノザを高く評価していることが、ヘルバルトには信じられなかったらしい。ヘルバルトは、一八三六年の『人の意志の自由についての教説のために』において、スピノザの『エティカ』は「批判するに値しない」（unter der Kritik）と述べている。スピノザには「道徳的な熱情と人格」が欠けているから、と（HSW, 10, LFMW: 258, 261; LFW, 4, SH: 400/155）。

しかし、フォイエルバッハは、ヘルバルトのスピノザに対する低評価を退けている。たしかに、スピノザは、人間のもっとも深いところにある「道徳性」を無視しているように見える。たとえば、ヘルバルトがいうように、スピノザの有名な「神ないし自然」（Deus sive natura）は「ただ赤裸々な自然性」（Naturnothwendigkeit）であり、けっして神的な自然（vergöttere Natur）ではない」かのように見える（HSW, 10, LFMW: 258; LFW 4, SH: 405/162）。しかし、フォイエルバッハから見れば、スピノザは、「神ないし自然」に生き生きとした生命の充溢としての「存在」（Sein）を見ている。人についても同じである。フォイエルバッハの理解するスピノザにとっては、生動的（活動的）であることが「人間性」の特性である。「スピノザは、人間のさまざまな活動を、人間性（人間の自然）の欠点としてではなく、その特性として考察している。それらの特性は……本質的に人間性（Humanität）に属している」（LFW 4, SH: 403/158-9）。「［スピノザの述べるところによれば］私たちを先導できるものは……『存在』（Seins）の概念だけである」（LFW 4, SH: 408/165）。

フォイエルバッハの理解するスピノザにおいては、「存在」という「真実」は、認識される潜勢態であり、意志される可能態ではない。つまり、作為の目的ではない。人が、カントのように、認識と意志（「事実」と「規範」）を区別するかぎり、「善意志」（gute Wille）が自分（認識）から必然的な発出する」ことは、わからない（LFW 4, SH: 408/166）。いいかえれば、よく生きようとする活動が「知性」（intellectus）の認識によってもっとも高められるということ、人の「衝迫」（Trieb）が――正常な自然衝迫（normaler Naturtreib）としての――『神の言葉』（〝Wort Gottes〟）、神の声（Stimme Gottes）である」ということが、わからない（LFW 4, SH: 414/173 傍点は原文の強調）。こうして、フォイエルバッハは「ヘルバルトの抗議はなんと虚しいものか！ スピノザの思想はなんと深遠なものか！」（Wie enichtig ist daher der Einwand Herbarts! Wie tief Spinoza's Gedanke!）と結論づけている（LFW 4, SH: 410/167）。あとで確かめるが、スピノザは、アウグスティヌス、トマスが論じた「知性」（intellectus）――「神の言葉」を知解していること――に依拠しつつ、認識を語っている。

教育思想史においてよく知られているように、ヘルバルトは、一八四一年の『教育学講義の要約（第2版）』（*Umriss Padagogischer Vorlesungen*）で、カントに拠りつつ、「道徳［＝人倫］性」（Sittlichkeit）を重視し、「道徳［＝人倫］的人格の陶冶［＝形成］」（Bildung der Charakterstärke der Sittlichkeit）を説いている（HSW, UPV: 256, 258）。そのヘルバルトから見れば、スピノザの『エティカ』は、その表題にもかかわらず、少しも道徳性を語らないまま、執拗に幾何学っぽい形式的論証を繰りかえしているように見えた。しかし、スピノザが語っていることは、フォイエルバッハが「自然衝迫」という言葉で語っているように、まさに事実としての生動性ではなかったか。形式的論証の背後に、またそれがめざす先にあるものは、生動性ではなかったか。その議論は、深いところでアウグスティヌス、トマスのキリスト教思想に支えられていたのではないか。

「神へ向かう」思考

確かめておくなら、私たちが思い考えること（思考）は、およそ事後的なふりかえりである。それは、思考を越えて考えることである。すなわち、すでに行った・考えたことを越えて、あらためて考えなおすことである。この「あのときこうすれば、いや、ああすれば」とふりかえるなかで、たとえば、人とは何か、善とは何か、悪とは何かといった、考えても仕方がないような、答えの見えない思考が生まれてくる。こうしたふりかえりの思考は、およそ、人が〈よりよく〉生きようとすることの証しではないだろうか。中世ヨーロッパのキリスト教思想においては、この〈よりよく〉生きようとすることにつながる思考は、およそ「神へ向かう」ベクトルについての思想、すなわち「霊性」（spiritus）についての思想に収斂してきた。

およそ中世のキリスト教思想で語られる「神へ向かう」思考は、神から人への「啓示」（Revelatio）に支えられている。パウロの受けた啓示、ジャンヌ・ダルクの受けた啓示がよく知られているだろうが、何よりもイエス・キリストの生誕・活動・昇天・再臨は、キリスト教思想における最大最強の啓示であり、いわゆる「信仰」は、その啓示の内容を敷衍した教義や典礼と一体である。しかし、本論で取りあげるスピノザは、イエス・キリストの「臨在」(parousia)という、神からの圧倒的・絶対的な「啓示」よりも、一人ひとりの「心(精神)」のなかに「神へ向かう」(ad deo)という活路を見いだした。それも、あの霊性を語ることなく。スピノザが考えだした、「神へ向かう」その思考の活路とは、いったいどのようなものだろうか。

ただちに思い浮かぶことは、スピノザが採用した幾何学的証明であるが、ヘーゲルは『哲学史講義』において、「そうした方法はすべて、哲学にとって本来的な助けにならない」と断じている(HW 20, VGP, III: 188/下 265)。そこに「自我」(Ich)がないからである。この自我は、欲望し意図する自己ではなく、霊性にひとしい「精神」(Geist)を体現していく自我であり、「自己意識」とも呼ばれている(HW 20, VGP, III: 189/下 267)。ヘーゲルは「スピノザの哲学が、神を実体(Substanz)としてとらえるのみで、精神、すなわち具体的な[=人間に内在する]ものとしてとらえていないという非難は、妥当である」と述べている(HW 20, VGP, III: 196/下 272)。ヘーゲルの見解に異論を唱えるつもりはないが、スピノザの議論のなかには、幾何学的証明に隠されがちであるものの、ヘーゲルに似た「神へ向かう」思考を見いだすことができる。

〈鏡〉の隠喩の方へ

その思考を理解するさいに、まず、議論を教育思想史的に方向づけておこう。すなわち、スピノザの思考を、〈鏡〉の隠喩、〈心の眼〉の思想に引き寄せて語ってみよう。キリスト教思想において「神へ向かう」思考は、『完全性の鏡』という言葉(著作)があるように、しばしば「〈鏡〉の隠喩」で語られてきた。すなわち、イエス・キリストという「完全性」(Perfectio)を体現する試みが、〈[心の]鏡〉(心の眼)への神の映しだしとして、語られてきた。しかし、近代以降の教育思想は、教育をおよそ「芽の隠喩」で語ってきた。すなわち、神からの「流出」（emanatio）を概念的・思想的背景としながら、植物の種子が発芽し成長するように、人の生育を「展開」（explicatio）として語ってきた。「発達」（development）という心理学概念は、その継承であろう。しかし、スピノザの「神へ向かう」思考は、前者の〈鏡〉の隠喩に位置づけられる。

もう一つ、スピノザの「神へ向かう」思考を理解するさいに、現代における宗教の位置を確認しておきたい。ルーマン（Niklas Luhmann）の考え方を援用し、端的にいえば、それは、現代社会における超越性としての神は「宗教」という社会システム（閉じられたコミュニケーションないし言説実践の場）のうちへと囲い込まれている、ということである。宗教システムのなかに囲い込まれた神は、その外に出たとたんに、虚構扱いされる。それは、その外、すなわち政治、経済、法、教育といった現世的な社会システムへの批判や違和感を支えているものが、気高さ・至高性・絶対性と呼ばれるような超越性が強度を失う、ということであり、いいかえれば、人の思考が社会生活、社会的地平に張りつけられたまま平準化する、ということである。

確かめておけば、現世的なものへの批判・違和感は、現世的なもののなかに超越性が定位するという矛盾に支えられている。ふたたびルーマンの言葉を借りれば、それは、現世的なものから区別される超越性が現世的なものにふたたび組み入れられた結果として、すなわち「再参入」（re-entry）の結果として、生じる。この再参入状態においてはじめて、現世的なものは、超越性を尺度として否定的に評価され、その内在する超越性は、人を外在する超越性、すなわち「神（的なもの）」に導くものとなる。キリスト教の「基礎づけは［現世的なものという］反対値を排除することによってではなく、それを包摂することによって、行われる」（Luhmann 2000: 91/101）。たとえば、人でありながら神であるイエス・キリストは、この再参入の体現者である。

ようするに、スピノザの語る「神へ向かう」思考が〈鏡〉の隠喩に位置づけられるとしても、それは「神が退去した」（「神が棄却された」）この現代社会においても、説得的な思考か、という問いが生じる。いいかえれば、啓示や臨在を語らないその議論に見いだされるはずの再参入は、社会システムの平準性を突き抜ける力となりうるのか、と。この問いを念頭におきつつ、スピノザ思想の魅力を、ユークリッド幾何学を模した証明という方法ではなく、一人ひとりの「心（精神）」（mens）が「知性」（intellectus）としてよりよくなる道程に見いだしてみよう。その道程をたどることは、スピノザの思想を、「理性」（ratio）の論理性ではなく、「覚知・直観」の先導性、また「アニムス」（animus）の生動性に留意しながら読むことである。

以下、まず、スピノザのいう「心」が「知性」としてはたらくこと、そしてそれが向かうところが神であることを確認する（第2節）。次に、その「心」を構成する思考の三態、すなわちアフェクト（感受）、コンセプト（概念）、パーセプト（覚知・直観）を、それぞれ敷衍する（第3節）。その後で、教育が語られるときの原喩と考えられる、ドゥルーズの挙げた二つの隠喩〈鏡〉の隠喩と〈芽〉の隠喩）を確認し、前者について、アウグスティヌスの「心の眼」概念に依りつつ、それがたんなる模倣を超えた営みを示しているととらえなおし、それをスピノザの「心の眼」概念につなぐ（第4節）。最後に、近現代教育学の基礎概念「陶冶」（「人間形成」）にふれつつ、「心の眼」としての〈鏡〉を原喩とする教育思想の可能性を述べる（第5節）。

2　スピノザのアニムス

ドゥルーズ／スピノザのいう思考三態

ドゥルーズは、一九九三年の『批判と臨床』において、スピノザの『エティカ』から、「思考する」（cogitare 認識する）の三つの形態を取りだしている。第一に、いわば「影」といえるようなものごとを知る「アフェクト」（affect 情感）、第二に、いわば「色」といえるようなものごとを知る「コンセプト」（concept 概念）、第三に、いわば「光」といえるような神を知る「パーセプト」（percept 覚知）である（GD, CC: 172/286, 187/310）。「影」「色」「光」は、おそらくクザーヌス（Nicolaus Cusanus）のいう「徴」（signum）、「色」（color）、「光」（lumen）の比喩を踏まえているのだろう（Cusa 1964/2002: N. 1-2）。一九六八年の『スピノザと表現の問題』に戻っていえば、アフェクトは「さまざまな情動（passions）に通底する秩序」を思考すること、コンセプトは「さまざまな関係を構成するものに通底する秩序」を思考すること、パーセプトは「さまざまな本質（essences）に通底する秩序」すなわち「神の本質」を思考することである（GD, SPE: 282/320）。

スピノザ自身の言葉をたどれば、これら思考の三態は、『エティカ』の第二部の定理四〇におよそ見いだされる。スピノザは、「私たちが多くのものごとを受けとめ、一般的・普遍的な概念を形成すること」を、四つの「思考（認識）する」こと（cogitare）に区別している。第一に「感覚を通じ、不確かに・曖昧に、知性による整序なしに、私たちに現前するさまざまなものごとによって」思考すること。すなわち「漠然とした経験によって思考すること」。第二に「さまざまな表徴によって」思考すること。すなわち、言葉を経由しものごとを「想起する」ことで、そのものごとが私たちに与える「観念（理念）」（idea）、それに類似する観念によって思考すること。この経験から思考すると言葉から思考することは、ともに「想像」（imaginatio 象り）である。第三に「私たちが、ものごとの特質について、共有・妥当な観念に親しむことによって」思考すること。この営みが「理性」である。第四に、「神への知的な愛」（amor Dei intellectualis）によって思考すること。すなわち「直観知」（scientia intuitiva）、「直観的思考」（cognitio intuitiva）、端的にいえば「直観」（intuitio）である（E: 2. P40. S2; 5. P34. C; 5. P34; 5. P36. S）（「覚知」（percipere）、「観想」（contemplari, contemplatio）も使われている）。

ようするに、ドゥルーズのいうアフェクトは、第一の「感覚」（「経験」）による思考にあたり、コンセプトは、第二・第三の「表徴」（「言葉」）・「理性」による思考にあたり、パーセプトは、第四の「直観」による思考にあたる。以下、まずスピノザのめざすところを瞥見し、そのあとでドゥルーズの取りだした思考の三態について、スピノザの言葉に立ちかえりながら、敷衍してみよう。

現世への違和感、アニムスを喚起するもの

『知性改善論』の冒頭で、スピノザは、現世への強い違和感を表明するとともに、これから「アニムス」（animus）の喚起について探究する、と宣言している。「経験が、一般生活において普通に起こることはすべて空虚であり無益であると私に教えたあとで、また私が、恐れの原因や対象として見てきたものすべては、私のアニムスを動かすもの以外、それ自体としては善でも悪でもないとわかったあとで、私がついに試みようと決心したことは、真の善であり［人びとが］分かちあいうる何かが在るのかないのか、それを探究することである。［それは］まさにアニムスを喚起するもの（afficeretur）である。他のすべてを拒絶しつつ」。スピノザにとって、この「アニムスを喚起するもの」の探究は「いったん見いだされたなら、永遠に向かい続けるものであり、私にもっとも大いなる歓びを不断に与えてくれる何か」についての探究である（TIE: §1）。

アニムスとは、そもそも何だろうか。スピノザは、「メンス」「アニマ」「アニムス」という類似した言葉

を用いている。ランピスによれば、スピノザは『エティカ』において「メンス」を五九〇回、「アニマ」を八回、「アニムス」を七四回使っている（Lampis 2016: 48）。「メンス」（心〈精神〉）はともかく、スピノザは、あきらかに「アニマ」よりも「アニムス」を重視している。「アニマ」の用例についていえば、「すべての個体は、程度の差はあっても、アニマを宿す」という表現をしているが（E: 2. P13. S）、「個体の観念ないしアニマ」（idea seu anima eiusdem individui）、「人は、形あるアニマを妄想し虚構する」などのように、脇役的である（E: 3. P57. S; TIE: §58）。辞書的な区別を確認しておくなら、「アニマ」は女性名詞で、およそ「気・息・命」を意味するが、「アニムス」は男性名詞で、およそ「心の激しい動き」を意味している。

一般的には、「アニムス」という言葉よりも「アニマ」という言葉のほうが、なじみ深いだろう。「アニマ」は、ギリシア語の「プシュケー」（psychê）に由来し、およそフランス語では「アーム」（âme）と訳され、ドイツ語では「ゼーレ」（Seele）と訳され、英語では「ソウル」（soul）と訳され、そして日本語では「魂（霊魂）」に訳されてきた。たとえば、アリストテレスの *Perì Psychês* が *De anima / De l'âme / Über die Seele / On the Soul* と訳されたように*。

＊　ちなみに、アリストテレスの「プシュケー」は、人が「生き、感じ、考えるところ」であり（414a10-20）、そのはたらきは「吸収する能力、欲求する能力、感覚する能力、運動する能力、思考する能力」である（414a30-2）。こうしたはたらきをもつものは、日本語においては「魂」というよりも「心」ではないだろうか。むろん「魂」の定義の仕方にもよるが。

アウグスティヌスのアニムス、デカルトのアニムス

ともあれ、「アニムス」についてまず思い出される用例は、スピノザがおそらく踏まえていたと思われ

る、アウグスティヌスの「アニムス」の用例である。アウグスティヌスは、『告白』で「アニムスが身体に命じれば、身体はすぐに従うが、アニムスが［大いなる意志にそった営みを］自分に命じても、アニムスは拒む」と述べている（AA, C: 8. 9. 21）。「大いなる意志」（＝神への信）が、アニムス全体に広がっていないからである。この「大いなる意志」は「人間の自然」（natura humana）であり、アウグスティヌスは「私たちのそれ［＝アニムス］には、人間の自然（humanus naturalis）という、いわば［生きるための］尺度をなすものが、はっきりと刻印されている」と述べている（AA, DT: 8. 4. 7）。また彼は、「学ぶアニムス（studentis animi）の愛、すなわち知らないものを知ろうとするそれの愛」という表現をしている（AA, DT: 10. 1. 3）。こうしたアニムスは、身体から区別されるが、「心」そのものでもなく、しいていえば「思考」「心意」「意気」であろうか。

もう一つは、スピノザがよく知っていたはずのデカルトの「アニムス」である。デカルトは、一六四一年の『省察』において「私とは、ただ思考するもの（res cogitans）でしかない。いいかえれば、メンス、すなわちアニムス、すなわちインテレクトゥス、すなわちラティオである」と述べている（DOP 2, M: 184/48）。デカルトにとって、アニムスは、アニマと同類であり、もともと「栄養を摂取し生長する」身体的な力であったが、やがてその力にふくまれる「思考する」が、人に固有な力と見なされ、「メンス」と呼ばれた。この思考する力であるアニムスとしてのメンスは、身体全体を司る（心身を合一させる）非身体的なはたらきである。

興味深いことは、デカルトにおいて、アニムスが「象る」（imaginare）という営みと結びつけられていることである。「……独特なアニムスの共振（animi contentione）は、象る（imaginandum）ためには必要であるが、理解するために（intelligendum）には必要ではない」（DOP 2, M: 222/114）。デカルトの intelligere（インテリゲーレ）は、例示されているものを考えるかぎり、もはやスコラ的な「知解する」ではなく、「理解する」と訳されるだろう。また、それから区別されている「アニムスの共振」も、人に帰属する想像する・想起するという営みといえるであろう（アウグスティヌスの「想見」にあたろう（第1章第3節参照））。

スピノザ自身の「アニムス」は、デカルトの「メンス」と同一ではなく、むしろアウグスティヌスのそれに近く、アフェクトゥスを彩る思考・心意・意気、いいかえれば、生動的志向性であろう（アフェクトゥスは、さしあたり「感情」と考えておく）。たとえば、スピノザは「愛・望み（amor, cupiditas）のような思考の形態、およびそれ以外の、アフェクトゥスと呼ばれるもののアニムス」と述べている（E: 2. Ax3）。また「二つの背反するアフェクトゥスから生じる心の構成、すなわちアニムスは、揺動（fluctuatio）と呼ばれる」と述べ（E: 3. P17. E）、背反する「希望と恐怖（spe et metu）から生じる、アニムスのさまざまな揺動」（E: 3. P50. S）、さらに「ひとしい大きさのアニムスの力強さないし強力さ」（aeque magna animi virtus seu fortitudo）と述べている（E: 4. P69. D）。以下、「アニムス」は、前述の私なりの規定を念頭におきつつ、表音表記しよう。

アニムスが志向する至福、神への知性的な愛

『知性改善論』に立ちかえっていえば、スピノザにとって「一般生活において普通に起こること」のなかで「最高の善」と価値づけられたものすべては「富、名誉、快楽」に帰着する。そして「この三つの善によって、私たちの心は、他の善について思考することがまったくできなくなるほど、惑乱されている」（TIE: §3）。これらの善は、それ自体を目的とする行為に人を誘い込み、駆り立てるからである。とりわけ「富と名誉は、快楽とちがい、後悔をともなわない。……その結果、私たちは、ますますそれらを増やすように駆り立てられる」（TIE: §5）。「世間の人びとが追求しているすべてのものは、私たちの存在（esse）を維持するうえで無用であるどころか、むしろその妨げになっている」（TIE: §7）。富も名誉も快楽もさまざまな争いを生みだす。そうした争いは策謀・思惑・虚言を生みだす。それらは不信・冷酷・無情を招き寄せる。つま

り、富、名誉、快楽への愛といった「滅びるべきものへの愛」が、一人ひとりの「存在」を焼き尽くす。

スピノザにとって「存在」は、アニムスの高まりとともに、自分の「本質」（essentia）を顕現させ、「永遠・無限なもの」（aeternum et infinitum 含意は後述）である神を「愛する」ことである（ここでは、トマスにならい、「本質」を「存在」の存立条件・前提と見なす。つまり、「存在」／「本質」の関係は、力の発揮／力の潜勢の関係にひとしい、と考えておく）。この「永遠・無限なものへの愛は、アニムスを、真の歓びで彩りながら、大きくする。それは、あらゆる悲哀から離絶されている。これこそ、もっとも望ましいもの、全力で求めるべきものである」（TIE: §10）。なるほど、そのことを知っても、人は、所有欲・名誉欲・官能欲から完全に抜け出すことができない。しかし「永遠・無限なものへの愛」に向かうという思考のなかでは、人は、これらの欲望からしばし離絶できる。なお、富、名誉、快楽は、それらがそれら自身のために求められるかぎり、有害であるが、それら以外の目的、すなわち「永遠・無限なものへの愛」のために求められるなら、有益である。

この「永遠・無限なものへの愛」つまり「神への愛」は、『エティカ』において「神への知性的な愛」（amor Dei intellectualis）と語られ、また「心の自由」（mentis libertas）、「至福」（beatitudo）と形容されている（E: 5. Pr）。そして、その「神への知性的な愛」にいたる途は、「力強く生きること」すなわち「理性的に活動し生活し自分の存在を保全すること」（rationis agere, vivere, suum esse conservare）とされている。「力強さ（virtus）は、人間の本質ないし自然（natura）そのものである」と（E: 4. Df8）。つまり、自分の「本質」の顕現が、力強く生きることであり、自分の「自然」（いわば「目的・手段」を超える「強力なる力動」（Deleuze 2003: 9/11））に近づくことである。そして、そうするために必要なことが「人間の自然の範型（naturae humanae exemplar）という、人間の観念を形成すること」である。人をこの「人間の自然の範型」に近づけるものが、真の「善」（bonum）であり、それを遠ざけるものが、真の「悪」（malum）である。また、その範型により大きく近づくことが「より完全」（perfectiores）であり、より小さく近づくことが「より不完全」（imperfectiores）である（E: 4. Pr）。

さしあたり、『エティカ』でめざされる「神への知性的な愛」を体現する「人間の自然の範型」を心に形成することが、『知性改善論』でめざされる「アニムスを喚起するもの」の探究である、と考えてみよう。そして、その形成・探究を可能にするものとして、先述の思考の三態を敷衍しよう*。

＊『思想』に掲載された本章の原版で exemplar を「類似」と訳したが、ここでは「範型」と訳しなおした。

3　スピノザの思考三態

人の感情は神に向かう

スピノザは、アフェクティオ（affectio）とアフェクトゥス（affectus）を区別している。アフェクティオは、何かが到来することで生じるこの身体の状態である。たとえば、照りつける陽ざしがもたらす体温上昇、発汗、暑さなどである。ドゥルーズは、それは「ある瞬間の人の状態を表現する」表徴であるといい、「スカラー的表徴」（signe scalaires）と形容している。アフェクトゥスは、アフェクティオが「より多くないしより少なくなること」、すなわち度量的に変化し、快・苦、喜・悲などが生成すること、ようするに人が感情に染まることである。たとえば、力が増して嬉しくなることや、力が衰えて悲しくなることである。それは、一定方向の心の変化の表徴であるという意味で「ベクトル的表徴」（signe vectoriels）である（GD, CC: 173/286-7）。ドゥルーズのフランス語をラテン語に置き換えていえば、〈アフェクトゥスは、つねにアフェクティオを前提とし、それから派生するが、それに還元されることはない〉（GD, CC: 174）。以下、「アフェクティオ」

を「感受」「受容」と訳し、「アフェクトゥス」を「感情」と訳し、「パッシオ」を表音表記する。

さて、スピノザのいう感情の第一の特徴は、それが、デカルトの「感情」（passion）とは違い、人の存在全体を彩る位相である、ということである。デカルトにおいては、「心」（精神 âme）は身体から区別されているが、その「心」に表れる「感情」は、あくまで身体によってもたらされたものである。これに対し、スピノザの「感情」は、人全体を彩る「感受」によってもたらされたものである。いいかえれば、スピノザにおいては、〈心／身体〉という区別よりも、〈感受―喚起〉（＝〈受動―能動〉、〈身体―心〉）という連動同軌が重視されている（E: 5. Pr）。たとえば、心と身体を連動同軌させる「衝迫（appetitus）こそが、人の本質そのものである」と、述べられているように（E: 3. P9. S）。これは、スピノザが、すべての人・物の活動の根底に「コナトゥス」（conatus「存在」への生動的な不断の試み）を置くからである。「それぞれのもの［＝人・物］は、できるかぎり、自分の存在を維持しようと試みる（conatur）」と述べられているように（E: 3. P6）。

スピノザの感情の第二の特徴は、それが神へ向かうベクトルをふくんでいることである。スピノザにとって、心は思考するものである。「人は思考する」（Homo cogita）（E: 2. Ax2）。感情は、この心の思考から生じ、神に向かう。本来的に「思考は神の属性」だからである（E: 2. P1）。「人の心は、その身体（corpus）が感受したものについての観念［＝象り］によってのみ、人というものを思考し、その存在を知る」。「人の心［の中身］は、人の身体［が感受したものについて］の観念ないし思考にほかならない」。そしてこの「観念ないし思考は……神が個体［としての人］にもたらした感情としての観念であるかぎり、神のなかにある」。同じく「人の身体の感受についての観念も、神が人の心の自然を構成するかぎり、神のなかにある」（E: 2. P19. D）。「感覚の対象と呼ばれるものがすべて［の思考］に先立つ、と信じること」は、誤りである（E: 2. P10. S）。ただし、感情は、どんなに増大しても、神の「ほの暗いきざし」にとどまる（GD, CC: 173/298）。神に近づくという、心の明晰判明なはたらきは、「概念する」ことである。

理性に支えられ自然を概念し活動する

まず、「観念」と「思考」と「概念［されたもの］」（conceptio）の関係を示すなら、「観念」を考えだす（思考する）ことが「概念する」（concipere）ことである。したがって「心が概念したもの」（mentis conceptum）が「観念」である（E: 2. Df3; 2. P38. C）。次に、観念は、二項（者）以上から構成される関係である。たとえば「定義・公理・公準・証明」などの、〈AはBである〉といった命題である。これに対し、先にふれた感情も、やはり思考であるが、それは「偶然の出会い」に左右される「十全ではない観念」である。それは、たとえば、私が今、唐突な「叫び声」を聴き、驚く、と思い考えることである。

　スピノザのいう概念の第一の特徴は、概念が「神の自然」の表徴であることである。概念は、思考の結果であり、「［人の］思考は神の属性である」から、人の思考は「神の自然を何らかのかたちで表現する」（E: 2. P1. D）。いいかえれば、人の思考は、神に近づき、神を体現する。これは、実際に「私たちが、思考する無限の存在［＝神］を思考しうることから、明白である」（E: 2. P1. S）。この説明はよくわからないが、おそらくスピノザが言いたいことは、「思考する実体（substantia cogitans ＝神）と、その外延としての［思考する］実体（substantia extensa ＝人）は、同一である」ということだろう（E: 2. P7. S）（スピノザのいう「実体」は、トマス的な概念であり、他者を支える基礎的・力動的な状態である。また「本質」は、この「実体」が重要であることを指し示す言葉である）。つまり、神と人は、概念し観念を創出する思考という自然において、通底している。

　概念の第二の特徴は、それが理性に彩られ、人を活動的にすることである。理性は、人を自然に導くことで、人をより善く＝より生き生きと活動的にする。「理性の導きに従って生きるかぎり……人は［それぞれ」その自然に必然的に一致する」(E: 4. P35)。自然という通底性のもとで「力強さ(virtus)に従う人は、それぞれ、自分が求める善を、他者にも望むだろう。そして、彼がもつ神の意識(conscientia)がより大きければ、より多くそう望むだろう」(E: 4. P37)。この「神の意識」は〈神はすべてに通底している(分有されている)〉という思考である。また、人が、だれかに自分の考えに従ってほしいと願うとき、「その願いは、その人が理性に導かれていなければ、パッシオ(passio)と呼ばれるものであり、傲慢(superbia)にひとしいが、逆に、その人が理性に従っていれば、[それは]活動(actio)ないし力強さ(virtus)である」(E: 5. P4. S)。

人の心を、このように理性的かつ活動的にさせる原動力が、前述のコナトゥスであり、コナトゥスは、トマスの「神の動かし」(motio divina)を思いださせる概念である*。「コナトゥスは、それぞれのもの[人・物]の……現働的[=活動的]本質(actualem essentiam)にほかならない」(E: 3. P7)。「意志」(voluntas)は、コナトゥスによって現働化つまり活動化された心であり、「衝動」(appetitus)は、コナトゥスによって活動化された心と身体である。ついでにいえば、「望み」(cupiditus)は、「意識」(良心)をともなう衝動である(E: 3. P9. S)。コナトゥスは増減する。それが増えた状態が、快楽・快活などの「歓び」(laetitia)であり、それが減った状態が、苦痛・憂いなどの「悲しみ」(tristitia)である(E: 3. P11. S)。思考もせず、歓びにも向かわずにいると「病的なアニムス」「無力なアニムス」が生じる。その具体例の一つが「貧乏でしかも貪欲な者が、金銭の悪用や富者の罪悪を、終わりなく論難することである」(E: 5. P10. S)。ようするに、妬み・嫉みである。

* トマスは『神学大全』においてディオニシウスの言葉を引きながら「『神の摂理にあるものは、すべてのものを自然を、滅ぼすことではなく、保全する(servare)ことである』。したがって、神は、すべてのものを、それぞれの条件のもとで動かす(movet)」といい、この「神の動かし」(motio divina)に、人間の意志も従っている、という(TA, ST, I-II: q. 10, a. 4, co 傍点は引用者)。

神にいたる思考

こうした概念と覚知・直観を分けるものは、現世的なものから区別される超越性である。それは、ドゥルーズのいう「絶対性」である。ドゥルーズは、コンセプト（概念）は、人を「相対的速度」（＝相対的力能）にさし向けるが、パーセプト（覚知・直観）は、人を「絶対的速度」（＝絶対的力能）にさし向ける、という。パーセプトは「光が示す幾何的形象ではなく、光［そのもの］の形象である」と（GD, CC: 184/305）。覚知・直観は、神の本質である「光」と一体であり、かつその「光」を思考することである。

スピノザにとって、神は直視できないが、その本質は思考され、観念となる。神は「絶対に無限な存在者」（ens absolute infinitum）、すなわち「無限に多様な属性からなる一つの実体」であるが（E: 1. Df6）、「知性が、その属性を、実体の本質を構成するものとして覚知する（percipit）」ことによって（E: 1. D4）、思考されるようになる。というのも、実体（＝おのずから存在するもの）としての神は、「一声性」（univocitas）として*、多様な一つひとつの（unaquaeque［E: 3. P6; P7; P8］）もの（たとえば一人ひとり）に宿り、それを支えているからである。そして、この一声性としての神は、それから生まれ、それをふくむ、「個体」（individuum）としてのもの（＝人）の自然である。したがって「心は［思考によって］身体に生じるすべての感受ないし形象（imago）を神の観念に関係づけることができる」（E: 5. P14）。この思考は「一つであるという思考、すなわち心がすべての自然とともにあるという思考である（quam mens cum tota Natura habet）」。この思考によって、人は「自分の自然よりもはるかに強大無比の人［イエス］の自然を概念する（concipiat）」ことができる（TIE: §13）。

こうした神にいたる思考は、感受に支えられながら、神への愛を育てていく。いいかえれば「自分や感情を明晰判明に思考する人は、神を愛する」（E: 5. P15）。そうした思考は、歓びをともない、その歓びは、神の観念と一体である。この神への愛は「通俗的な愛」から区別されるが（E: 5. P20. S）、「身体的な感受」が生みだす感情に支えられている。その感受が、歓びを生みだす感受であれ、悲しみを生みだす感受であれ。というのも、「私たちが、悲しみの原因を思考するかぎり［その原因に神を見いだすかぎり］、悲しみは、受苦（passio）ではなくなる」からである（E: 5. P18. S）。それは、この世の理不尽・不公平などではなく、およそ人の愚かさ・浅はかさ（理性の欠如）がもたらす自業自得・責任転嫁にすぎない、とわかるからである。

ともあれ、「神への愛は、私たちが理性の指導によって望みうる最高の善である」（E: 5. P20. D）。そして「より多くの人が、同じように、この愛の絆によって神と人の結びつきを想像すれば、この愛は、より多く育まれる」（E: 5. P20）。この神への愛によって「楽しみ」が望まれ、「誹謗」や「嫉妬」が退けられるからであり、この愛を破壊できる感情など、何もないからである（E: 5. P20. D/S）。

* スピノザが親しんでいたと思われるトマスによれば、「［完全性の］述定において、すべての一声的なもの（univoca 神に由来するもの）は、根源的な一なるもの（primum 神）に帰着されるが、それは［述定された言葉であるかぎり］一声的なもの（univocum）ではなく、類比的なもの（analogicum）である」（TA, ST: 1, q.13, a.5, ad 1）。トマスにおいては、神は、ディオニュシオスが『神名論』で論じたような、「超越」の彼方に隠された知解不能な「無底」などではなく、人をつうじて、類比的すなわち比喩的な仕方であっても、述定されうることである。なるほど、その述定は、十分なものとはなりえない。しかし、その述定が不十分であっても、その述定の内容が不十分であることにならないだろう。言葉で十分に表現できなければ、表現されているものは不十分であるというのは、表現様態と表現内容の混同であろう。神の語り方という表現される様態と、「神」という名称が表現する内容は、区別したほうがよい。

神を覚知・直観し愛する

覚知・直観とは、こうした、神に与り神に聴き従うという思考であり、いいかえれば「永遠（aeternitas）の相」においてものごとを思考することであり、その思考は「知性」（intellectus）とも形容されている（E: 5. P23. S）。この「永遠の相」の思考、すなわち人の考える「偶然」を超越する思考においてのみ、人は、一人ひとり、今・ここにおいて、神の定める必然として生きる代替不可能な「固有特異性」（singularis）として、自分を覚知・直観することができる。そして、この覚知・直観は、先述の、人の「神への知性的な愛」となる（E: 5. P32. C）。それは、一人ひとりが神のもとにあるからであり、また知性が本来的に感覚を超越し神に向かう力であるからである。ようするに、「第三の思考［＝覚知・直観］は、神のいくつかの属性についての適切な観念を踏まえつつ、ものごと［＝人・物］の本質について、適切に考える」ことであり、「心の最高のコナトゥスは、ものごとを［この］第三の思考において知ることである」（E: 5. P25. D）。それは、現世にあるものを「神のなかに在り、神の自然から必然的に生じるものである」と知ることである（E: 5. P29. S）。

こうした人の「神への知性的な愛」は、神の人への愛の「変容」（類似したもの）である。「神は、自分を愛するかぎりにおいて、人を愛する」からであり、「したがって、神の人への愛と［人の］神への知性的な愛は、同じもの」だからである（E: P36. C）。いいかえれば、神の人への愛は、絶対的に無条件、つまりだれであるかをまったく問わないからであり、人の神への愛も、神の人への愛を原型とするかぎり、基本的にそれと同じように無条件の愛だからである（ちなみに、トマスも、スピノザと同じように、「［人の］知性という自然（intellectualis natura）がもっとも神を模倣するのは、神が自分を知り愛するかぎりにおいてである」と述べている（TA, ST: I, q. 93, a. 4 c)）。そしてスピノザは、この神の人への無条件の愛を概念することが、「アニムスの満足」（animi acquiescentia）を生みだす、という（E: P36. S）。ようするに、現世への違和感とともに喚起されたアニムスが最終的に落着するところが、この神の人への愛をはっきり知るということである。

　こうした神の覚知・直観、また神への愛が、「汎神論」と形容されてきたスピノザの思想の本態である、といってよいだろう。すなわち「すべての存在者は、神のなかに在る」という考え方（E: 1. P15）、また「人が自然の一部分でないことは不可能である」という考え方、そして「神ないし自然」（deus seu natura）という考え方である（E: 4. P4. D）。こうした考え方は、中世キリスト教思想で言われていた「世界魂」（anima mundi）としての神という考え方、おそらくプラトンの『ティマイオス』（34b-37c）に由来するそれと、似ているかもしれないが、トマスの神論にも似ている。トマスが、たとえば「神は、すべてのものに［それを動かす能動者として］存在している」と述べているからである（TA, ST: I, q.8, a. 1 co）。トマスの場合、「存在」（esse）は、生動性・能動性を意味し、「神の自然」は、完全な「存在」である（第2章第3節を参照）。

　ともあれ、スピノザに戻れば、人は神の自然に規定されつつも、それぞれの固有特異な様態によって、その十全な顕現を妨げられている（E: 1. P8. S1）。しかし、そうだからこそ、人は、それに抗い、力動的に活動する。自分の固有特異な本質を肯定しようとし、固有特異に〈よりよく生きようとする〉。それは、トマスが「人は神の像に向けて（ad imaginem Dei）創られたといわれる」ときの「向けて（ad）という前置詞が接近すること（accessum）を意味し、接近することが隔てられたものにこそふさわしい」と述べていることに、かなり似ている（TA, ST: I, q. 93, a. 1 co）。ただし、スピノザのいうこの固有特異な本質は、けっして各人に到来する「聖霊」ではなく、人が自分の活動のなかで、事後的なふりかえり（思考）のなかで徐々に、活動を彩り方向づけるものとして象られる、未然の中心である。それが「人間の自然の範型」である。

神の身ぶりと内生する「人間の自然の範型」

スピノザから見れば、当代の多くの聖職者たちは、人びとを神の覚知・直観に誘うかわりに、自己利益のために神を利用していた。スピノザは、一六七〇年の『神学政治論』の序文において、一人ひとりの「自由」を護持するために、広く見られる、聖職者たちによる「神の手段化」（いわば「神の私物化」「偶像崇拝」）を批判している。キリスト教の規範・儀礼の多くは、人をそれらに従属させる「奴隷根性の遺物」であり、人びとを神から切り離している、と。神に属する権利を、聖職者は「私物化」している、と。彼らは「神の教え」を広める熱意ではなく「金銭欲と虚栄心」にとらわれ、他者を「自分に心服させようとし」、異なる考え方を「公然と論難し」「嫉みあい、憎みあう」と（TTP: Pr. 8. 9）。聖職者たちに見いだせるのは、冒頭に述べた超越性の現世的なものへの再参入ではなく、人の自己による超越性の手段化である。

神を恣意的に手段化する権威や、意図し策謀する自己を退けるものとして、スピノザが重視したのは、一人ひとりの生き生きした活動である。それは、だれか（何か）との出会いが生みだす特定の情況のなかで、自分の固有特異な本質をしだいしだいに表現する活動である。そもそも、「人の本質（essentia hominis）は、神の属性の変容したもの（modificationibus）から造られている」。人は「神の自然（Dei naturam）をある仕方で表現するその受容（affectio）ないし様態（modus）である」（E: 2. P10. C）。「個体は、神の属性［＝神の自然］を特定の［活動の］仕方で表現する様態である」（E: 3. P6. D）。（「神の属性」は、思考と延長である。思考としてみれば、実体は知性的であり、延長としてみれば、実体は物質的である。したがって「自然物の秩序ないし体系は、観念の秩序と同一である」といわれている（E: 2. P7））。この活動は、つねに他者からの喚起をふくむ。様態としての人は「他のもの［たとえば、他者］の内にあり、その他のものを通じて概念されるものである」（E: 1. Df5）。カリオラート Cariolato, Alfonso）によれば、「活動するということは……［他者に］駆り立てられ、自らの根源的な開示でしかないような仕方で実在することである」（Cariolato/Nancy 2011/2013: 89）。

スピノザは、「自然」（natura）という言葉で、神と人の通底性を示しているが、この自然こそ、人の活動＝生みだすことの原動力である。スピノザにとって神は「生みだす自然」（natura naturans）であり、人は「生みだされた自然」（natura naturata）である。「生みだす自然（naturam naturantem）とは、それ自身のうちにあり、それ自身によって思考される、自由な原因としての神であり、いいかえれば、永遠で無限の本質をあらわす実体の属性である。［これに対し］生みだされた自然（［naturam］naturatam）とは、神の自然の必然性ないし神の諸属性から生じてくるすべての様態であり、それらは、神のうちにあり、神がいなければ存在もせず、認識もされない」（E: 1. P29. S［傍点は原文の強調］）。すなわち、スピノザにおいては、人為のすべては、人の自然による活動から創始されるが、そのすべては、創造する自然そのものである神に還帰していく。

カリオラートが強調するように、この固有特異で他者によって喚起される活動を基本的に方向づける「神の属性」は、「神の身ぶり」（(Dei nutus 神の合図）でしかない。それは「ニカイア信条」（Symbolum Nicaenum）のような、権威づけられた規範命題ではない。「神の身ぶり」は、活動する人が思考しつづけることに現れる神の仄かな徴しである。人は「神の身ぶりによってのみ活動し（agere）、神の本質を分有する」。「その活動がより完全になることで、神をより大きく思考するなら、［その本質を］より大きく分有できる」（E: 2. D49. S）。その身ぶりは、外からの「決定」「意志」「命令」をともなわない（Cariolato/Nancy 2011/2013: 63）。すなわち、神の直観のもとに現れる「神の身ぶり」が、アニムスを喚起する。そこには、神と人の呼応の関係が設えられるが、原因／結果という因果の関係、主体／客体という上下の関係は設けられない。

ようするに、「人間の自然の範型」は、キリスト教の規範命題とともに、イエス・キリストとして啓示される、外在の模範ではなく、「永遠の相」の思考とともに、一人ひとりのテロスとして一人ひとりのなかで醸成される、内生の形姿である。スピノザにとって、「神の自然」をあたかも固有特異に体現しているかのような、自分なりの「神という範型」をみずから形成することが、一人ひとりがめざす固有特異なテロスである。その固有特異なテロスにいたる途が、感情が向かうところを思い（「影」を感じ）、理性が導く概念を構成し（「色」を知り）、神を覚知・直観する（「光」を想う）ことである。こうした途を進むことが、知性としての思考の改善であり、一人ひとりに固有特異なアニムスが喚起されることである。こうしたスピノザの知性改善論の足場は、歓びに満ちた、生動的かつ先導的な活動である。スピノザの神も、その「人間の自然の範型」も、この歓び、生動的かつ先導的な活動と地続きである。これこそ、スピノザ的な、現世的なもののなかの超越性であろう。

4　〈鏡〉の隠喩と心の眼

〈鏡〉の隠喩のとらえなおし

冒頭で述べたように、ヨーロッパのキリスト教思想には、古くから人が〈よりよく〉生きる途を示す二つの隠喩があった。ドゥルーズの『スピノザと表現の問題』の言葉を借りていえば、それらは、〈鏡〉の隠喩と〈芽〉の隠喩である。前者は、人の心が、鏡のように、理想の像を反映する（映しだす）ことであり、後者は、人の心が、芽が成長するように、内在性を顕在化させる（発達する）ことである（GD, SPE: 69, 158-64/74-5, 174-85）。鏡に喩えられる人の生き方の基本は「模倣する」である。それは、神の子であるイエスを「理想」の像とし、それを自分の心に「象る」（映しだす）ことである。これに対し、芽に喩えられる人の生き方の基本は「流出する」ことである。それは、潜在する「神の息吹」「神の意志」が外へと「顕れる」ことである。

ドゥルーズは、スピノザの思想はどちらの隠喩も退けている、と評している。「スピノザ的思考の意義は、内在性を原理として肯定することであり、表現（expression）を流出原因論ないし模倣原因論への従属から解放することであると思われる」と（GD, SPE: 164/185）。ドゥルーズによれば、まず、〈鏡〉の隠喩を支えているのは「表徴」であり、それがもたらす知は、指示であれ、命令であれ、啓示であれ、一人ひとりの固有な活動的表現ではない。「一声性（univocité）の恩寵のもとで、スピノザは、表現を、これら三種の表徴に対立させることで、その観念に積極的な意味を与えている」。また、〈芽〉の隠喩を支えているのは「流出」であり、それは、その源泉である「一なるもの」としての神を前提にしている。しかし、流出したものは多様であるから、「一なるもの」は、多様なものをふくむという矛盾をはらんでいる。ドゥルーズは、スピノザがそうした矛盾をはらんでいる流出概念を退けている、という（GD, SPE: 165/187）。つまり、スピノザの議論は、模倣論でもなければ、流出論でもない、と。

しかし、流出論＝〈芽〉の隠喩はともかく、模倣論＝〈鏡〉の隠喩をいくらかとらえなおすなら、それは、スピノザの「神の身ぶり」「人間の自然の範型」という概念とつなぐことができる。すなわち、心に「神の像」を映しだすことを、活動の事前要件に位置づけるのではなく、活動の最中・事後形象に位置づけなおすなら。人は、あらかじめ、正当化された目的・計画を受容することで活動する、と考えるのではなく、活動し試行錯誤しつつ、自分なりのテロスを象っていく、と考えるなら。ついでに、「直観」と訳される intuitio の第一義が「鏡に映しだされた姿」であることを思いだすなら。こうしたとらえなおしは、その映しだし（象り）の存立契機として、人・神の、媒介なき共振を見いだすことになるだろう。

アウグスティヌスの心の眼

〈鏡〉の隠喩は、およそパウロに端を発しながらも、まずアウグスティヌスによって敷衍されている。パウロは、「私たちのだれもが、顔の覆いを取られ、鏡のように、主の栄光を映しだす、すなわち［主の］灯りから［人の］灯りへ、主と同じ姿へと造りかえられる。これはすべて、主の霊性のはたらきである」と述べている（IIコリント 3. 18）。眼に見えるものは、眼に見えないものの像である。神は、鏡のなかのおぼろげな像のなかで、人に知られる。パウロのいう神の映しだしは、創世記の「神の像」概念に由来する。そこには「神は、自分を象って人を創造した」と記されている（創世記 1. 27）、金子が、アウグスティヌスを踏まえつつ確認しているように、この「象って」（ad imaginem 象りにおいて）は、人が神の偽物であることを意味しない。それは、人が神と「対面的な関係にある」こと、人が「応答的な存在である」ことを意味する（金子 2001: 19-20）。つまり、神の映しだしは、プラトンのイデア／似像（本物／偽物）という区別と無関係である。

第1章で述べたように、そのアウグスティヌスは、人の心に霊性のはたらきがあるから、人は神を心に映しだせる、と考えている。アウグスティヌスは、『三位一体論』において「私たちが神を知るとき……いくらか神の類似（similitudo）となる」と述べ（AA, DT: 9. 11. 16）、この神を知ることを可能にするものを「心の眼」（oculus mentis）と呼んでいる（AA, DT: 11. 4. 7; 11. 7. 12; 11. 8. 12）。この「心の眼」が見えない神を映しだす鏡である。すなわち「心のなかで……永遠なるものの観想にかかわるその部分［＝心の眼］においてのみ……神の像が見いだされる」と（AA, DT: 12. 4. 4）。そして、この「心の眼」を「霊性的」と形容している（AA, DT: 9. 2. 2; 11. 5. 9）。つまり、人は、「神の類似」であるとき、「心の眼」を開き、「神の像」を見いだす。

アウグスティヌスにおいては、この「心の眼」の（「観想」と形容された）霊性的はたらきは、ふつうにものを感じる感覚と類同的であった、と考えられる。ただし、この場合の spiritalis は「霊性的」ではなく「想見的」と訳そう（第1章第3節参照）。「物体の視像は、想見的視像（visio spiritalis）がなければ、ありえない。というのも、物体が身体的感覚によってふれられるとき、それに類似しつつも心のなかにない何かが、［あらたに］作られるからである。もしこれが生じなければ、外にあるものを感じるという感覚そのものが生じない。というのも、身体が感覚するのではなく、心が身体（corpus）を通じて感覚するからである。心は、身体を使者（nuntius）として用い、心のうちに、外にあると［知覚によって］告げられたものを形成する。したがって、物体の視像は、想見的視像が同時に生じなければ、生じえない」（AA, DGaL: 12. 24. 51）。おそらく「心の眼」の祖型ないし類似したものは、現世的な人の心のなかでもはたらいている、ということであろう。

ともあれ、スピノザも、「心の眼」という言葉を用いている。「心は、知性によって理解されたもの［たとえば、神の自然］を、［感覚によって］想起されたものと同じもののように、感受する。ものを見て観想する心の眼（mentis oculi）が、その証しである」と（E: 5. P23. S）。ドゥルーズは、スピノザが「歓び、直観するこの［＝心の眼の］視力しか信じなかった」と述べている（Deleuze 2003: 22/30）。かりに、この「心の眼」が、アウグスティヌスのいう「心の眼」と同じ意味をもつ言葉であるなら、この「心の眼」は、人・もの（現世的なもの）と神（超越性）をつなぐもの、つまり「知性」の「霊性」である。

この「心の眼」の霊性は、一声性（聖霊）の現れであるとも考えられるが、ここでは、その解釈可能性をあれこれ詮索しないでおこう。さしあたりここでは、霊性は、少なくともあの「聖霊降臨」（Pentecostes）で語られるような、「聖霊」（spiritus sanctus）につながる、思議を超えたものではなく、その手前にあるもの、すなわち神に向かいつつも現実的に思考可能なものと見なしたうえで、敷衍してみよう。

肯定性のベクトルによる自・他の連動同軌（共振）

まず、この「心の眼」の霊性的はたらきは、当人のなかにありながら、当人の自己に帰せられない。すなわち、その力は、自分のものに還元できない。感受される他者（もの）がいなければ、「心の眼」ははたらかないからである。これは、アウグスティヌスが「説教」（第一六〇）のなかで、パウロを踏まえつつ語っていることである。すなわち、パウロのいう「主［＝キリスト］と同じ姿へと造りかえられる」ことを「あなたに帰してならない。これを自分のものと思ってはならない」と（AA, SP: S. 160, §6）。アウグスティヌスはまた、「創世記注解」のなかで「神がなす（Deus facere）と正しく言われることは、私たちのうちで神自身がはたらく（operante）ことによって私たちが何かをなすことである」と述べている（AA, DGaL.: 4. 9. 16）。

私の提案は、「心の眼」が霊性的にだれかを映しだすことは、人がだれかに無媒介に共振することである、と考えてみることである。たとえば、使徒たち（たとえば、ペテロ）が、イエスの「隣人への愛」という活動によって、フミリタスを体現しつつ、命がけの宣教に駆りたてられたように。この共振は、自己の意図・思惑を超えて到来ないし出来する。おそらく啓示という天上からの呼び声に聴き従う場合と同じように。それは、たんなる受動態でも、たんなる能動態でもなく、それらが同時的に生じている状態であるという意味で、自・他（人・神）が連動同軌（共振）すること、そして共動することである。それは、アウグスティヌスが「人間の心の自然（natura humanae mentis）は……永遠なものへと広がるたびに、ますます神の類似へと形成されていく」というときの「広がる」（extendere）にあたるだろう（AA, DT: 12. 7. 10）。

アウグスティヌスが「神の類似」と形容するのは、こうしたイエスへの、いわば無媒介の共振の潜勢力である。「［心］は、神を受け容れ、神に与りうるかぎり、神の類似である」（AA, DT: 14. 8. 11）。そして、人が「神の類似」として活動することは、人がイエスの言動を思いつつ、「より善く」「より喜ばしく」生きようと思考し〔問い〕つづけ、活動し〔試み〕つづけることである。それは、イエスの言葉の意味・価値を教えられ、それを意図的・信従的に遂行することではなく、そうした教示を媒介物とせずに、「真の愛〔vera dilectio〕とは何か」と問いつづけ、その具現を試みつづけることである〔AA, DT: 8. 7. 10〕。神の知とちがい、人の知がたえず多義化し意匠化し手段化し通俗化するからであり、また人においては、嘘をつかなくても、「知っていること」〔nosse〕と「生きること」〔esse〕が一致しないからである〔AA, DT: 15. 15. 24〕。

こうしたアウグスティヌスの「心の眼」の営みの本態である「神の類似」のはたらき、すなわち人・神の共振は、スピノザのいう喚起されたアニムスにおよそ重ねられるのではないだろうか。先に述べたように、喚起されたアニムスは、固有特異な一人ひとりの活動のなかに見いだされる「より善く」「より歓ばしく」生きることに向かう先導性かつ生動性〔生き生きとした超越する力動〕、すなわちコナトゥスであり、それが、「神の身ぶり」、すなわち絶対他者の徴しないし現れによって喚起されるベクトルだからであり、つまるところ、人と神が隔絶されたまま、無媒介のまま、共振によって連動同軌することだからである。

しかし、教会がしだいに制度化・組織化され、いわゆる教義・典礼が確立されるなかで、すなわち、はじめから教義によって意味・価値づけられた「キリスト者」としての言動が、典礼によって確定され義務づけられるなかで、「真の愛」への無窮の問い・試みである「神の類似」は、看過されていったのではないだろうか。なるほど、その問い・試みは、人それぞれであり、迷い・惑い・過ちをともなうが、人生の最後にその歩みをふりかえり、自分なりに「愛に向かっていた」と語られることもあるだろう。しかし、その語りは、すべての人の向かうべきところをあらかじめ「愛」と定め、それを命題化し規範化し教示するためにあるのではない。私が留意したいことは、アウグスティヌスの「神の類似」という言葉に込められた切実で真摯な肯定性のベクトルである。このベクトルが、あの「心の眼」すなわち「霊性的」と形容された「人間の心の自然」であり、スピノザのいう「人間の自然の範型」に向かう知性ではないだろうか。

5　ベルクソンの直観論へ

現世への違和感──喚起されたアニムス

冒頭でふれたヘーゲルは、「スピノザの哲学は道徳を殺すという非難は、的外れであり、そこには、道徳的に気高い結論が提示されている」と述べているが、同時に、スピノザの哲学は「永遠の相」で人間を見ようとするあまり、諸悪の解消、神への帰還が説かれるばかりで、「自己意識（Selbstbewußtsein）が生じる契機」が語られていない、と述べている。ようするに、現実に対峙し現実と格闘するなかで自己が霊性＝精神として確立される過程が語られていない、と（HW 20, VGP, III: 195-6/下 272-3）。こうした論評の当否はともかく、スピノザが「永遠の相」つまり神のみに向かって思考した理由の一つは、およそ見当がつく。それは「現世」（saeculum）への強烈な違和感である。スピノザにとって、現世を生きる人びとの多くは、闇のなかを歩いているのに、まるでそのことに気づいていないように見えていたのだろう。スピノザの論理的に見える論述を支えていたのは、この現世への違和感というアニムスであった、と思われる。

こうした現世への違和感は、目を転じれば、キェルケゴールが語った「不安」、またそれを踏まえたハイデガーの「不安」と大きく重なる。ハイデガーにとっては「存在の呼び声」（Anspruch des Seins）、「良心の呼び声」（Stimme des Gewissens）に耳を塞ぎ、通念通俗の規範・制度に従って生きるから、「不安」が生じる。いささかむりやりにいえば、スピノザのアニムスの喚起は、その「呼び声」にあたる。しかし、ハイデガーの

「呼び声」が、どこかあの啓示を思わせるのに対し（SZ: 286-7; GA 9, Wm: 309）、スピノザのアニムスの喚起は、私たちの生活現実と地続きである。さらにそれは、死者（イエス）への静謐な想いではなく、自分の活動への歓喜の思考をともなう。その意味で、スピノザを自分の「先駆者」と位置づけたニーチェ（Friedrich Wilhelm Nietzsche 1844-1900）の「華やぐ智慧」（fröhliche Wissenschaft）は、その独異な継承であろう。

さらに、アニムスは、感情を彩る生動性志向、いわば「心意」でありながら、くりかえすが、いわゆる自己を前提にしていない。アニムスの前提である感受は、それが思いがけない襲来・到来であるかぎり、意図し思惑する個人主体を凌駕し超越する共振である（なお「共鳴」（écho）「共振」（résonance）は、ドゥルーズが『差異と反復』で用いている言葉でもある。田中 2017 参照）。それは、神秘体験にも見いだされるが、私たちがふつうに体験している内的状態でもある。たとえば「可哀想で見ていられない」と形容されるように、他者、子どもであれ、子猫であれ、を感受すること、たとえば「自己が溶解していく」と形容されるように、音楽、クラシックであれ、メタルであれ、に聴従することは、アニムスが喚起されている共振の状態といえる。こうしたアニムスは、生動性を肯定するというベクトルをふくんでいる、といってよいだろう。

つけくわえれば、スピノザのなかに見いだされたアニムスは、前章で取りあげたエラスムスの「愚かさ」（stultita）にふくまれるアニマ（アニムス）、すなわち生動性志向と重ねられるだろう。エラスムスは「キリストは、愚かさの大切さを熱心に説き、幼子、ユリの花、ケシの粒、子スズメのように、愚かなまま、意味づけせず、ただ自然にのみ導かれ、作為もなく（nulla arte）、心配もなく（nulla sollicitudine）、生きるものに倣え、と呼びかけた」と述べている（EAS 2, ME: 196［Pr. 65］/210）。「キリスト教は、総じて愚かさに通じ、知識（sapientia）にほとんど通じていないように思われる」と（EAS 2, ME: 200［Pr. 66］/213）。もっとも、スピノザの知性が行き着く先がこうした原初的生動性であるとすれば、その道は、あまりにも迂遠な道である。それは、ふりかえれば、すぐ後ろに、ないし自分のなかにある「存在」だからである。それは、私があなたに対し、たった一言を発するだけで、たちまちそこに現出することすら、ありうるからである。

ベルクソンの直観論へ

〈鏡〉の教育思想に立ちかえろう。その基本は、共振である。だれかに共振した人は、そのだれかを、かけがえのない〈いのち〉として、自分の心の〈鏡〉に映しだすからである。この共振を教育活動の基礎に見いだすとき、その活動は、いわゆる「発達」「成長」を原喩とする教育概念、すなわち能力技能の増大、利益利潤の拡大に直結する有能性志向の教育活動に違背するように見えるだろうが、そうではない。共振は、どのような種類の有能性を志向する教育であろうとも、その根底にありうる。求められることは、その教育において、学ぶ人たちの心が掻き立てられ、駆り立てられ、歓びに彩られることである。

こうした〈鏡〉の教育思想を展開するうえで、まず行うべきことは、教育学の基礎概念である「陶冶（Bildung 人間形成）」の再構築であろう。一八世紀末のその創設期以来、ドイツ系教育学が基礎概念として語ってきた陶冶概念は、本来「自己陶冶」（Selbstbildung）である。それは、みずから自分をより善く象っていく（bild）営みであり、その営みを方向づけたのは、心に映しだされる、生の模範としてのイエス・キリストである。つまり、陶冶概念を支えていたのは、およそ〈鏡〉の隠喩である。少なくとも、教育が、他者への共振とともに〈よりよく生きようとする〉営みへの支援であると考えられるなら（田中 2017a, 2017b）、陶冶（人間形成）概念も、この他者への共振を基礎としつつ、再構築されうるのではないだろうか。第３章で論じたように、エックハルトの「形成」（＝陶冶）論は、その礎になるかもしれない。

ともあれ、この共振に基礎づけられた陶冶、ないしルーマンから借用した私なりの術語を用いれば、自己創出は、「イエス・キリスト」に替わる、共振の契機（相手）を見いださなければならないだろう。それは、超越的でありながら、現世的でなければならないだろう。現代日本の教育言説において、現世的である超越性は——「退去している」というよりも——すっかり棄却されているように見えるからである。「神という虚構」という傲岸なもの言いがまかりとおるような世界で、すなわち超越性が拒絶され、意図し欲望する自己が枢要化され、自己本位が暗黙のうちに承認されているように見えるこの社会で、そもそも現世的超越性を語ることなど、できるのだろうか。これが、スピノザのアニムス論が私に突きつける問いである。

この問いに答える一つの試みは、すでにベルクソンによって行われている*。スピノザの神の覚知・直観は、ベルクソンのいう「哲学的直観」（intuition philosophique）に引き継がれているように見える。ベルクソンにとって、それは、「何か微妙で、とても軽妙で、まるで空気のような」力動、「表現できるような端的な規定が見つからない」力動を「覚知する」（apercevoir）ことである。その力動は「神性」（divinité）から発出した人が、神性に還帰することであるが、人は、この発出と還帰という逆方向の二つの力動を見てきた（vu）にもかかわらず、もはや［それらのうちの］ある特異な力動（un mouvement unique）を覚知できる（aperçoit）だけである」（HB, PM: 124）。「特異な力動」とは「根源的直観」（intuition originelle）とも形容されている哲学的直観である。ベルクソンは、神を失った当代の人びとは、神学的な神の直観、すなわち「神を見る」（visio［dei］）ことのかわりに、哲学的な「根源」の直観、「生命の躍動」（élan vital）を象るしかない、と考えていた。ベルクソンは、そもそも真の哲学者は一つのことしか語ってこなかったという。「一つのことしか知らなかったからである。それは［神学者のように、神を］見ること（vision）ではなく、［神と］共動すること（contact）であった」と（HB, PM: 123）。すなわち、力動である神とともに生き生きと活動しつづけることであった、と。

* ベルクソンは、スピノザを主題的に論じていないと思うが、『道徳と宗教の二源泉』で、いくつかスピノザの言

葉を引いている。たとえば「こういえるだろう。スピノザの表現の意味することをずらし、私たちが、［物質・環境である］生みだされた自然（Nature naturée）から離れるのは、私たちが、［おのずから生成する］生みだす自然（Nature naturante）に還帰するためであると」（HB, DS: 56/I: 80）、また「人以外のすべての生きものは、生命に、いわば密着し［生命の］躍動をただ受容している。彼らは、永遠の相のもとで（*sub specie aeterni*）、自分を思考したりしない」などである（HB, DS: 135-6/I: 201）。たんなる憶測であるが、スピノザのいう「自然」は、ベルクソンのいう「生命」に通じているように見える。

終章 〈自然〉の分有
——ベルクソンと人新世

The Partaken of Naturality : Bergson and Antholopocene

〈概要〉 終章では、三つのことが論じられる。一つめは、「心の眼」にかんする古いキリスト教思想で語られた〈**人間の自然**〉は、いわば、**生動性**（「**アニマ**」「**存在**」）、また**先導性**（「**霊性**」「**知性**」）をふくんでいる、ということである。そこでは、この〈人間の自然〉が**ベルクソン**のいう「根源的自然」に見いだされるということも、確認される。二つめは、ベルクソンの「**直観**」とカントの「**理性**」が類比されうること、カントが神を**超越論的**に要請するのに対し、ベルクソンが**共振論的**に神と**ともに在る**ことである。そして、現代社会で〈人間の自然〉を説得的に語りうる思考は、ベルクソンの直観の思考といえないか、と示唆される。三つめは、**地球温暖化**に象徴される「**人新世**」の時代においては、〈**自然**〉**の分有**という理念が立てられるべきではないか、という提案である。これは、すくなくとも生動性を、人間だけでなく、広く生きもの全体に見いだすことであり、こうした考え方は、**人間中心・自己本位**の考え方を相対化する契機になるだろう、と論じられる。

1　〈人間の自然〉とベルクソン

〈人間の自然〉という自己

序章で述べた、鷲田のいう〈弱さ〉は、どこまで思想として語られうるのか、という問いに、私はヨーロッパ古来のキリスト教思想にさかのぼりつつ、答えようとしてきた。現代の能力概念のもとでいわれる「弱さ」は、いわゆる能力の乏しさであり、否定的に評価されている。この能力の乏しさとしての「弱さ」は、鷲田のいう〈弱さ〉と重なっているところもあるが、同じではない。鷲田の思想としての〈弱さ〉は、能力の乏しさとしての「弱さ」に還元されない。それは、おのずからの支援であり、古いキリスト教思想において「フミリタス」と呼ばれた営み、すなわち他者への無条件の「従僕」であり「謙虚」である。それは、およそ「人間の自然」（natura humana/menschen Natur）、「人間性」（humanitas/Menschheit）など――以下、まとめて〈人間の自然〉と表記しよう――と呼ばれてきた性状を支える営みであった。

約言すれば、本書で描いてきた〈人間の自然〉は、まず「アニマ・アニムス」「存在」であり、それらは、生き生きとしているという意味で、生動性である。〈人間の自然〉は、また霊性・知性と不可分であり、それらは、イエスという神に向かうという意味で、先導性である。フミリタスは、本来、このイエスが体現した「受肉」という生であり、イエスが遂行した人への「慈愛」という営みであり、さらに「受難」という神への従僕である。そして、人のなかには「神の自然」に似ているものが潜在している、と考えられている。それが「神の類似」であり、その「神の類似」がイエスの活動に共振することで活性化されるとき、「心の眼」（エックハルトの「魂の根底」）に「神の像」すなわちイエスの形象なき像が映しだされる、と考えられている。「神の像」は、像でありながら形をもたない虚焦点（focus imaginarius）である（序章第2節参照）*。

試みに対比させてみれば、この「神の像」に向かう〈人間の自然〉は、日本で行われてきた道徳教育で語られる「人間像」とまったく異なっている。現代日本の道徳教育は、「理想の人間像」という言葉に象徴されるように、およそ具体的な理想としての人間の模範を語ろうとしてきた。その人間像は、教育政策の内容として肯定され希求されている人間の模範である。この人間像は、時代・社会などの全体的（趨勢的）なものが求める「よさ」（good）によって意味づけられている形あるもの（形象）、いいかえれば、いくつかの命題である。現代の社会・国家の求めるそれは、むろん一様であるとはいえないが、およそ倫理的、経済的、政治的に見て有用・有能、公正・適法であることであり、この社会・世界の平準性に包摂されている。

これに対し、「神の像」に向かう〈人間の自然〉は、社会・世界を覆う趨勢的思潮が求めていない〈よりよさ〉（melior）への力動である。その〈人間の自然〉は、そうした趨勢的思潮を超えた所与・事実である。道徳教育が語る人間像は、自己本位・人間中心・自国中心につながる意図・原動の起点となる自己と一体であるが、〈人間の自然〉は、そうした自己概念の前提でありえるが、それからはっきり区別される。「神の像」に向かう〈人間の自然〉としての自己は、おのずから・みずから自己を不断に超えること、すなわち超越であるという意味で、自己である。その自己の超越動態が、あの「自己形成」に引き取られていったのではないだろうか。ともあれ、以下において、この〈人間の自然〉の特徴である生動性と先導性について、いくらか非宗教的な敷衍を試みてみよう。

＊ focus imaginarius の直訳は「象られた焦点」である。この言葉はカントも用いている。「ありうることは、私たちの魂（Seele）が感覚の対象を象りによって定位させることであり、そこは、魂が受容したさまざまな方向性（Richtungslinien）が収斂するところである。……焦点と呼ばれるこの点は、［想像力という］働きとしてみれば、拡散する点であるが、［霊性による］象りとしてみれば、さまざまな方向性（Direktionslinien）が収斂する点であ

り、感覚が方向づけられるところ（虚焦点（focus imaginarius））である」（KW 2, TG: 955）。

生動性

ここでいう生動性は、生き生きと生きること、実際に生成し活動しているという事実性である。それは、客観的対象のリアリティ（reality［ハイデガーのいうWirklichkeit 現実性］）ではなく、実際の生それ自体のレアリタス（realitas［ハイデガーのいうRealität 事実性］）であり、具体的に「在る」「生きている」と感覚される実質である。それは、少なくとも本書で取りあげたキリスト教思想のいう「存在」「アニマ」に見いだされる。この生動性は、何らかの価値論によって正当化されるのではなく、現に生まれて来て生きつづけているという遂行的事実によって、すでに肯定されている。それはまた、他者とともに在り＝成り＝創りつづけるという営みであり、他者に対し、おのずからの支援を試みることでもある。したがって、他者へのフミリタスは、生動性の現れであり、その現れは、生の肯定として、自分で自分を支えるという自己肯定も、生みだす。

ここで敷衍される生動性は、宗教的源泉をもたない。たとえば、トマスにとっては、「アニマ」「存在」の源泉は「存在そのもの」（esse ipsum）、すなわち神である。トマスは「神が実在する」という信仰を前提にして「アニマ」「存在」を語っているが、ここでは、そうした信仰が棚あげされる。注目されることは「現存」（existentia）のみ、現に生まれ来て生きつづけているという遂行的事実だけである。それは、エックハルトが「私たちが生に向かって『なぜあなたは生きるのか』という問いを、千年間発しつづけたところで、生は……『私は生きるために生きる』としか答えないだろう」というときの「生」（の肯定）である（第4章第5節）。エックハルト自身も、その生の創造者としての神が実在する、と信じているが、それも棚あげしよう。生動性は、生誕・生存という事実性以外の何ものにも支えられていない、と考えてみよう。

こうした生動性は、いかなる意味の自己も前提にしていない。それは、ニーチェが「力への意志」（der Wille zur Macht）と呼んだ状態に似ているが、本書の議論に立ちかえっていえば、エックハルトのいう「離脱」した人を動かす力である。それは、「我意」「恣意」などの起点である自己がないままに発動する、「魂の根底」に由来する力である。自己のない状態はまた、エラスムスが「愚かさ」と呼んだ状態にも大きく重ねられる。それは「あらゆる学芸と無関係のまま、ただ自然が導くままに生きる人は、もっとも幸福である」というときの「自然」であり、「できるかぎり、野生の性状（brutorum ingenium）のおめでたさに近づき、「神学者がするような」人を越える営みをまったく企てない」というときの「野生」である（第5章第5節）。「学芸」も「企て」も、自己の意図・思惑をともなうが、「愚かさ」は、そうした自己とは無縁である。

先導性

ここでいう先導性は、以前の各章でとりあげたキリスト教思想が「霊性」「知性」と呼んでいた「心の眼」の脱宗教態である。霊性・知性などは、神へ向かうベクトルであるが、ここでも、この「神の実在」という信仰を棚あげしてみよう。注目したいことは、信仰の有無にかかわらず、私たちの心のなかには、どういうわけか、〈よりよく〉（melior）という傾きがある、という経験的事実である。ここでいう先導性は、この〈よりよく〉という傾きである。それを端的に示す営みが、おそらくだれもが繰りかえし行っているふりかえりである。すなわち、自分の言動を事後的に反省すること、思いかえし、悔やんだり、嘆いたり、悩んだりすることである。もしも、〈よりよく〉という傾きがなければ、人は、自分のやったこと・思ったことをふりかえったりしない。やったらやったまま、思ったら思ったままで、すぐに忘れてしまう。

繰りかえすが、ここで敷衍する先導性も、やはり宗教的源泉をもたない。アウグスティヌス、トマスなどの場合、霊性・知性の源泉は「神の類似」である。それは、神が人間を造ったときから人間に内在するもの、すなわち人類最古の内在性である。それはまた、エラスムスに見られるように、善に傾く〈人間の自然〉としても語られていた。しかし、神を棚あげするかぎり、先導性はそうした源泉をもたない。それを正統化するものは何もない。それはただ、無意図的な肯定的活動のあとに、すなわち事後に「意志」として見いだされるだけである。すなわち、アウグスティヌス、エラスムスの「自由意志」から神を棚あげしても、なお浮かびあがる〈よりよく〉の傾きが、先導性である。それは、人が自己や社会が定めた「幸福」を欲望することではなく、おのずから、事後的にテロスと象られるものにふさわしく生きようとすることである。

したがって先導性は、いかなる意味の形象も前提にしていない。いいかえれば、自己や社会が定める理想像をともなわない。先導性は、ニーチェが「超人」（Über Mensch）と呼んだ動態に似ているが、本書の議論に立ちかえっていえば、それは、アウグスティヌス、トマスの「神の像」であり、エックハルトの「表象なき像」である。先導性が向かうところは、先述の虚焦点である。しかし、それが向かう先が、まったく象られないわけではない。それは、一人ひとりの〈私〉のなかで、自分の事後的な発見・創見として、象られることもある。たとえば、後でふれるが、ベルクソンは、それを、生動性をふくめつつ「生命」と象った。だれによる象りであれ、どのような象りであれ、それを論難したり否定する権利は、他のだれにもない。

ベルクソンの生命の躍動と〈人間の自然〉

こうした生動性・先導性は、ベルクソンが形而上学で論じたことに重ねられる。まず確認するなら、ベルクソンは、一九三四年の『思考と動き』の「形而上学序説」において「交感」（sympathie）ないし「直観」（intuition）が「形而上学」（métaphysique）の礎である、と述べている（HB, PM: 181-2/下 219）。それらは、意識を超えた思考の営み、すなわち「あるもののなかに移行し、そこにある固有なもの、したがって表現しようのないものと一体化する」という営みである（HB, PM: 181/下 219）。この交感＝直観は、いいかえれば「あるもの」と人の共振であり、「超越的能力」としての「見える」（vision）を支えている。ベルクソンは、カントの『純粋理性批判』の「もっとも重要でもっとも深遠な思考は、形而上学が可能であるとすれば……それは、この見えるによってである、という考えである」と述べている（HB, PM: 154/下 188）。

ここで「見える」と訳した vision（ヴィジォン）は、「視力」でも「夢幻」でもなく「心の眼」である。小林秀雄は、一九四九年の『私の人生観』で、この vision を「心眼」に近いもの、と述べているが（小林 2013: 265）、このヴィジォンは「神を見る」（visio dei）というキリスト教的表現に由来する概念であろう（第2章第3節参照）。カントは、『純粋理性批判』において、「直観」を知覚的なものに還元し、この知覚による「感性的直観」（sinnlich Anschauung）のみが人間の能力である、と論じているが（KW 3/4, KrV: 97-8［B75-6］）、序章でふれたように、ベルクソンの「直観」は、カントのこの感性的直観概念を超える、形而上学的概念であり、それを端的に示す概念が、この「見える」である（この「見える」については、あとでまたふれる）。

さて、ここでは、ベルクソンの形而上学の文脈はキリスト教思想である、と考えてみよう。というのも「変化の知覚」の最後に引かれている言葉は、およそパウロの言葉、すなわち「神のなかで、私たちは生きて、動いて、在る」（In ipso enim vivimus et movemur et sumus）であり（使徒 17. 28）、ベルクソンは、パウロのいう神を「生命の永遠」（éternité de vie）に変えているだけだからである。この「生命の永遠」は「大いなる躍動」と形容される、「私たちが分有している」（nous participons）「超越的」（transcedent）な「始源」（principe）である（HB, PM: 176/下 176）。それは、いいかえれば、「私たちの内なる生命の不断の旋律」（la mélodie continue de notre vie intérieure）であり、人の「根底にある生命（la vie profonde）のたえまないうなり」であり、それは「精神の見るもの」(vue de l'ésprit) である (HB, PM: 166, 167, 168/下 202, 203, 205)。この「生命の永遠」つまり「生命の躍動」が、人において「生きられる連続性」であり、先述の「見える」ものが「精神の見るもの」である。

確認しておくなら、一九三二年の『道徳と宗教の二源泉』(以下『二源泉』)で、ベルクソンは、表象としての「精神の見るもの」を否定的に評価している。生命の躍動(「分割されえない動態」(mouvement indivisible))に見いだされる「現在の位置」と「目的の位置」という分割された部分は「精神の見るもの」であり、それは「錯誤である」と。これは「精神の見るもの」自体の否定ではなく、それが罪深い人間という始点、イエスの像という終点というように、宗教教義によって分割されて固定されることの否定である、と考えられる。ベルクソンが警戒しているのは、生命の躍動を分割し固定してしまう「知識主義」(intellectualisme) である(HB, DS: 288, 287/II: 218, 217)。これについて思いだされるのは、パウロ、アウグスティヌスが「文字は人を殺す」と述べたことであり、エラスムスが批判した学芸や神学の議論である(第4章第5節参照)。

ともあれ、ベルクソンにとって、この生命の躍動は「原初の道徳」と不可分である。ベルクソンは、同書において「道徳」に「[生命の] 躍動」を見いだし(HB, DS: 286/II: 216)、また「道徳そのもの」、すなわち「社会生活の底」にある「普遍的生命として創りだされたものである自然そのもの」を語っている(HB, DS: 287/II: 217)。ベルクソンは、「精神の見るもの」が錯誤であるといわれれば、「私たちは、原初の道徳(moral primitive)はない、と思いたくなるだろう。すなわち、他のものに還元されず、人に生来的であるそうしたものはない、と。しかし、その起源の道徳は、人間という種の発生と同時に発生した、と考えなければならない」という(HB, DS: 288/II: 219)。ベルクソンにとって、それは「根底的自然」(nature fondamentale) であり、「解体不可能」であり、人を「方向づける」ものであり、そもそも「特定の社会的形態［小さくて相互に支えあえる集まり］に傾斜している人間の自然(nature humaine) である」(HB, DS: 289, 291/II: 219, 223 傍点は引用者)。

ようするに、ベルクソンの「生命（の躍動）」は、「精神の見るもの」ないし「見える」と形容されている「心の眼」によって形而上学的に象られている。それは、「躍動」「うなり」と形容されているように、生動性であり、また「原初の道徳」をふくんでいるという意味で、先導性である。そして、ベルクソン自身がそれを「人間の自然」と呼んでいるように、ベルクソンの「生命（の躍動）」は〈人間の自然〉にあたるもの、と考えられる。確認されるべきは、ベルクソンの「見える」は、古いキリスト教思想の「心の眼」を踏まえながらも、それとちがい、いわゆる信仰を前提としていない、ということである。彼が晩年にカトリックに帰依したという事実は、彼の彫塑してきた生命論の内容と、区別されるべきである。

ベルクソンの神秘体験と「魂の眼」

さて、ベルクソンは、『二源泉』で、パウロやアッシジのフランチェスコを「神秘家」（mystique）と呼び、彼らの神秘体験を描いている。まず神からの呼びかけによって「魂の暗い根底が刺激されるとき、そこから意識に昇るものは、像や情動というかたちをとる」（HB, DS: 243/II: 147）（この「魂の暗い根底」は、スピノザのアニムスを思いださせる）。このとき「魂は、自分がまっすぐに前に運ばれるままである。魂は、自分を動かす力を直接的に知覚できないが、その力があることを感受している」。すなわち「神がそこにいる、魂がその神に抱かれる」と（HB, DS: 243-4/II: 148）。しかし「魂の一部である意志」が残っている。その意志は、自分も神に抱かれることを求めつづける（HB, DS: 244/II: 149）（このあたりは、エックハルトの「離脱」を思いださせる）。しかし、それは「魂を自己に連れもどし、神から遠ざかることである」。感じるべきことは「魂を通じて魂とともにはたらいているのが、神である」ということである。欲する自己にこだわらず、その神と「一つになることが完全であり、決定的である」（HB, DS: 245/II: 151）。その状態は「生命の満ち溢れ」（surabondance de vie）、

「巨大な躍動」（immense élan）と形容されている。その状態においては「努力や忍耐は、はたらきかけられる魂のうちでおのずから（tout seuls）生じ、それ自体で広がっていく」（HB, DS: 246/II: 151-2 傍点は引用者）。

神秘体験は、万人によって承認されるものではないが、人を「共振」（écho）させることがある。ベルクソンは、ジェームス（William James 1842-1910）の言葉を引き、そうした体験をした人の話を聞けば、そうした体験をしていない人にも「自分のなかに［相手に対する］いくらかの共振が生じる」という（HB, DS: 260/II: 173 傍点は引用者）。むろん、共振しない人もいるが、そういう人がいるという「事実」（fait）は、その「実在的」（réel）な体験を否定する理由にならない。その「実在的」な体験が心象的な事実だからである。そして、ベルクソンは、神秘体験が「神秘家のあいだで相互に一致している」事実、すなわち「彼らに映しだされる像（visions）の類似」に注目するが、その像（「神の像」）は「象徴的（symbolique）価値しかもたない」という。その像は「彼らの直観の同一性を表徴するもの（signe）であり、この同一性がもっとも容易に説明されるのは、大いなる存在の実在的現存（existence réelle de l'Être）によってであり、彼らがそれを信じ、それと交わっている（communication）ことである」と（HB, DS: 262/II: 176）。この交わりは、神秘家とイエスの交わりであり、それは、体験した人と体験していない人の共振と同質である。神秘家が「福音書のキリストの充全さの不完全な模倣であり継承である」のは（HB, DS: 254/II: 163）、この交わり、すなわち共振によってである。

神秘体験が人に十全な確信を与えるのは、人が感覚的経験と、それにもとづいて推論するという思考に加えて、「特権的経験をもち、それによって人が超越的始源（principe transcendent）との交わりに参入できるという思考」を採用するからである。たしかに「認識の源泉は、経験以外にない。しかし、知識として表現される事実は、生の（brut）事実を通りすぎ越えていく（dépasse）。また、すべての経験が同等の決定力をもつのでも、同等の確実性をもつのでもない。およそ私たちは、たんに蓋然的である結論に導かれるが、この蓋然性

（probabilité）は拡大されうるし、それは、事実上、確実性（certitude）とひとしいものになりうる」（HB, DS: 263/II: 176-7）。ようするに、ベルクソンは、開かれた形而上学的思考によって、すなわち神秘体験のような、通念を超える体験を受け容れる思考によって、私たちの蓋然性が超越的なものに拡大される、という。

したがって、神秘体験は、たんなる「想像力の産物」ではない（HB, DS: 265/II:180）。神秘家は「神であるものを見ている（voir）と信じている。彼は、神ではない視像（vision）をもっているのではない」。神秘家が見ているものは「神の自然」（nature de Dieu）である。それは「魂の眼（yeux de l'âme［＝心の眼］）で覚知される」「愛」である。この愛は超越的なものである。「神は愛（amour）であり、かつその愛の相手［＝生きもの］である」。神秘家は、この愛を直観し語りつづけるが、語りつくせない。この愛が「表現不可能（inexprimable）だからである」（HB, DS: 267/II: 183 傍点は引用者）。何かを明示的に語るためには、それから適度な距離をとらなければならないが、神秘家は、生命の奔流に溶解している。神秘家に見える「この愛は、感受性と理性の、ようするにすべての根底（racine）にある」。この愛は「道徳的というよりも、形而上学的本質（essence métaphysique）である。この形而上学的な愛が人に求めているもの（人を先導する先）は、神の助けとともに、人類という種の創造を完成する（parachever）ことであろう」。そして「それ［＝愛］自体が向かう方向は、生命の躍動（élan de vie）のそれと同じである」（HB, DS: 248-9/II:155-6 傍点は引用者）。

ベルクソンの直観と愛

ベルクソンにとって、直観が向かう先は、一人ひとりの「私」に内在する「生命の躍動」である。この生命の躍動という「活力」（energie）（＝「精神的活力」（energie spirituelle））は、粗く直観する「本能」（instinct）として、また概念し推論したものである「人の知識」（intelligence de l'homme）として具現していく。人の知識も、いくらか直観の光を帯びている。そして「この光が、本来的なものとして発するとき、生命の躍動の内在、意義、使命が明らかになる」。そもそも「直観は、ある内在（dedans）に向かう」。直観がこの内在ないし「私たちの存在（être）の根底」に到達することは、人が「生命すべての原理（pricipe）そのもの［＝「父なる神」］に到達する」ことである（HB, DS: 264-5/II: 179-80）。『思考と動き』からも引いておこう。「すべてのもののなかではたらく力を、私たちは、私たちのなかで感じる。……私たち自身の内なるもの（l'intérieur）［これはアウグスティヌスの「内なる人」を思いださせる］に下降しよう。私たちが出会うものが深いものであるほど、私たちを表に送りかえす力は強いものになろう。哲学的直観とは、この［内なるものとの］結合（contact）であり、哲学とは、この［力の］躍動（élan）である」（HB, PM: 137）。

そして、この生命の躍動が創出するものは、愛し愛される「一つの生」（une vie）である。生命の躍動は、一つの生、すなわち一人の人の「自由な活動」（actions libres）として現れる（HB, DS: 271/II: 188）。その活動は、本来的に形而上学的な愛に彩られている。「創造的活力（énergie créatrice）は愛であろうし、愛されるにふさわしい存在者（être）を、それ自体から発出させることであろう」（HB, DS: 273, 272/II: 191, 190）。「彼［＝神秘家］は、真理が自分に流れ込むことを感じた（senti）。その源泉、活動的力としてのそれ［＝生命の躍動］から溢れ出て」（HB, DS: 247/II: 153）。その真理は、無条件の愛であり、神秘家は、この愛に「焼き尽くされる」。それが「神をつうじ、神によって、すべての人類を神性の愛において」愛することだからである（HB, DS: 247/II: 154）。さしあたり、造物主である「父なる神」は、その愛とともに生命の躍動を生みだし、その父の愛を体現する「子なる神」は、人に具体的な愛の営みを呼び覚ます、とまとめることができる。

このように考えるなら、神秘体験の中心は、形而上学的な愛であり、それは、ベルクソンが「シャリテ」（charité）と形容しているように（HB, DS: 329/II: 276）、キリスト教思想のいう「慈愛」（caritas）である。この愛は、神秘家が最終的に到達する「魂［＝アニマ・アニムス］の状態」である（HB, DS: 277/II: 197）。またそれは、表象ではなく、遂行態である。この遂行態は、ベルクソンが「実在」（réel）と呼ぶものである。「実在は、動いているもの、むしろ動き（mouvement）そのものであり、私たちに知覚されるものは［その現れである］さまざまな変化の連続だけである」。この動きそのものが「持続」（durée）である（HB, DS: 258/II: 170）。「神の実在」をあれこれ論じなくても、遂行態の愛を肯定することは、可能である。ベルクソンにとって、生きるという営みは、分割不可能な持続であり、その動きそれ自体に究極の起点、至福の根源を見いだし、それを「神」と名づけ、「神の実在」をあれこれ論じたものは、事後的な知識である。ベルクソンにとって重要なことは、一つの生という、持続と一体である愛の営みが、遂行されることで肯定されることである。

先に確認したように、ベルクソンにとって、人には、この愛に傾く「根底的自然」すなわち〈人間の自然〉がある。しかし、ベルクソンにとって、この〈人間の自然〉は、知識、社会生活、つまり制度や規範によって隠されるだけでなく、動物的「自然」によっても妨げられる。人は、動物に見られる「本能」（instinct）としての自然ももっているからである。「それ［＝本能］は、破壊的活動を遂行する」（HB, DS: 294/II: 226）。人は「支配者」（chef）でありかつ「従属者」（sujet）であり、この従属者は、しばしば、唐突に支配者に「変身」（métamorphose）する。「地道で穏和な人間のなかから、突如、下劣で残忍な（bas, féroce）人物性が……現れてくる」（HB, DS: 296-7/II: 229-30）。「自然が……容赦なく個体を犠牲にする」ことを考えれば、「自然に合致するのは、この残忍な支配者」である。この「自然が知っているのは、死を命ずることだけである」。この自然は、しばしば「政治的なもの」（la politique）に現れている。「殺人は、あまりにも長く、政治的なものの、最初の（prima）ではないが、最後の手段（ratio ultima）でありつづけている。この怪物性は、疑いもなく、人間［の意志決定］だけでなく［人間の］自然を原因としている」（HB, DS: 297/II: 230-1）。

ベルクソンにおいて、一つの生は、それが生命の躍動の現れであるかぎり、この怪物性に通じる本能、知識、社会生活を超えて、形而上学的な愛に通じる日々の営みに彩られていく。したがって、人が知るべきことは、人が生命の躍動に与り生きていることであり、その行先が形而上学的な愛であることである。神秘家は、「神」という表現で、この生命の躍動の由来を語り、また「魂の眼」が見るものとして、この愛を語ってきた。ベルクソンにとって重要なのは、由来としての神、形象としての「精神の視像」ではなく、まさに躍動しているいる生であり、無条件に遂行されていいる愛である。つまるところ、実際に思わずだれかを支え助けているという活動（フミリタス）である。一つの生を樹にたとえれば、直観は「樹幹」であり、本能・知識・社会生活は「樹皮」である。直観されるものとしての生命の躍動、形而上学的な愛は、樹幹にあらたに送られる樹液であり、それは、樹幹にこびりついた樹皮をはがし落とす力をもっている。「古い樹幹も、新しい樹液の力によって膨らむことで、古い樹皮は、おのずから張り裂けるであろう」（HB, DS: 282/II: 204）。

2　直観と〈人間の自然〉

理性と直観

ここで、こうしたベルクソンの思想を浮き彫りにするために、それとカントの思想を対比させてみよう。少し前まで、カントの思想とベルクソンの思想は、水と油のように対立し相容れない、と語られていた（たとえば、Barthelemy-Maudale 1966）。現在も、そうしたとらえ方は、大きく変化していないだろう。そうであるなら、ここで、カントのいう「理性」がベルクソンのいう「直観」に類比される、と述べることは、奇妙に聞こえるだろう。しかし、理性も直観も、キリスト教の神と深くかかわり、いわば、それと不可分であるという意味では、それらの意味内容の違いはともかく、概念として見れば、同じような立ち位置にある、といえよう。まず、それぞれの概念の大まかな思想史的意味内容にふれておこう。

まず「直観」（intuitio）は、古来のキリスト教思想においてよく用いられた言葉であり、ときに「観想」（contemplatio）、「覚知」（perceptio）と同義であったりした（第2章、第3章、第5章参照、また八木 2017参照）。ベルクソンにとっての直観概念も、こうした古い直観概念とよく似ている。その中身は、およそ次のようにまとめられる。まず、心の外にあるものを観察したり意味づけたりすることではなく、心の内奥にあるもの、またそこに立ち現れるものをとらえることである、と。次に、この直観によってとらえられるものは、客体としての動かないものでも、人がみずから見ようとして見るものでもなく、人の根底として動いているもの（「生命の躍動」「持続」（durée））であり、おのずから象られるもの（「見えるもの」（visio））である、と。

「理性」（ratio）も、古来のキリスト教思想においてよく用いられた言葉であり、トマスに見られるように、それは「知性」（intellectus）の下位に置かれていた。理性は、およそ論理的に推論し比較する思考であり、知性は神を認識する（「知解する」）という営みである。しかし、トマスは、そうしたふつうの「理性」（ratio）を超えた「神性の理性」（ratio divina）を「知性」（intellectus）と表現している（第2章第2節参照）。後述するように、批判期のカントは「知性」（Intelligenz）を「理性」（Vernunft）を形容する言葉として用い、ふつうの「理性」（ratio）にあたる能力を「悟性」（Verstand）と呼んでいる。カントの「理性」が意味するところは、トマスの「神性の理性」ないし「知性」が意味するところと、およそ重なっている。

ここで、カントの哲学（「形而上学」）のなかで、ベルクソンのいう〈心の眼〉（「見える」（「精神の見る」「魂の眼」）がどのように描かれているか、確かめてみよう。カントは〈心の眼〉にあたる言葉を用いていないが、以下に確認するように、理性を語るときに「神の類似」と「神の像」にあたる言葉を用いている。その意味で、カントの理性論には、〈心の眼〉のカント的変奏が見いだされるだろう。そのカント的変奏は、ベルクソンの直観論とどのように重なり、またずれるのだろうか。カントの神への思考を確かめたうえで、ベルクソンの神への思考に立ちかえり、二人の重なりと違いを素描してみよう*。

＊　ベルクソンの『二源泉』についての近年の研究として、ワターロ（Ghislain Waterlot）が編んだ論文集（Waterlot 2008）があるが、〈心の眼〉にかんする議論はふくまれていない。カントの哲学の根底にキリスト教の神を見いだすことは、シュヴァイツァー（Albert Schweitzer 1875-1965）の一八九九年の『カントの宗教哲学』、ピヒト（Georg Picht 1913-82）の一九八五年の『カントの宗教哲学』、ウッド（Allen W. Wood）の二〇二〇年の『カントと宗教』にも見いだされる（Schweitzer 1899/2004, Picht 1985; Wood 2020）。ウッドは「[カント]にとって宗教は、人間的な共同体を啓蒙し変容させるための、まさに核心に位置していた」と述べている（Wood 2020: 215)）。

カントの生命の原理と霊性・知性・理性

ベルクソンの「神秘体験」は、カントの「神秘」（Mysterium）にあたるが、カントは一七九三年の『たんなる理性の枠内の宗教』（以下『宗教』）において、その「神秘」を「私たちのものとはいえない」といい、議論のなかに組み込んでいない（KW 8, RGV: 812 Anm/193）。これに対し、カントは、おそらくイエスの「霊性」を意味していると思われる「善の霊性」（gute Geist）を、さりげなく議論のなかに組み込んでいる（KW 8, RGV: 812/194）。ここにまず、神秘に対する、カントとベルクソンのとらえ方の違いが見いだされる。

ここで、カントの一七六六年の著作『霊視者の夢想』に立ちかえってみよう。「霊視者」と訳したドイツ語は、Geisterseher であり、直訳すれば「霊性を見る人」である。同書は、カントの「批判期前」（一七七〇年以前）と「批判期」を架橋する思考であるだけでなく、坂部の言葉を引けば「批判期に直結する最も重要な問題の中核をつらぬく」思考を示している（坂部 1976: 78）。同書において、カントは「霊性」（Geist）に「生命の原理」（Principium des Lebens）を本態とする「非物質の自然」（immaterielle Natur）を見いだしている。すなわち「この世界で、生命の原理をふくむものは、非物質の自然として存在している、と思われる。すべての生物（Leben）は、この、自分で意図し自分を決定する内的能力（inneren Vermögen）に支えられている」と述べている（KW 2, TG: 934 Anm, cf. 937）。人の霊性が属するところは、この「生命の原理」すなわち「存在」である。これは、古いキリスト教思想の、アニマに属する霊性という考え方と、およそ同じ考え方である。

カントにとって、この霊性は「身体世界」（Körperwelt）と「非物質の世界」（immaterielle Welt）をつなぐ知性・理性であり、これらは「人格」（Person）の基礎である。「可知世界」（mundus intelligibilis）とも形容されているように、「非物質の世界は、すべてを創造する知性（Intelligenzen）である［＝から成る］。その知性のいくつかは、物質（Materie）［＝身体］と結びつき、一つの人格（Person）を創りだす」。この知性という「非物質の自然は、それが身体界に作用していても、作用していなくても、すべて理性的実体（vernünftige Wesen）である」（KW 2, TG: 937, 940）。この「知性」ないし「理性」と形容される「非物質の自然」は、キリスト教思想の「神の自然」がそうであるように、永遠なるものであり、物質である人間を人格に高める要件である。そして、この知性・理性すなわち霊性によって、物質である人間が人格となるとき、人間のなかに「自分の利益や私的な欲求」を超える「最強の力」が生じる。

カントにとって、人間の「心」（Herz）は「利己性」（Eigenheit）と「共同志向性」（Gemeinnützigkeit）が争う場である。「人間の心を動かす諸力のなかで最強のそれ［＝共同志向性］は、人間の心の外」にあり、「自分の利益や私的な欲求を満たすために、人間自体の心の内にある目的に向かったりしない」。「私たちの心の力の傾きは、総じて、私たちの外にある理性的実体に向かうように定められている」（KW 2, TG: 942）。この最強であるが「隠された力」（geheime Macht）は、「私たちを無理強いし」、「他者の幸せ」を願わせ、「他人の意志」に従わせる。その「衝動」（Trieb）が向かう先は「私たちを動かす力であり、私たちの外にいる他人の意志である」。この力に強いられて「発出するのが、人倫的衝迫（sittlichen Antriebe）である」（KW 2, TG: 943 傍点は引用者）。この人倫理衝迫は「人倫的感情」（sittliche Gefül）といいかえられている（KW 2, TG: 944）。

興味深いことに、カントは、こうした霊性論はたんなる推論である、という。「人間としての私」の「霊性（つまり魂）についての表象は、推論によって得られる」ものである、と（KW 2, TG: 947-8）。しかし、そうであっても、「霊性の飛来によって、理念が分有される（mitgeteilt sein）」ことがある、という。それは「霊性の知覚されうる現存」（empfundene Gegenwart eines Geistes）が「人間の形姿という像のなかに」（in das Bild einer menschlichen Figur）現れることである、と（KW 2, TG: 949）。この像は、アウグスティヌスやトマスのいう「神の像」であろうし、ベルクソンのいう「精神の見るもの」であろう。確認しておくなら、こうしたカントの霊性論でいわれる「生命の原理」には、生動性が見いだされ、「人倫的衝迫」には、先導性が見いだされる。

カントの〈人間の自然〉

批判期前のカントは、「人間の自然」という言葉を主題的に用いていないと思うが、批判期のカント、すなわち形而上学を自分の思想のなかにしっかり定位させ、「神の完全性」（＝神の自然）に向かって思考するカントは、この言葉を主題的に用いている。たとえば『宗教』において、カントは「人間の自然」（Natur des Menschen/menschen Natur）を「自分の自由の使用一般を支える主観的根拠」と見なしている（KW 8, RGV: 667/27）。この「人間の自然」を構成するものは、「生存的なもの」（Lebenden）としての「動物性」（Tierheit）、

「生存的で合理的なもの（vernünftigen）」としての「人間性」（Menschheit）、「理性的で（vernünftigen）応責的なもの（Zurrechnung fähigen）」としての「人格性」（Persönlichkeit）である（KW 8, RGV: 672-3/34）。

　これら三つの「人間の自然」のうち、人間の「自由の使用」を支えるものは、人間性と人格性である。人間性は、ふつう、他人と比較し競争し自分の幸福度をはかる「自己愛」（Selbstliebe）という素質に支配されているが、「理性」（Vernunft）という「固有本来の素質」のはたらきによって、この自己愛を退け、その完全性に到達する。すなわち「道徳的完全性（moraliche Vollkommenheit）をもつ人間性」「神意にかなう人間性」になる（KW 8, RGV: 713, 714/79, 81）。この人間性の変容は、一七八五年の『人倫の形而上学の基礎』において、人間のなかの「完全性に向かうという［人間に固有本来な］素質」が自己愛に支配された「人間性に押しとどめられている［人間の］自然がその目的に向かうことを支える」といわれていることに、重なっている（KW 7, GMS: 62-3）。この自己愛を脱する人間性が向かう目的が、人格性である。

　人格性は〈よくあれ〉という「道徳的法則」（moraliche Gesetz）の「理念」、すなわち「知性的に見いだされる人間性の理念」である（KW 8, RGV: 675/36-7）。この人格性は『宗教』の末尾で「人間性の尊さ」（Würde der Menschheit）と表現されている。それが「人間が到達しようと努力するもの」であり「魂を崇高にするもの」「神性自体に導くもの」だからである（KW 8, RGV: 857/246）。人間性を人格性に高めるものは「心根」（Gesinnung 心情性）と形容されているが、その内実は、人間には「見通せない」が、それは「善良であり司る精神（Geist）」であることもあれば（KW 8, RGV: 724/92）、「腐敗が心根に浸潤してしまっている」こともある（KW 8, RGV: 722/91）。この腐敗した心根は、道徳的法則を軽視する心根であり、「悪い心情」（böse herz）、「邪悪さ」（Bösartigkeit/vitiositas）と呼ばれる。たとえば「慇懃無礼な人間（bene moratus）の場合、道徳的法則は……けっして動機にならないだろう」（KW 8, RGV: 677/39-40）。悪の心情、邪悪さは「自然的素質ではなく、むしろ人間に帰責される何か」であるが、「悪の普遍性」を考えれば、それは「自然的傾向（Hang）」「人間の自然のなかの根源的（radicales）、生得的（angebornes）……悪」である（KW 8, RGV: 680/43）。これは、カントなりの「原罪」の規定であろう（心根は、アウグスティヌスのアニムスを思いださせる。第４章第２節参照）。

カントは、「イエス」と呼んでいないが、イエスにほかならない人を、「神的心根をもつ人間」と形容している（KW 8, RGV: 716/83）。カントは、その人を「神的人間」（göttliche Mensch）とも呼んでいるが、その人は、祭り上げられるべきではなく、人が「模倣できる模範（Vorbild）として表象される」べきである、という。そして、人が理性に依りつつ「自分の心根を、師のそれに類似させるなら、その心根は……至高の義［＝神］の前でも充全である」という（KW 8, RGV: 718-9/87）。カントにとって、人の理性がイエスを模範と考えうる理由は、「この、神が道徳的に肯定する人間の理念（Idee eines Gott moralische wohlgefälligen Menschen）［つまり理念としての「神の像」］がすでに、模倣されるべきものとして、私たちの理性のなかにすでにふくまれているからである」。そして「私たちの理性にふくまれているこの［人間の］理念は実践的に妥当である、と信じること（Glaube）のみが、［私たちが］道徳的であるうえで重要」である（KW 8, RGV: 715/82-3）。

すなわち、カントにおいては、人には理性があり、それが「ある人間の理念」をふくんでいることは、人があれこれ詮索し吟味するべきことではなく、ただ信じるべきことである。カントは「世界を、神意に沿う創造の目的に向かわせる唯一のものは、道徳的で充全な完全性である人間性である」と説き、この「道徳的完全性という理想（Ideal）に、すなわち充全に純粋である人倫的心根という［神の］原像（Urbild）に自分を高めることは、すべての人間の義務であり、あの［イエスという、人間の］理念（Idee）は、追求されるものとして、理性が私たちに定めたものである」と説いている（KW 8, RGV: 712-3/79-80）。こうした考え方にプラトニズムを見いだすこともできるが、アウグスティヌスやトマスの議論を思いだすなら、その理念にふくまれる

「原像」は「神の類似」であり、理性がめざすべき「模範」は「神の像」である、と考えられる*。

* なお、春名は、カントのいう理念は「経験の限界を超えて」いるが、理想は「この理念が個体として具現化されたもの」である、と述べている（春名 1984: 3）。

神への思考――神の措定を要請する

このように考えられるなら、批判期のカントのいう理性は、人に固有の能力であり、かつ人を超える能力であり、『霊視者の夢想』で語られた霊性・知性に、およそ重ねられる。「理性は……本人を超えて人間を超えて語るはずである」（KW 8, RGV: 724 Anm/94 傍点は引用者）。『純粋理性批判』に戻って確認すれば、理性は「自我」（Ich）を扱う能力であり、外在の「自然」を扱う悟性（Verstand）から区別される。「理性は、まさに本来的かつ卓越的であり、経験に条件づけられたすべての能力からはっきり区別される。この理性は、対象を理念（Ideen）だけで思考し、悟性がその概念を経験に適用する場合、その悟性を理念によって方向づける」（KW 4, KrV: 498 [A547/B575]/下：240）。「悟性は［外在の］自然のなかの『である』（ist［sein］）……を知るだけである」が、「理性は［自我に］『べきである』（sollen）と命じるという意味で、規範と目的、すなわち［邪悪を］禁じ（Verbot）［神を］見ること（Ansehen）である」（KW 4, KrV: 498 [A547/B575]/下：240-1）。

カントが「超越論的」（transzendental）と形容する思考は、こうした理性の特徴をよく示している。超越論的思考は、経験を成り立たせている思考、たとえば、多様な諸知覚を結合する「総合」（Synthesis）であり、多様な諸観念を結合する「統覚」（Apperzeption）である。それは「知性」とも呼ばれている。「私は、知性（Intelligenz）として現存する（existiere）。それは、ただ自分の結合しえたものを意識する」（KW 3, KrV: 153 [B159]）。「理性の存在者」（ens rationis）である神も、この知性すなわち理性によって、超越論的に思考されうる（KW 4, KrV: 590［A681/B709］）。たしかに神は「超越的」（transzendent）であるから、人は神から隔てられている。しかし、人の理性は、神の理性に通じている。「私たちの理性は［最高の］理性の似像（Nachbild）である」（KW 3/4, KrV: 589［A678/B706］）。したがって、人の理性は、神を「仮象」（Schein）によってであるが、思考しうる。その仮象は、たしかに妄想になりがちであるが、そうであっても、それは、神の「措定」（suppositio relativa）という、有意味な思考を可能にする（KW 4, KrV: 564［A643/B671］, 587［A676/B704］）。

こうしたカントの超越論的思考は、理性の枠内にとどまるが、やはり神への思考である*。いいかえれば、カントの理性は、神を措定し「要請」（Postulat）している。広い意味における神への思考は、かならずしもその思考の向かう神をこれこれであると規定する必要はない。すなわち、その志向性の終点を事前に意味づけ確定する必要はない。「憧れ」「希み」といった志向性、「啓示」「忘我」といった神秘体験があれば、充分である。しかし、カントの理性は、〈イエスは神である〉と、明言しないが、そう暗示しつつ、神を措定せよ、と要請している。この措定の要請を受け容れる人のみが、カントの理性を理解できる。カントの理性は、イエスという神を措定にしなければ、意味不明である。喩えていえば、健やかなコミュニケーションが暗黙のうちに善意を措定しているように、カントの理性は、暗黙のうちに神を措定し要請している（なお、ドイツでは、カントの神の要請という考え方は「要請神学」（Postulatetheologie）と呼ばれている（HWPh 7: 1146-57））。

ただし、カントの理性が語る道徳的完全性は、あの実在し、生き生きと生き、無条件に愛した生身のイエスとはかけ離れている。すなわち、カントのいう「人間の理念」は、ベルクソンのいう神秘家が体験し直観したイエスではない。理性の語る「人間の理念」は知識であり、生命の躍動でも愛の遂行でもない。カントが理性によって神を入念に緻密に思考すればするほど、その神は、生命の躍動、愛の遂行から遠ざかっていく。もしも、カントのいう理性が古来のキリスト教思想のいう知性・霊性であるとすれば、それは、人に固有でありながら人を超える力である。すなわち、神に帰属し、自己を超越している。しかし、春名が論じているように、カントのいう理性が、アウグスティヌスに敵対したペラギウスの自由意志に近いとすれば（春名 1984: 154-73）、いいかえれば、ルターが理解したエラスムスの自由意志に近いとすれば（第4章第5節参照）、人は、理性によって神に近づくことができない。その理性が、人を超えていないからであり、人に帰属したままで自家撞着しているからである。どちらの解釈も可能であるが、私は前者の解釈に傾いている。

ともあれ、次に、こうしたカントの理性概念を念頭におきながら、ベルクソンの神への思考を対比的に特徴づけてみよう。

＊　一七五五年の『形而上学的認識の根本原理の新しい解明』に記されているように、カントにとって、人間は「その現存（existentia/Dasein）を先行的に決定する根拠を必須とする」（KW 1, PPCM: 436-7）。その根拠は神である（KW 1, PPCM: 450-1）。人の「自発性（spontaneitas/Freiwilligkeit）は、内的始源／根底（principio interno/inner Grund）から出立する活動」であり、「その活動が最善の表象（repraesentatio/Vorstellung）に一致し決定されるとき、それは自由（Freiheit）と呼ばれる」（KW 1, PPCM: 458-9）。この「最善の表象」は「神の像」であろう。カントは、デカルトの「神の実在」にかんする議論（序章参照）を批判し、神は「その現存態（existentia/Dasein）が自分およびすべての可能態（possibilitas/Möglichkeit）に先行し」「絶対的に必然的に現存する（existere/daseiend）」と述べている。つまり、神においては「その現存が、その可能態にひとしい」と（KW 1, PPCM: 432-3）。この現存態かつ可能態という状態は、観念を超えた状態であるが、カントから見れば、デカルトは、神が現存態かつ可能態、つまり「存在」（esse）であることを看過していた。

共振と内属——神とともに在る

ベルクソンの直観も、カントの理性と同じように、神への思考である。ベルクソンは、神の実在を否定する思考は「方法に根本的誤りをふくんでいる」という。それが「重要な表象をア・プリオリに作りだし、それは神の観念（idée）であると決定し……世界が示す特徴をその観念から演繹的に導出し……そうした特徴が見られないなら、神は存在しないと結論する」からである。この思考は、いいかえれば、勝手に「神の自然」（nature de Dieu）をこれこれと規定し、それに合致する事実がこの世界にないから、神はいないという、自家撞着の演繹的思考である。「……哲学が問うべきことは、人間が意識する可感的実在（réalité sensible）において、私たちが超越的な大いなる存在（Être transcendent）をどのように把握するか、そして経験の指示に従う推論において、神の自然をどのように決定するか、である」（HB, DS: 278/II: 199 傍点は引用者）。ベルクソンにとって、その「経験」は、生き生きと生きたイエスと共振する、あの神秘体験である。

ベルクソンの直観は、カントの理性とちがい、論理的に神を措定し要請することをふくまず、共振的にただ神とともに在ることである。それは、古いキリスト教思想のいう「交わる」「一体である」、トマスを論じた第2章で用いた言葉を引くなら、「無媒介のつながり」である。ベルクソンにとって、人に見えるものは生命の躍動であり、人がめざすことは無条件の愛の遂行である。その愛は、人がかかげる理念でも理想でもなく、具体的に経験されうる持続であり創造である。また、生命の躍動の「躍動」は、古いキリスト教思想の神の「存在」に重ねられる。ベルクソンは、その源泉を遡源的に語ることよりも、その実在を共振的に語ることを重視している。人の思考は、事物の原因にさかのぼるという意味で遡源的でありうるが、他者と無媒介につながるという意味で共振的でありうる。ベルクソンにとって、直観の本態は、思いがけなく生じる共振である。その意味で、ベルクソンの神への思考は、遡源的思考ではなく、共振的思考である*。

　この共振的思考が存立可能になる条件は、生命の躍動が一つの生に内在するという、すなわち、その生が生命の躍動に内属しているという認識であろう。ベルクソンは、「根底的自然」「内なるもの」「精神」で**、人のなかに「神の類似」にあたる内在を暗示しているが、同時に人が自己を超越し、生命の躍動に内属することを示唆している。すなわち、人は、生命の躍動という流れの外に立ったつもりになれば、それを概念的に意味づけることができるが、その流れのなかで生き、他者をおのずから愛し支えるなら、それはいつも自分とともに躍動している、と。この生命の躍動への内属は、自然科学的に敷衍することもできるが、トマス的にであれ、エックハルト的にであれ、ハイデガー的にであれ、広い意味で存在論的に敷衍することもできる。すなわち、一人ひとりの存在者が「存在」に内属するように、一つひとつの生は生命の躍動に内属する、と。こうした存在論的認識がなければ、共振は、ただの共振にとどまり、創始の思考の礎とならない。「啓示」（révélation）がそうであるように、この生命の躍動の現れは「一瞬のきらめき」（un éclair）である。それは［根底を］想起すること（la rappeler）、直視すること（la fixer）を必要としている」（HB, DS: 292/II: 224）。

　試みに、この生命の躍動を「音楽を創りだす情動」ととらえるなら、それに内属することがいくらかわかりやすくなるだろう。音楽を創りだす情動が、音楽家だけでなく、だれにでも内在するとすれば、それを感じそれに動かされることがベルクソンの直観、すなわち共振だったのではないか。ベルクソンにとって「情動」（émotion）のなかには「知見を超え（supra-intellectuelle）、理念に先立ち（précède l'idée）、理念を超える（plus qu'idée）」それがある。たとえば、ベートーベンの交響曲は、そうした情動、いいかえれば「霊感」（inspiration）に導かれて創られている。むろん、その交響曲は、音楽の「知識」（intelligence）に支えられているが、その音楽を創りだす「情動そのものは、その音楽、その知識を超えている」。ベルクソンにとって、音楽を創りだす「この種の情動がまちがいなく似ているもの、それは［人から］遠く隔てられているが、あの崇高な愛

(sublime amour) であり、神秘家にとっての神の本質そのものである」(HB, DS: 268/II: 184)。

ベルクソンにとって、こうした生命の躍動の直観が人にもたらすものは、「生の純一さ」であり、まさに「歓喜」(joie) である。「歓喜とは、遍く広がる神秘的直観がこの世に散種していく生の純一さ (simplicité de vie) であろう」(HB, DS: 338/II: 288)。それは、「だれもが互いに愛しあうことを求め、神の道具」として生きることである (HB, DS: 332/II: 279)。ベルクソンから見れば、この世界は、この生の純一さとは逆の方向に向かっている。それは「物質的欲望」(besoin matériel)、「人為的欲望」(besoin artificiel) に突き動かされる状態である (HB, DS: 324/II: 269)。そうした欲望は、つまるところ「高慢」(orgueil) と「虚栄心」(vanité) に染まっている。人は「幸せ」(bon heur) を求めているが、その基礎は「安心感」(securité) であり、安心感は「自分の力」で「事物を思いどおりにできる状態」か、「自分を思いどおりにできて事物に依存しない状態」である。前者は「高慢への途上にあり」、後者は「虚栄心への途上にある」(HB, DS: 320/II: 263)。ベルクソンは、端的に「人類は……その現存 (existence) の純一化に乗り出さなければならない」と説いている (HB, DS: 328/II: 273)。生命の躍動の直観がもたらす生は、高慢・虚栄心を退け、互いに愛しあう歓喜の生である。

＊　カントは『純粋理性批判』において、ベルクソンのいう溯源的思考を退けている。それは「すべての経験を捨て、まったく先験的に、たんなる概念から最高原因［＝神］の実在を推論する」という考え方である (KW 4, KrV: 528 [A590/B619])。カントの神への思考は、事前に原因を設定する溯源的思考ではなく、先述のように、事後的に原因を措定する要請的思考である。カントは、たとえば、ニュートンが「重力現象」に「引力」という原因を措定するように、「人倫的感情」に「神」という原因を措定している (KW 2, TG: 944; 坂部 1976: 110-1)。

＊＊　ベルクソンは、「精神」(esprit) を「解体できない過去」(indestructible passé) が充全に展開される究極の平面」と規定し、それは、いわば円錐体の「底面」であり、その頂点は「物質的なもの」すなわち「当面の活動 (action présente）に必要不可欠なもの」である、という。この「精神」は「魂」とも呼ばれている（HB, DS: 280/II: 201-2）。なお『物質と記憶』にも、同じような記述がある。「精神は、二つの極限のあいだを終わることなく往来する。すなわち、活動（action）の平面と夢想（rêve 再訪）の平面のあいだを」（HB, MM: 192）。直観が向かう「解体できない過去」は、キリスト教思想が「神の類似」と呼んだもの、と考えられる。

〈人間の自然〉とフミリタス

さて、もしも神への思考という前提を棚あげし、カント、ベルクソンの思想を特徴づけるなら、二人の思想は、ただ対立しているように解釈されてしまうだろう。たとえば、大正期の日本の思想界に見られたように。カントは「私」の「理性」ないし「ゾレン」（sollen べきである）を強調する思想であり、ベルクソンは「生命」ないし「ザイン」（sein である）を強調する思想である、と。この図式から容易に連想されるだろうことは、個人主義と国体主義という対立図式である。古来のキリスト教思想を土壌とする二人の哲学は、その背景を、結果的にであれ、除かれることで、過剰に単純化されてしまう。そこで喪失されるのは、〈心の眼〉、すなわち驚異・超越性への共振という、自己から離脱するベクトルであり、そのかわりに繁茂するのは、フーコーがいう「人間学のまどろみ」（MF, MC: 351-4）の、いわば、なれの果て、すなわち欲望し意図する主体の本質を自己と見なすことで自分を祭りあげ、かつ自・他を平準化する欲望であろう。

神への思考に類比される思考が現代社会に生き残りうる、とすれば、それは、カントの超越論的思考によって、というよりも、ベルクソンの共振的思考によって、と考えられる。カントの場合、神を要請しなければ、理性によって人間性が道徳的完全性へ変容する、人類が無限に進歩しつづけると考えることは、不可能である。あの「人格の完成」は宙づりにされ、過去の遺物となってしまう。しかし、神への信仰の有無にかかわらず、生を肯定し愛を遂行すべきことと認めることは、およそ可能である。人は、ある種の音楽や映画などをつうじ、まさにそうしている。生の肯定、愛の遂行は、自分の生動的・先導的な、しかし間違いだらけの活動を繰りかえし、ふりかえることで、少しずつ象られていく理念であり、他人から教示・伝達され、自分が習得・墨守する規範ではない。こうした生の肯定、愛の遂行は、境遇の悲惨さ、能力の乏しさ、心身の衰えなどから、人がつい救いを求め抱いてしまう、いわゆる「信仰」から、はっきり区別される。

最後に再確認しておきたいことは、〈人間の自然〉、生の肯定、愛の遂行がフミリタスと一体である、ということである。現代社会は、基本的に、法、政治、経済、教育といった異質な社会システムから構成され、しばしば分断され矛盾する種々のコミュニケーションの広がりである。しかし、現代社会がどんなに流動的で刹那的で不確実であっても、そして人がどんなに利己的で恣意的で策謀的であっても、人は、そうした寄る辺なき現実を突き抜けることができる。その寄る辺なさを、古来の神への信仰によって克服することを説くこともできるが、神の述定を後にまわしたまま、〈人間の自然〉、すなわち生を肯定し愛を遂行することを優先し、この社会を生き抜くこともできる。そのための必要条件は、他者との共振・交感のなかでおのずから生じるフミリタスであろう。すなわち、他者をおのずから下支えしようとするベクトルであろう。

なるほど、ベルクソンは、『二源泉』で、たしかに「ユミリテ」(humilité)を語っている。しかし、それは「生の源泉そのもの」すなわち神を、身を低くして受け容れるという意味の従僕である。「彼［＝神秘家］は、確信しえたのではないか、沈黙の対話のなかで、たった独りで、あの情動とともに、すなわち魂が完全に溶けていると感じられるそれとともに。それは、神性のユミリテ(humilité divine)と呼べるものではないだろうか」(HB, DSML: 246/II: 152)。私がいうフミリタスは、こうした神秘家の神に対する受容的ユミリテではなく、ふつうの人の他者に対する活動的下支えであり、他者との共振・交感のなかで、他者をおのずから支えることである。この活動的下支えは、本書の冒頭で、「支援」と形容したことである*。

* カントは、一七六三年の『美と崇高の感情についての考察』で、共振・交感を「感じやすさ」として語っている。カントは「感じやすさ（Weichmütigkeit）、すなわち共受苦（Mitleidens）という温かい感情に変わっていくそれは、美しくまた愛されるべきである。それが、徳性の根本命題と同じように、他の人の運命に対する善良な思いやり（Teilnehmung）を示しているからである」と述べている（KW 2, BGSE: 835）。この「感じやすさ」は、「註」を読むかぎり（KW 2, BGSE: 835［n］）、ヴァルネラビリティである。

3　人新世を生きる思考へ

自己本位の相対化——事実と実在の違い

さて、序章でふれた「この世性」に立ちかえり、生動性と先導性であり、生と愛であり、フミリタスをともなう〈人間の自然〉を語ることは、現代社会に対し、どのような肯定的効果を生みだすことができるのか、想像してみよう。いいかえれば、現代社会において、ヨーロッパの古いキリスト教思想が語ってきた〈人間の自然〉をあらためて語ることは、現代社会をよりよく変えうる思考になるだろうか、と。

現代社会のとらえ方は、さまざまであるが、ここでは、少し前に提示された大庭の議論を紹介しよう。大庭は、一九九七年の『自己組織システムの倫理学』の最終巻で、現代社会を「社会システム」ととらえている。それは、人に「消極的に合理的な選択」を強いることで（大庭 1997: 254）、社会を「合理的エゴイストたちのサバイバル・ゲーム」の場に、いいかえれば、自分だけは不利益・劣位化を避けようとして競いあう

「自由競争」の市場に変えてしまう、と述べている（大庭 1997: 286-7）。大庭は、人は、この社会システムに参加することを実質的に義務づけられ、その義務を担うことで「ひとなみ」「ふつう」になるが、この「消極的に合理的な自己選択」は、人のなかに自発的で不本意という「浮遊感」を生みだす、という（大庭 1997: 288）。総じていえば、現代社会においては「取り替えのきかなさへの感覚は衰退し、共感＝共苦による〈分かちあい〉の煩わしさを避けた、自己充実・自己享受の空疎な試みが肥大する」と（大庭 1997: 287）。

少なくとも、ヨーロッパ古来の〈人間の自然〉は、「人間学のまどろみ」のなれの果てであるエゴイズムを相対化することを可能にする、といえそうである。ニーチェは、神という支えを失い、この世界の諸価値に意味を見いだせなくなり、あの世に吸い寄せられて生きることを「ニヒリズム」と呼んだが、このニヒリズムは、まだ「死んだ神」を引きずる恨み節であった。これに対し、自己本位の自己は、神へと離脱するベクトルをまったく無視し、自・他を平準化する。それは、自己を絶対視しつつも、「平等」と称し、自・他の関係を等質化し、自己に浸潤する欲望に従属しつつも、「自由」と称し、私を自己に準拠させる状態である*。この状態は「自分は虐げられた、軽んじられた」というルサンチマン（妬み・嫉み・恨み）の感情を生みだしやすい。その感情は、社会的に高く評価される他者を「悪人」に仕立てあげ、その人に対する凶悪な暴力を生みだす。その暴力は、もっともらしく正当化されるが、自己本位のルサンチマンの産物である。

これに対し、〈人間の自然〉は、生動性・先導性、そしてフミリタスの体現に向かう。それらは、私たちの生活のなかに、断片的ながらも、遂行性として見いだされる。それらは、たとえば、保健所で殺処分されるネコやイヌを引き取り、家族の一員としてともに暮らすことに、大学生が震災で大きな被害を受けた地域の子どもたちの学習支援を無償で行うことに、見いだされる。またそれらは、仕事をつづけながら認知症の親を介護しつづけることにも、夭折した友人のことをことあるごとに思いかえし、その友人と無言の対話をつづけることにも、見いだされる。こうした〈人間の自然〉の活動、ベルクソンの言葉を用いれば、その「実在」は、その当事者の自己本位のルサンチマンを消去しないが、実際にしばしばそれを退け、もっともらしい理由をつけては、嬉々として他者を断罪し処罰する快楽に耽る、懲罰のハビトゥスを退ける。

　むろん、〈人間の自然〉を実在と思わない人もいるだろうが、存在論的に思考するなら、そうした人がいるという「事実」（fait）は、〈人間の自然〉の「実在」（réel）を否定する理由にはならない（この「事実」は、ハイデガーの「現実性」（Wirklichkeit）であり、「実在」は、ハイデガーの「事実性」（Realität）である）。たとえば、ヘヴィメタルを騒音としてしか感じられない人がいても、その事実は、ヘヴィメタルが人を感動させるという実在を否定する理由にはならない。同じく、神を妄想としてしか考えられない人がいても、その事実は、神とともに在るという実在を否定する理由にはならない。そうした事実が、実在とは異なる思考のカテゴリーに属するからである。このカテゴリーの違いは、事実が客観的、実在が主観的、という違いではなく、事実が過去の知識に囚われた閉じた思考であり、実在が未来の創始に向かう開かれた思考である、という違いである。ここでいう「閉じた」（close）は、「魂に作用する一定の力が、個々人の意志を同じ方向に向かわせ、集団の凝集を保全する」ことを意味し、「開かれた」（ouverte）は「魂による希求のもとに……一人ひとりが人間を深く変えることで、それまで越えられなかった困難を越える」ことを意味する（HB, DS: 283, 284/II: 212）。この二つのカテゴリーを区別せず、「客観的事実は主観的意見にまさる」「理性は信仰にまさる」と信じ込んでいるかぎり、キリスト教思想の「心の眼」も、ベルクソンの直観も、妄想の産物にしか見えない。

＊カントは次のように述べている。「相手の誤った議論を追及することに注力し、他人の主張のあら探しを得意とする」人がいるが、「私は、彼を、彼の意味づけ（sensu/Meinung）のなかに、まるごと捨ておく」。私のなすべきことは「正しく探究（indaginis/Forschung）や学究（doctrinae/Lehre）を進めることである」（KW 1, PPCM: 508-

9)。ルソーの『エミール』からも引いておこう。「傲慢（orgueil）であるな」。そして「人があなたを好もうが、嫌おうが、あなたの書物を愛読しようが、軽蔑しようが、どうでもよい。真実を書き記しつつ、善良に生きるべきである。……人は、自分を忘れるときに、自分のためにはたらいている」（OCR 4, E: 635）。

人新世の環境教育へ

もっとグローバルな問題、すなわち地球全体にかかわる重大な問題にも、目を向けてみよう。ベルクソンは、九〇年前に「人類が呻いているのは、人類が行った進歩がもたらした重圧に、なかば潰されているからである」と述べているが（HB, DS: 338/II: 288）、この言葉は、現代にもあてはまる。現代の「重圧」は、地球温暖化（海洋温暖化）であり、それがもたらすさまざまな自然災害である。たとえば、豪雨災害、森林火災、熱波（猛暑）、海水面の上昇、生態系の破壊、生物多様性の喪失、などである（田中編 2020）。

近年、地球温暖化は、「人新世」（Anthropocene アントロポセン）という新しい概念とともに使われている。地球惑星科学は、一九五〇年代以降を「人新世」と呼んでいる。それは、人類のハビタビリティ（生存可能性）を考えるうえで重要な概念であり、人間の経済活動が、地球温暖化のように、地球というシステムの構成そのものを変えてしまうことであり、その痕跡が地層にも残ると考えられることから、「白亜紀」「ジュラ紀」のような地層的時代（階層は少し下位になるが）としてとらえ、「人新世」と呼ばれている。この概念は、国際地質科学連合（IUGS）でもおよそ承認されている。つまり、地質科学的にいえば、一九五〇年以降は、それまでの「完新世」（Holocene）から区別される「人新世」である。このAnthropoceneという言葉は、オランダの大気化学の研究者クルッツェン（Paul Crutzen）によって二〇〇〇年に使われてから、広まった*。

珊瑚礁の研究で知られている地球惑星科学の研究者、茅根は、「人新世（Anthropocene）をめぐる欧米の動向」において、人新世にかんする主要な論文を踏まえて、その語り口（物語り方）に人間中心主義を読みとっている。すなわち、ヨーロッパ・アメリカで語られている「人新世の物語りは、［一見すると］人間が地球を損なってしまったという謙虚さのあらわれであるようにみえる。しかし実は、それを修復できるのは人間であるという、人間中心の傲慢さが［その物語りには］透けて見える」と。そして「地球（海）との修復が、欧米的な人間中心主義だけで解決できるわけではない。地球と人間の和解を目ざす、海洋（環境）教育があってもよい、あるべきだろう」と述べている（茅根 2021: 2）。私は、この見識にまったく同意する。

人新世において求められる環境教育はどのようなものか、それは従来の環境教育とどうちがうのか、という問いがたちまち生じるが、ここでは、こうした問いについて子細に確認するかわりに、人新世の環境教育が形成する人間の思考のハビトゥスのみを示したい。その出発点は、あのヴァルネラビリティであり、それが合理的思考の基底（前提）である、ということである。いいかえれば、ヴァルネラビリティに象徴される交感・共振（パトス）と、目的合理・有用有能の思考に代表される合理性（ロゴス）が、重層的な関係にある、ということである。そして、この交感・共振が、ヨーロッパの古代・中世の〈人間の自然〉に見いだされ、それが「支援」（フミリタス）というスタンスに通じている、ということである。

現代社会において、外在の自然（いわゆる「自然」、すなわち物質系の「自然」）は、およそ操作・活用の対象である。そうした客体としての自然は、現代社会において広く知られている。しかし、この自然を操作・活用する合理性は、地球温暖化については、もはや適用できそうにない。少なくない地球惑星科学の研究者が論じているように、人類社会は、温暖化については、すでに「回復可能への道」と「回復不能への道」の分岐点を通過し、後者の道を進んでいるからである。むろん、温暖化のソフトトランディングの方法を模索するうえで、合理性は不可欠であるが、必要とされる広義のテクノロジーの難易度を下げるためには、地球温暖化の科学的事実を知るとともに、可能なかぎり多くの人が外在の自然の声を聴くべきであろう。そうするために、人は、外在の自然を自分のことのように考えなければならない。そうするためには、人は、ヴァルネラビリティに象徴される交感・共振、それに支えられる支援のスタンスに立ちかえる必要がある。

そうであるなら、自然を、人の外にあるものとして外在的にとらえるだけでなく、少なくとも生きものすべてに内包されているものとして内在的にとらえる必要がある。すなわち、少なくとも生態系の自然と〈人間の自然〉につながりを見いだす必要がある。いわば、ともに自然であるからこその通底性を見いだす必要がある。このとき、生態系の自然と〈人間の自然〉に通底し分有される自然は、ベルクソンが論じている生命、ハイデガーが論じているフュシス、日本文化的に表現するなら、〈おのずから然る〉という意味の自然、つまり〈自然《じねん》〉である。今は、この〈自然〉をだれ・何が造ったのか、という問いは棚上げし、人間をふくむ生きものすべてがともに〈自然〉であるという事実に没入し、それを深く経験することを、教育の一部として推奨しよう。それは、たとえば、干潟や深海に生きる生きものを知ることは、それを客体（生体機構）として知ることではなく、それが自分のなかにも見いだされる〈自然〉の顕れとして知ることである。

＊人新世については、別の機会にあらためて論じるが、それについての地質科学の論文は、Crutzen（2002）、Monastersky（2015）、Lewis and Maslin（2015）、Ellis（2016）、Voosen（2016）、Subarmanian（2019）などである。これらの論文はすべて、茅根（2021）において、訳出され、収録されている。

〈自然〉の分有

ヨーロッパの思想史をさかのぼれば、自然概念は、古代ギリシアの「フュシス」に行き着く。それは、すべてのものが「生成消滅すること」を意味していたが、その言葉は、古代ローマの「ナートゥーラ」に翻訳された、ものを「生成消滅させるもの」、つまりものの「本性・本質」も意味するようになった。伊東の『自然』によれば、これらのフュシス、ナートゥーラに対し、古代・中世キリスト教思想のナートゥーラは二つに分けられる。一方でそれは、人間以外の所与のもの（生物・物体）を意味し、他方でそれは、神に由来し人・ものに分有されるもの（アニマ・身体）を意味した。後者のナートゥーラを語るキリスト教思想は「ネオプラトニズム的キリスト教思想」と形容されてきた（伊東 1999: 27-31）。この人・ものに分有されるナートゥーラの思想史的議論（プロティノスの流出概念に由来するという考え方）を棚あげしていえば、このナートゥーラの分有論は、本書で論じてきた古いキリスト教思想の〈人間の自然〉概念におよそ見いだされる。

本書の主要な試みは、古いキリスト教思想で語られたこの〈人間の自然〉の内実を確かめ、それが生動性、先導性、フミリタス（無条件に他者を下支えするという意味の謙虚）を含意している、と示すことであった。そして、その〈人間の自然〉に与りつつ人が向かう先が「神」と呼ばれた「存在」（エッセ）である、と確かめた。その「存在」は、アウグスティヌス、トマスのアニマ、エックハルトの生、エラスムスのアニマ（アニムス）、スピノザのアニムスに見いだされる生動性と先導性であり、それは、およそベルクソンのいう生命の躍動であった。これらのうち、すくなくとも生動性は、生きものすべてに分有されている、と考えられる。この考え方の前提は、すべての存在者（一つの生）が「存在」（生命の躍動）に内属している、と考える存在（生命）論である。ここで、そうした状態を「〈自然〉の分有」（the partaken of naturality）と表記しよう。

この〈自然〉の分有という概念の起源は、さかのぼれば、アウグスティヌスのいうアニマの「分有」に見いだされる。たとえば『アニマの偉大さ』のなかで、アウグスティヌスは次のように述べている。「……アニマは、地上の死する身体を、その存在によって生かす」。「それは、樹木にも人にも分有されているものと見なされる」（AA, DQA: 4. 33. 70）。人の「［アニマ］は……生殖によって子を産み、子を愛護し、見守り、養育することを支えている」。同じように、それは「野生動物のアニマもなしうること」である、と（AA, DQA: 4. 33. 71）。つまり、人のアニマも、他の動物のアニマも、同じようなアニマのはたらきを分有している、と。このアニマは、神が贈り生きものすべてが与る生きる力であるが、物質系としての生命を前提としつつも、情感性に彩られている。すなわち、愛他的なものをともなっている（第1章第2節も参照）。

生きものが分有する〈自然〉は、みずからを生みだすおのずからである。このおのずからは、ヨーロッパにおいて、近代以降、みずからによって隠されてきた。そして、ハイデガーがフュシスにさかのぼり析出しようとしたものは、まさにこのおのずからであった。それは、柔らかくヴァルネラブルな呼応性である。それは、「私」という一人称、すなわちもっともらしく出来合いの本来性を求めつづける自己同一的な自我からも、また作り笑顔で自己防衛しながら自己利益・自他平準を欲望しつづけるエゴイズムの自己からも、区別される。このおのずからの呼応性は、古代ギリシアのフュシスだけでなく、古いキリスト教思想のナートゥーラ、「存在」（エッセ）にも――呼応の相手が神に大きく傾いているが――見いだされるものであった。

エマーソンの自然

つけ加えるなら、一九世紀のアメリカの哲学者、エマーソン（Ralph Waldo Emerson 1803-82）のいう「自然」は、おそらくここでいう〈自然〉と重ねられるだろう。エマーソンは、一八三六年に公刊した『自然』（*nature*）という本のなかで、次のように、自然環境の自然と人の自然の通底性を語っている。

「ほんのわずかな大人だけが、自然［の本態］を見ている。……自然を愛する人は、内に向かう感覚と外に向かう感覚をまさに調和させている。そういう人は、大人になっても、子どもがもっている霊性

（spirit）を保ち続けてきた。……森のなかで、私は、変わることなく、若々しい。……森のなかで、私たちは理性に、そして信仰に立ちかえる。そこで私は、生を苛むものはない、屈辱も災悪もない、と感じる（［心の］眼に拠りながら）。自然は、そうしたものを修復できるわけではない。［しかし］裸形の大地に立つとき……すべての卑しいエゴイズムが消えてゆく。私は、透明な瞳（eye-ball 眼球）となる。私は［俗見が］無い状態である。［ゆえに］私はすべてを見る。普遍の大いなる存在（Universal Being）の流動が、私のなかをかけめぐる。私は、神の一部ないし一片である。親友の名すら、そのときは、聞き慣れなくなり、なじみがなくなる。兄弟、知人であることも、主人や従者であることも、つまらなく、煩わしくなる。……静寂の情景のなかで……人は、自分自身の自然と同じように美しく大切なものを心に抱く。……自然は、いつも霊性に彩られている」（EEL, N: 10 傍点はすべて引用者）。

エマーソンにとって、「普遍の大いなる存在」つまり神を感じるための条件は、俗世から離れて「静寂」（tranquility）のなかで「独り」（in solitude）になることである*。森は、人を独りにする自然環境であり、神は、森に象徴される自然環境の「自然」と「透明な瞳」に喩えられる自分の「自然」に通底する、根源である。エマーソンのいう「霊性」も、人の心奥に秘められている神に向かうベクトルであろう。エマーソンは、無垢である子どもは、その霊性を顕現させやすいが、俗世のエゴイズムに塗れていく大人は、それをすっかり忘失していく、と考えている。思いだされるのは、コルバン（Alain Corbin）が『静寂の歴史』で語っている「静寂」（silence）のなかの独りである。「静寂は……魂を軽やかな思考へとさし向ける」。静寂は「大気の透明さのようなものであり、そのなかでは、感覚されるものがより一層明瞭になり、表現しがたい大きな歓びが感じられる」と（Corbin 2016/2018: 48）。この静寂のなかの独りは、いわゆる「孤独」（lonliness）ではなく、たとえば、ソリスト（独演者）が独り音楽に向かうように、人が独り神に向かうことである。ともあれ、猫であれ、犬であれ、動物が人と〈自然〉を分有している、と考えることは、いわゆる客観的事実でも、主観的意見でもなく、自己を超えた存在論的認識である。少なくとも、ここでいう存在論的認識は、神を棚上げしたまま行われるので、神によって正当化されていない。この認識を正当化するものがあるとすれば、それは、この認識を踏まえて実際に創始される活動がもたらす肯定性である。その活動は、たとえば、生きものが生きものを殺し食べるという食物連鎖の事実を受け容れながらも、人の生において、その事実をできるかぎり減らそうする活動である。それは、いいかえれば、動物を食材に還元し、その大量生産・品種改良を経済利益・趣味趣向のために行うことを縮小しようと試みることであり、動物をできるかぎり食材にせず、食材の中心を植物にずらすことである。

存在論に裏打ちされた活動はまた、ベルクソンのいう「生の純一さ」に向かう。それは、生活用品を必要最低限のものに減らし、大量消費・使い捨てをできるかぎり減らすことであり、ベルクソンがいう「自然的社会」すなわち「自己本位、凝集性、位階制、支配者の絶対的権威」によって特徴づけられる閉じた社会、いいかえれば「懲罰」(discipline)・「闘争心」(esprit de guerre)に染まる社会（HB, DS: 302/II: 238）を退けるだけでなく、社会システムを特徴づける有用性、合法性を〈人間の自然〉で基礎づけなおすことである。こうした〈自然〉の分有に傾斜する活動は、社会に広がる通念に抗いながら、エラスムスの「愚かしさ」とともに敢えて行われることであり、有用性・実効性をめざしながら、計画的に行われることではない。

*　現代のアメリカの教育学者、マーティン（Jane Roland Martin）は、こうした独りという生の様態に対し、否定的である。彼女は、一九九二年の『スクールホーム』で「エマーソンが掲げる透明な瞳という理想は、温かい血が流れる人間から心（heart）を切り離し、私たちを徹底的に矮小化された存在者に貶めている」と述べている（JRM,

S: 176/210)。マーティンは、エマーソンの思想に「身体と心の分離」「他者からの隔絶」「応答責任なき自由」「孤立した存在」を見いだし、それらにかわる理念として「家庭的平穏」(domestic tranquility 国内の平穏)を説いている(JRM, S: 176-7/210-1)。マーティンも引いているが(JRM, S: 175/209)、エマーソンは、一八四一年の「自己信頼」において「あなたの独り(isolation)は……霊性的、つまり向神(elevation)であるべきである。ときに、世間全体が共謀し、あなたに些末なことを強いているように見える。友人、来客、子ども、疾病、恐怖、慈善(charity)などが、私室のドアを叩き、『私たちのもとに来い』と呼びかけているように。……しかし、動じることなく、そうした混沌に巻き込まれることを避けよ」と説いている(EEL, SR: 273)。しかし、エマーソンは、自分は「自然」に従って生きている他者のために犠牲になることを厭わない、とも述べている。「真の人は……事物の中心に属している。そこには、彼、すなわち自然が在る」(EEL, SR: 267)。そうした自然に従って生きる人、すなわち「霊性的に見て[私に]近い位相(class)にある人たちがいる。私が物を売り買いしている人たちである。もし必要なら、彼らのために、私は進んで監獄に入る」と(EEL, SR: 262)。たしかにエマーソンの「独り」は「家庭的平穏」から遠く離れているが、それと対立するのだろうか。

「存在」ないし生命の躍動

〈自然〉の分有は、現代を生き抜くための知恵の一つである、といえよう。今、教育学が主題的に語るべきことが、温暖化・環境汚染に象徴される人新世をよりよく生き抜くための知であるとすれば、その知は、どのような言説であっても、〈自然〉の分有という存在論的事実に結びついている、と考えられるからである。古代の「フムス」が生命を生みだし育てる大地を意味し、中世・近世の〈人間の自然〉がおよそ生動性に溢れる先導性のベクトルを意味していたことは、新しい知が語られるとき、あらためて思いだされるだろう。その〈人間の自然〉は、教育され、学習され、構成された知識ではなく、覚知され、直観され、想起される事実である。すなわち、おのずからの生成態であり、たえず未然なものを創始する活動態である。

こうした〈人間の自然〉の特徴、ようするに「存在」は、ベルクソンのいう生命の躍動とおよそ重ねられる。古いキリスト教思想は、実証も利用もできない「存在」を神の述語として語っているが、それは「存在」をもっとも基底的である肯定性と見なしているからである。同じように、ベルクソンは、生命の躍動をもっとも基底的な肯定性と位置づけている。古いキリスト教思想は、人のなかに「神の類似」という〈人間の自然〉を見いだし、それを前提に、「心の眼」で「神の像」を象る・形成することをめざした。そうした「心の眼」のはたらきは、ベルクソンのいう直観におよそ重ねられる。ベルクソンの直観が、神秘体験のなかに生命の躍動を見いだし、それを前提に、内在する「根底的自然」を見ることだからである。

古いキリスト教思想の「神の像」の語りも、ベルクソンの神の語りと似ている。キリスト教思想の「心の眼」が象る「神の像」は、「形から自由な像」ないし「形象抜きの直観されるもの」（エックハルト）と形容されるように、述定を越えている。ベルクソンのいう神も、神秘体験を踏まえつつも、ただ「愛」と語られているだけである。ベルクソンは、神を事前に規定せず、神秘家の体験に共振しつつ描いている。ベルクソンにとって神を事前に規定することは「遡源的思考」（pensée rétroactive）であり、この遡源的思考によって規定されたものは「幻想」（illusion）である（HB, PM: 14）。この遡源的思考は、神を伝達され習得される知識に還元し、そう呼ばれうる何かに向かう共振を妨げてしまう。もっとも、もしも神が、ある人が自分の人生を振りかえり、遡及的に見いだした基底的肯定性であり、自分の心に抱く固有特異な像であるなら、それは「幻想」とはいえない。いったいだれに、そう断定し棄却する権利があろうか。

ともあれ、これまでの議論を振りかえっていえば、古いキリスト教思想に見いだされる「存在」は、宗教的覆いに隠されがちであるが、それ自体は、人間の存在論的本態である、といえよう。この「存在」の基本的性状は、繰りかえすなら、〈人間の自然〉に見いだされる生動性と先導性である。それは、ニーチェの言葉を引くなら、「自己を超えて創始しようとする」力動である（KS 4, AsZ: 83/97）。それは、自己を超えているという意味で、みずからの意志ではなく、おのずからの意志である。いいかえれば、それは、アウグスティヌスが批判する、恣意としての自由意志ではなく、エラスムスが重視する、恵みに与る自由意志である。おのずからを放逐し、みずからに執着しつづければ、自分の思考を支える自己を探りつづけ、また裁きつづけ、さらにその自己を「みずから嘲笑し批判する」という、無限の自己反省に陥りながらも、そうした営みを「深い思考である」と密かに自己賛辞することになろう。本書は、そうした自己撞着の思考に辟易している人に贈られる。

あとがき

三〇代前半のころ、教育の批判的研究に加えて、教育の再構築論を展開できないか、と妄想していた。あるとき、ハイデガーの存在論をフランス現代思想ふうに踏まえて、その基礎にしよう、と思いたち、あれこれ考え書いていたころ、鷲田清一氏の「臨床哲学」に出会った。あの『「聴く」ことの力』(1999)である。四〇代になってから、私は「教育の臨床哲学」、ちょっと端折り「教育臨床学」を標榜するようになった。ただ、私の思考が、おそらく鷲田氏とちがい、ヨーロッパ中世のキリスト教思想に傾いていたので、私の書くものは、「臨床哲学」のように見えなかったかもしれない。

本書を執筆するうえで励ましとなったのが、岡田温司氏の『キリストの身体』(2009)である。「心の鏡」「心の眼」を教育の再構築論の礎にするという考え方は、同書の「キリストに倣って」の考え方に後押しされ、また鼓舞されることで、私なりにであるが、展開することができた。

エラスムスに嫌われそうであるが、ひとりで、千年以上前に書かれた本を読み、あれこれ考えながら書くこと、理念を象りながら創ることが、私の愉しみらしい。もつれた糸を解くように考えて、それを時間芸術のように言葉でなぞりながら、それを物質的なかたちにすることである。

私は、さまざまなジャンルの音楽を聴いているが、音楽家の高い技量や深い研鑽に対し、敬意を抱きながらも、そうしたものに、ほとんど関心をもっていない。私にとっての音楽の魅力は、それが心を歓喜へと誘うことであるが、その歓喜は、おのずから出来する音の象りを物質的にかたちにすること、とくに「旋律」と呼ばれる音々の響きあいに浸ることである。その響きあいは、むろん、それなりの技能がなければ、具現化されないだろうが、技巧そのものからは区別される何かである。

音と音が響きあうように、思考と思考が響きあう瞬間が、たまに、奇跡のように到来する。どうやら、私は、その奇跡を体験し、それを言葉にしたくて、昔の本を読んでいるらしい。そうした読書においては、自分の正しさを入念に論じることも、ヒュブリスやルサンチマンから他人を批判することも、消え失せていく。おのずから、向かうべき人に向かい、親しみ、避けるべき人を避け、遠ざけていく。慈愛を体現する類い希な人に引き寄せられ、その人とともに在ることを歓ぶようになる。


私の語る教育思想は、いわゆる「公教育」にはなじまないだろうし、またいわゆる「教員養成」に貢献することもないだろう。それでも、自分が四〇年近く学び考えてきたことを「教育思想」と呼びたいと思う。ただし、その教育は人間形成である。学部学生のころに「教育学を人間形成の思想として考える」という考え方に出会って以来、その思想史的起源にさかのぼりながら、この考え方を敷衍できれば、と想いつづけてきた。「自己創出への支援」という概念は、その暫定的帰結である。

執筆の過程について、すこしふれておきたい。本書の序章は、二〇一八年の五月くらいに書きあげ、第3章、第4章、終章は、二〇二〇年の春に書き始め、秋に書きあげた。そして、二〇二一年の春に全体の加筆・修正を行った。とくに第1章のアウグスティヌス論、第2章のトマス論は、かなり加筆した。元にした論考に何が書いてあるのか、自分でわからなかったからである。

末尾ながら、本書の刊行については、二〇二〇年の『独りともに在る』と同じように、一藝社の菊池会長、また小野社長にお世話になりました。ありがとうございます。心から御礼申しあげます。

田中智志　2021. 4. 7.

Sikka, Sonia 2013 *Herder on Humanity and Cultural Difference : Enlightened Relativism*. Cambridge: Cambridge University Press.

Spinoza, Benedictus de 1987［1925］*Opera Spinza im Auftrag der Heidelberger Akademie der Wissenschaften*, hrsg. Carl Gebhardt, 4 Bde. Heidelberg : Carl Winters Verlagsbuchhandlung.

E = *Ethica: Ordine Geometrica Demonstrata,* vol. 2. / 1975 スピノザ（畠中尚志訳）『エチカ』上・下 岩波書店.［最初の数字は「部」、Apは「付録」、Axは「公理」、Cは「系」、Dfは「定義」、Dは「論証［証明］」、Eは「説明」、Pは「定理」Sは「備考」］

TIE = *Tractatus de Intellectus Emendatione*, vol. 2. / 1968 スピノザ（畠中尚志訳）『知性改善論』岩波書店［§はブルーダー版の節番号］.

TTP = *Tractatus theologico-politicus*, vol. 3. / 2014 スピノザ（吉田量彦訳）『神学・政治論』上・下 光文社［Cは章、Nはアッカーマン版の段落番号、Prは序文］.

Waterlot, Ghislain ed. 2008 *Bergson et la religion: Nouvelles perspectives sur Les Deux sources de la morale et de la religion*, Paris: Presses Universitaires de France.

Wolff, Christian 1962- *Gesammelte Werke*, Hrsg. Jean Ecole et al, 2 Abtilung, 30 Bds. Hildesheim, et al: Georg Olms Verlag.［略号 **WGW**］

JN 1 = *Jus naturae methodo scientifica pertractatum, Par. 1*, Bd.17.

Wood, Allen W. 2020 *Kant and Religion*. New York: Cambridge University Press.

Žižek, Slavoj 2000 *The Fragile Absolute, or, Why is the Christian Legacy Worth Fighting for ?* London: Verso. / 2001 ジジェク（中山徹訳）『脆弱なる絶対――キリスト教の遺産と資本主義の超克』青土社.

*

〈人新世にかんする文献〉

茅根創 2021「人新世（Anthropocene）をめぐる欧米の動向」東京大学大学院教育学研究科附属海洋教育センター.

*

Crutzen, Paul J. 2002 "Geology of mankind," *Nature* 415: 23.

Ellis, Erle 2016 "Involve social scientists in defining the Anthropocene," *Nature* 540: 192-3.

Lewis, Simon L. and Maslin, Mark A. 2015 "Defining the Anthropocene," *Nature* 519: 171.

Monastersky, Richard 2015 "The Human Age," *Nature* 519: 145-7

Subarmanian, Meera 2019 "Humans versus Earth," *Nature* 572: 168-70.

Voosen, Paul 2016 "Anthropocene pinned to postwar period," *Science* 353: 852-3.

criticis illustrati. London: Forgotten Books (Tolosae: Privat & Revue Thomiste).

[PR] = *Le Petit Robert: Dictionaire alphabétique et Analogique de la Langue Française*.Paris: Dictionaires le Robert.

Radler, Charlotte 2010 "In Love I Am More God: The Centrality of Love in Meister Eckhart's Mysticism." *Journal of Religion* 90, 2 : 171-198.

Rilke, Rainer Maria 1996 "Duineser Elegien", *Werk : Kommentierte Ausgabe*, Bd. 2 (4 Bdn), Leipzig: Insel-Verlag. / 2003 リルケ（富岡近雄訳・解説・注）「ドゥイノの悲歌」『新訳リルケ詩集』郁文堂.

Robert, Fernand 1946 *L'humanisme: Essai de définition*, Paris: Les Belles Lettres.

Robinson, Dominic 2011 *Understanding the "Imago Dei" : The Thought of Barth, von Balthasar and Moltmann*. Farnham: Ashgate.

Rorty, Richard 1979 *Philosophy and the Mirrior of Nature*. Princeton, NJ: Princeton University Press. / 1993 ローティ（野家啓一監訳）『哲学と自然の鏡』産業図書.

Rousseau, Jean-Jacques 1969 *Œuvres complètes de Jean Jacques Rousseau*, 5 tomes. Paris: Éditions Gallimard. [略号 **OCR**]

E = *Émile, ou de l'éducation*, tome 4. / 1962 ルソー（今野一雄訳）『エミール』（上・中・下）岩波書店.

Ruffing, Janet 2016 "'They Say That We Are Wound with Mercy Round and Round' : The Mystical Ground of Compassion", *Studies in Spirituality* 26: 33-44.

Scheler, Max 1986 *Max Scheler Gesammelte Werk,* 15 Bdn. Bern/München : A. Francke AG Verlag. [略号 **SGW**]／シェーラー 2002 飯島宗享／小倉志祥／吉沢伝三郎編『シェーラー著作集』全15巻 白水社.

EM = *Vom Ewigen im Menschen* , SGW 5. / 2002 シェーラー（小倉貞秀訳）「人間における永遠なるもの」『シェーラー著作集』6 白水社.

Schweitzer, Albert 2005 (1899) *Die Religionsphilosophie Kants: Von der Kritik der reinen Vernunft bis zur Religion innerhalb der Grenzen der blossen Vernunft*. Hildesheim: Georg Olms Verlag. / 2004 (1959) シュヴァイツァー（斎藤義一／上田閑照訳）『カントの宗教哲学』上・下 白水社.

Sève, Lucien 1969 *Marxisme et théorie de la personalité*. Paris: Éditions Sociales. [略号 **LS, MP**] / 1978 セーヴ（大津真作訳）『マルクス主義と人格の理論』法政大学出版局［ただし1974年の第３版からの翻訳].

Sève, Lucien 2006 *Qu'est-ce que la personne humaine ?: bioéthique et démocratie*. Paris: Éditions La Dispute. [略号 **LS, QPH**]

Sève, Lucien 2008 *"L'Homme" ? : Penser avec Marx aujourd'hui, Volume 2*. Paris: Éditions La Dispute. [略号 **LS, H**]

海李秋訳)「マグニフィカート(マリア賛歌)訳と講解」『ルター著作集』第1集 第4巻 聖文舎.

RE = *Divi Pauli apostoli ad Romanos Epistola, 1515/6*, WA, Bd. 56. / 2005 ルター(徳善義和訳)「ローマ書講義 上/下」『ルター著作集』第2集 第8・9巻 聖文舎.

Menze, Clemens 1995 "Selbstbildung," hrsgs, Joachim Ritter und Karlfried Gründe, *Historische Wörterbuch der Philosophie*, Bd. 9. Basel: Schwabe Verlag.

Martin, Francis n.d. "The Spiritual Sense (Sensus Spiritualis) of Sacred Scripture: Its Essential Insight", Boston College, Web. https://www.bc.edu/content/dam/.../Martin_spiritual_sense.pdf. [accessed, 30 Apr. 2018]

Martin, Jane Roland 1992 The Schoolhome: Rethinking Schools for Changing Families. Cambridge, MA: Harvard University Press. / 2007 マーティン(生田久美子監訳)『スクールホーム——〈ケア〉する学校』東京大学出版会.

Montagnes, Bernard 2008 (1963) *La doctrine de l'analogie de l'être d'après St. Thomas d'Aquin*. Paris: Les éditions du Cerf.

Moore, Ian Alexander 2019 *Eckhart, Heidegger, and the Imperative of Releasement*. Albany, NY: State University of New York Press.

Nancy, Jean-Luc 2003 *Au Fond des images*. Paris: Éditions Galilée. / 2006 ナンシー(西山達也/大道寺玲央訳)『イメージの奥底で』以文社. [略号 **JLN, AI**]

Niethammer, Friedrich Immanuel 1808 *Der Streit des Philanthropinismus und des Humanismus in der Theorie des Erziehungs-Unterrichts unsrer Zeit*. Jena: Friedrich Frommann. [www.deutschestextarchiv.de]

Nietzsche, Friedrich 1999 *Friedrich Nietzsche sämtliche Werke: Kritische Studienausgabe*, in 15 Bdn. Berlin and New York: Walter de Gruyter. / 197987 ニーチェ(浅井真男/薗田宗人ほか訳)『ニーチェ全集』第I期一二巻、第II期一二巻 白水社. [略号 **KS**]

AsZ = *Also sprach Zarathustra*, KS, Bd. 4. / 1982 ニーチェ(薗田宗人訳)「ツァラトゥストラはこう語った」II・1.

Origenes 2012 (1913) *De Principiis*, ed., Paul Koetschau, *Origenes Werk*, Bd. 5. Berlin/New York: Walter deDe Gruyter.

Panzig, Erik A. 2005 *Gelâzenheit und abegescheidenheit: Eine Einfuehrung in das theologische Denken des Meister Eckhart*. Leipzig: Evangelische Verlagsanstalt.

Picht, Georg 1985 *Kants Religions-philosophie*. Stuttgart: Klett-Cotta.

Pineau, Gaston/Marie-Michèle 1983 *Produire sa vie: autoformation et autobiographie*. Montréal: Éditions Saint-Martin/Paris: Éditions Edilig.

Prümmer, Dominicus M. 2017 (1911) *Fontes vitae S. Thomae Aquinatis, notis historicis et*

og H. O. Lange, tekst og Noteapparat gennemset og ajourfort af Peter P. Rohde, 20 Bind. Kjøbenhavn: Gyldendal. ［略号 **KSV**］

KG = "Kjerlighedens Gjerninger," 1847, Bd. 12. / 1991 キェルケゴール（尾崎和彦／佐藤幸治訳）「愛の業」『キェルケゴール著作全集』第10巻.

TSS = *Til Selvprøvelse, Samtiden anbefalet*, Bind 14. / 1988 キェルケゴール（大谷長訳）「自省のために、現代にすすむ」（キェルケゴール著作全集 第一四巻）創言社.

Lampis, Mirko 2016 "Anima, Animus, Mens" , *El Genio Maligno*, Num. 19: 39-52.

Le Goff, Jacques 1996 *Saint Louis*. Paris: Éditions Gallimard. / 2001 ル・ゴフ（岡崎敦・堀田郷弘・森本英夫訳）『聖王ルイ』新評論.

Lévinas, Emmanuel 2013（1978）*Autrement qu'être, ou au-delà de l'essence*. rééd. Paris: Le livre de poche. / 1999 レヴィナス（合田正人訳）『存在の彼方へ』講談社.

Lipsius, Ricardus Adelbertus / Bonnet, Maximilianus 1959 *Acta Apostolorum apocrypha: post Constantinum Tischendorf*. Darmstadt: Wissenschaftliche Buchgesellschaft. ［略号**AAA**］

AI = *Acta Ioannis, vol. 2-1.* / 1997 ----（大貫隆訳）「ヨハネ行伝」荒井献編『新約聖書外典』講談社.

Lofft, Capel 2016（1846）*Self-Formation: Or, the History of an Individual Mind*. Albany, NY: Leopold Classic Library（Boston: Wm Crosby and H. P. Nichols）.

Louth, Andrew 2007（1981）*The Origins of the Christian Mystical Tradition: From Plato to Denys*, 2nd edn. Oxford/New York: Oxford University Press. / 1988 ラウス（水落健治訳）『キリスト教神秘思想の源流——プラトンからディオニシオスまで』教文館.

Luhmann, Niklas 2000 *Die Religion der Gesellschaft*. Frankfurt am Main: Suhrkamp Verlag. / 2016 ルーマン（土方透／森川剛光／渡會知子／畠中茉莉子訳）『社会の宗教』法政大学出版局.

Luther, Martin 1883-1929 *D. Martin Luthers Werke: Kritische Gesamtausgabe, Abteilung 1, Schriften*, 56 Bds. Weimar: Verlag Hermann Böhlaus Nachfolger. ［略号**WA**］

AQP = "Adnotationes Quincuplici Psalterio adscriptae," WA, Bd. 4.

DSA = "De servo arbitrio," WA, Bd. 18. / 1966 ルター（山内宣訳）「奴隷的意志について」『ルター著作集』第 1 集 第 7 巻 聖文舎.

FC = "Von der Freiheit eines Christenmenschen," WA, Bd. 7. / 2005 ルター（徳善義和訳）「キリスト者の自由について」ルーテル学院大学／ルーテル神学校 ルター研究所編訳『ルター著作集』教文館.

M = "Das Magnificat, verdeutscht und ausgelegt," WA, Bd. 7. / 1984 ルター（内

Kant, Immanuel　1974　*Immanuel Kant Werkausgabe*. Frankfurt am Main: Suhrkamp Taschenbuch Verlag.［略号 **KW**］

PPCM = *Principiorum primorum cognitionis metaphysicae nova Dilucidatio*, 1755, KW, Bd. 1. / カント（山本道雄訳）「形而上学的認識の第一原理」『カント全集』第 2 巻 岩波書店.

BGSE = *Beobachtungen über das Gefühl des Schönen und Erhabenen*, 1764, Bd. 2. / カント（久保光志訳）「美と崇高の感情にかんする観察」『カント全集』第 2 巻 岩波書店.

TG = *Träume eines Geistersehers*, 1766, KW 2.

KrV = *Kritik der reinen Vernunft*, 1781/7, KW 3/4. / 2013　カント（石川文康訳）『純粋理性批判』上・下 筑摩書房.

MSI = *De mundi sensibilis atque intelligibilis forma et principiis*, 1770, KW 5. / 2001　カント（山本道雄訳）「可感界と可想界の形式と原理」『カント全集』第 3 巻 岩波書店.

KpV = *Kritik der praktischen Vernunft,* 1788, KW 7. / 2000　カント（坂部恵／伊古田理訳）「実践理性批判」『カント全集』第 7 巻 岩波書店.

GMS = *Grundlegung zur Metaphysik der Sitten*, 1785, KW 7. / 2000　カント（平田俊博訳）「人倫の形而上学の基礎づけ」カント（坂部恵／平田俊博／伊古田理訳）『カント全集』第 7 巻 岩波書店.

RGV = *Die Religion innerhalb der Grenzen der bloßen Vernunft*, 1793, KW 8. / 2000　カント（北岡武司訳）「たんなる理性の限界内の宗教」『カント全集』第10巻 岩波書店.

MS = *Die Metaphysik der Sitten,* 1797, KW 8. / 2002　カント（樽井正義・池尾恭一訳）「人倫の形而上学」『カント全集』第11巻 岩波書店.

A = *Anthropologie in pragmatischer Hinsicht*, 1797, KW 12. / 2003　カント（渋谷治美訳）「実用的見地における人間学」『カント全集』第15巻 岩波書店.

P = *Über Pädagogik*, 1803, KW 12.

Kierkegaard, Søren　1962-78　*Søren Kierkegaard Samlede Værker,* udgivne af A. B. Drachmann, J. L. Heiberg og H. O. Lange, tekst og Noteapparat gennemset og ajourfort af Peter P. Rohde, 20 Bind. Kjøbenhavn: Gyldendal.［略号 **SK**］

AuE（AhD）= "Afsluttende uvidenskabelig Efterskrift til de philosophiske Smuler（Anden halv Del）," 1846, SK, Bd. 10. / 1989　キェルケゴール（大谷長訳）「哲学的断片への結びの学問外れの後書（後半）」大谷長監修『キェルケゴール著作全集』第 7 巻 創言社.

Kierkegaard, Søren　1962-78　*Samlede Værker,* udgivne af A. B. Drachmann, J. L. Heiberg

への問い」『技術への問い』平凡社.

WhD = *Was heißt Denken ?*, GA, Bd. 8.

Wm = *Wegmarken*, GA, Bd. 9.

Hum = "Brief über den Humanismus," GA, Bd. 9.

WM = "Was ist Metaphysik?," GA, Bd. 9.

NWM = "Nachwort zu : »Was ist Metaphysik?«," GA, Bd. 9.

ZEG = "Zur Erörterung der Gelassenheit, " GA, Bd. 13.

G = "Gelassenheit," GA Bd. 16.

PrL = *Phänomenolgie des religiösen Leben*, GA, Bd. 60.

Heidegger, Martin 2001 *Sein und Zeit*. Tübingen: Max Niemeyer Verlag. [**SZ** と略記].

Hellmeier, Paul D. 2016 "Bildung im Mittelalter: Albertus Magnus und Meister Eckhart," *Münchener Theologische Zeitschrift* 67: 67-82.

Herbart, Johann Friedrich 1964 *Johann Friedrich Herbart's Sämtliche Werke in chronologische reihenforge*, hrsg., Karl Kehrbach und Otto Flügel, 19 Bde. Aalen: Scienta Verlag. [略号 **HSW**]

AP = *Allgemeine Pädagogik aus dem Zweck der Erziehung abgeleitet*, HSW, Bd. 2.

LFMW = *Zur Lehre von der Freiheit des menschlichen Willens: Briefe an Hr. Prof. Griepenkerl*, HSW, Bd. 10.

UPV = *Umriss pädagogischer Vorlesungen*, HSW, Bd. 10.

Herder, Johann Gottfried von 1967/8 [1877-1913] *Herders Sämmtliche Werke*. Hrsg. Bernhard Suphan, 33 Bde. Hildesheim: Olms Verlag [Berlin: Weidmann]. [略号 **SWS**]

VSMN = Von den Schranken und Mißlichkeiten bei Nachahmung auch guter Beispiele und Vorbilder, SWS, Bd. 31.

Herder Johann Gottfried 1985-2000 *Johann Gottfried Herders Werk*, 10 Bde, hrsg. v. H. D. Irmscher. Frankfurt am Main: Deutscher Klassiker Verlag. [略号 **FW**]

VE = *Verstand und Erfahrung: Eine Metakritik zur Kritik der reinen Vernunft*, 1799, FW 8.

Honnefelder, Ludger 2017 (2011) "Bildung durch Wissenschaft," Ders. Hrsg., *Albertus Magnus und der Ursprung der Universitätsidee: Die Begegnung der Wissenschaftskulturen im 13. Jahrhundert und die Entdeckung des Konzeptes Bildung durch Wissenschaft*, Berlin: Velbrück Wissenschaft.

[HWPh] 1971-2007 *Historisches Wörterbuch der Philosophie,* Joachim Ritter, Karlfried Gründer und Gottfried Gabriel Hrsg., 13 Bds. Basel: Schwabe Verlag.

Jesu, Thoma a [= Jesus, Tomaș de] 1620 *De contemplatione divina.* Anversa [Antwerpen].

Librairie Philosophique J. Vrin. /　2014　ジルソン（山内志朗監訳）『キリスト教哲学入門』慶應義塾大学出版会.［略号 **EG, IPC**］

Gilson, Étienne　2017（1932/1944）*L'Esprit de la philosophie médiévale*, 2e édn. Paris: Librairie Philosophique J. Vrin. /　1974/5　ジルソン（服部英次郎訳）『中世哲学の精神』上・下 筑摩書房.［略号 **EG, EPM**］

Goethe, Johann Wolfgang von　2005　*Goethes Werke, Hamburger Ausgabe*, 14 Bden. München : C. H. Beck.［略号 **GW**］

FET = *Faust. Eine Tragödie*, Bd. 3. = 2003　ゲーテ（山下肇訳）『ゲーテ全集』第3巻 潮出版社.

Greenblatt, Stephen　1980　*Renaissance Self-fashioning: From More to Shakespeare*. Chicago: The University of Chicago Press. /　1992　グリーンブラット（高田茂樹訳）『ルネサンスの自己成型｜｜モアからシェイクスピアまで』みすず書房.

Gregorios Nyssnus　1958-　*Gregorii Nysseni Opera*, hrsg., Werner Jaeger, et al. Leiden: E. J. Brill.［略号 **GNO**］

CCH = *Commentarius in canticum canticorum*/Εξήγησις ακριβής εις το Asμa των Asμάτων, vol. 6.　/　1992　グレゴリオス（宮本久雄訳）「雅歌講話」上智大学中世思想研究所（編訳・監修）『中世思想原典集成』2 平凡社.

P = *De Perfectione*/Περί τελειότητος, vol. 8-1.

Gusdorf, Georges　1967　*Les Origines des sciences humaines*. Paris: Payot.

Hankey, Wayne J.　1999　"Ratio, Reason, Rationalism," Fitzgerald, Allan D. ed. *Augustine thorugh the Ages: An Encyclopedia*. Grand Rapids, MI: William B. Eerdmans Publishing.

Harrison, Carol　2000　*Augustine: Christian Truth and Fractured Humanity*. Oxford: Oxford University Press.

Haskins, Charles O.　1927　*The Renaissance of the Twelfth Century*. Cambridge, MA: Harvard University Press.

Hegel, Georg Wilhelm　1986［HW］　*Georg Wilhelm Friedrich Hegel Werke*. 20 Bdn. Frankfurt am Main: Suhrkamp Verlag.（**HW** と略記）

VGP = *Vorlesungen über die Geschichte der Philosophie*, I/II/III. in HW, Bd. 18/19/20. / 1992-3　ヘーゲル（長谷川宏訳）『哲学史講義』（上・中・下巻）作品社

Heidegger, Martin　1975-　*Martin Heidegger Gesamtausgabe*. Frankfurt am Main: Vittorio Klostermann. /　1985-　ハイデガー（辻村公一／茅野良男／上妻精／大橋良介／門脇俊介ほか訳）『ハイデッカー全集』全102巻（予定）創文社.［略号 **GA**］

WD = "Wozu Dichter ?, GA 5.

FT = *Die Frage nach der Technik*, GA 7. /　2013　ハイデッガー（関口浩訳）「技術

Wilhelm Bolin und Friedrich Jodl, 8 Bds, Stutgart: Frommann Verlag Günther Holzboog.［略号 **LFW**］

T = *Todesgedanken*, Bd. 1. / 1974　フォイエルバッハ（船山信一訳）「死の思想」『フォイエルバッハ全集』第16巻 福村出版.

GPZ = *Grundsätze der Philosophie der Zukunft*, Bd. 2. / 1974　フォイエルバッハ（船山信一訳）「将来の哲学の根本問題」『フォイエルバッハ全集』第 2 巻 福村出版［pr. は節番号］.

SH = *Spinoza und Herbart,* Bd. 4. / 1974　船山信一訳「スピノザとヘルバルト」『フォイエルバッハ全集』第 1 巻 福村出版.

Feuerbach, Ludwig　2013（1956）*Das Wesen des Christenthum*. Berlin: Berliner Ausgabe（Akademie Verlag).［略号 **LW, WC**］

Fitzgerald, Allan D. ed.　1999　*Augustine through the Ages: An Encyclopedia*. Grand Rapids, MI: William B. Eerdmans.［略号 **AE**］

Foucault, Michel　1966　*Les mots et les choses: Une archeologie des sciences humaines*. Paris: Gallimard. /　1974　フーコー（渡辺一民・佐々木明訳）『言葉と物――人文科学の考古学』新潮社.［略号 **MF, MC**］

Foucault, Michel　1994　*Michel Foucault: Dits et Écrits, 1954-1988*, 4 vols. Paris: Gallimard. / 1998-2002　フーコー（蓮実重彦・渡辺守章監修）『ミシェル・フーコー思考集成』全10巻 筑摩書房.［略号 **MF, DE**］［n. は著作番号］

EA = "Des espaces autres," DE 4, n. 360.

Gabriel, Markus　2015　*Warum es die Weld nicht gibt ?* Berlin: Ullstein Verlag. /　2017　ガブリエル（ 清水一浩訳）『なぜ世界は存在しないのか』法政大学出版局.

Gabriel, Markus and Žižek, Slavoj　2009　*Mythology, Madness, and Laughter: Subjectivity in German Idealism*. London: Bloomsbury Publishing. /　2015　ガブリエル／ジジェク（大河内泰樹・齊藤幸平監訳）『神話・狂気・哄笑――ドイツ観念論における主体性』堀之内出版.

Gilson, Étienne　1988（1922）*La Philosophie au Moyen Age: des origines patristiques à la fin du XIVe siècle*. Paris: Payot./ 1949　ジルソン（渡辺秀訳）『中世哲学史』エンデルレ書店［1922年版の翻訳］.［略号 **EG, PMA**］

Gilson, Étienne　1986（1919）*Le Thomisme: Introduction à la philosophie de saint Thomas d'Aquin*. Paris: Librairie Philosophique j. Vrin.［略号 **EG, T**］

Gilson, Étienne　2002（1941）*God and Philosophy*, 2nd edn. New Haven/London: Yale University Press. / 1966　ジルソン（三嶋唯義訳）『神と哲学』ヴェリタス書院.［略号 **EG, GP**］

Gilson, Étienne　2011（1960）*Introduction à la philosophie Chrétienne,* 2e édn. Paris:

Literary Classics of the United State.［略号 **EEL**］.

N = *Nature: Adresses and Lecture*（1847） / 2015　エマソン（斎藤光訳）「自然」『エマソン選集 1』日本教文社.

SR = “Self-Reliance” in *Essays: First Series*（1841）/ 2015　エマソン（入江勇起男訳）「自己信頼」『エマソン選集 2』日本教文社.

Erasmus, Desiderius　1969-　*Opera omnia Desiderii Erasmi Roterodami: recognita et adnotatione critica instructa notisque illustrata*. Amsterdam / Oxford : North Holland publishing co.［略号 **ASD**］

DPI = *Declamatio de pueris ad virtutem ac literas liberaliter instituendis idque protinus a nativitate*, ASD, Vol. I-2. /　1994　エラスムス（中城進訳）「子どもの教育について」『エラスムス教育論』二瓶社.

L = *lingua*, ASD, Vol. IV-1A.

Erasmus, Desiderius　2016　*Erasmus von Rotterdam Ausgewählte Schriften, Lateinisch - Deutsch*. Hrsg. Werner Welzig, 8 Bde. Darmstadt: WBG Academic.［略号 **EAS**］

E = *Enchiridion militis christiani*, EAS Bd. 1. / 2016　エラスムス（金子晴勇訳）「エンキリディオン」『エラスムス神学著作集』教文館.

EPV = *Epistola ad Paulum Volzium*, EAS, Bd. 1. / 2016　エラスムス（金子晴勇訳）「フォルツ宛書簡」『エラスムス神学著作集』教文館.

ME = *Moriae encomium: id est stultitiae laus,* EAS, Bd. 2. /　2014　エラスムス（沓掛良彦訳）『痴愚神礼讃』中央公論新社.

INTP = *In novum testamentum Praefationes*, EAS, Bd. 3. /　2016　エラスムス（金子晴勇訳）「新約聖書の序文」『エラスムス神学著作集』教文館.

R = *Ratio Seu Methodus Compendio perveniendi ad veram theologiam*, EAS, Bd. 3. / 2016　エラスムス（金子晴勇訳）「真の神学方法論」『エラスムス神学著作集』教文館.

LA = *De libero arbitrio diatribe sive collatio*, EAS, Bd. 4.　エラスムス（山内宣訳）「エラスムスの評論「自由意志」について」『ルター著作集』第一集 第七巻 聖文舎.

CF = *Colloquia familiaria*, EAS, Bd. 6.

AC = *Adagiorum Chiliades*, EAS, Bd. 7.［コロンの後は、巻、章、節番号］/ 2015　エラスムス（金子晴勇編訳）『格言選集』知泉書館（部分訳）.

Faber, Riemer A.　2005　“Humanitas as Discriminating Factor in the Educational Writings of Erasmus and Luther,” *Nederlands archief voor kerkgeschiedenis / Dutch Review of Church History,* Vol. 85: 25-37.

Feuerbach, Ludwig　1959-64（1903-11）*Ludwig Feuerbach Samtliche Werke*, Neu hrsg.,

fondé M. Viller, et al., 21 vols. Paris: Beauchesne Éditeur.

Eckhart, Meister 1986- *Die deutschen und lateinischen Werke*, Hrsg. der Deutschen Forschungsgemeinschaft. Stuttgart: Verlag von W. Kohlhammer (Deutsche Werke = **DW**; Lateinische Werke = **LW**).

In Gen. I. = *Expositio libri Genesis*, LW 1.（ページの後の［n. ］内は、パラグラフ番号）/ *2005* エックハルト（中山義樹訳）「創世記註解」『エックハルト ラテン語著作集 I』知泉書館.

In Ioh = *Expositio sancti evangelii secundum Iohannem*, LW 3.（ページの後の［n.］内は、パラグラフ番号）/ 2008 エックハルト（中山義樹訳）「ヨハネ福音書註解」『エックハルト ラテン語著作集 Ⅲ』知泉書館.

LB = *Liber Benedictus*［Buch der göttlichen Tröstung und von dem edlen Menschen］, DW 5, Traktate 1. / 1985 エックハルト（相原信作訳）『神の慰めの書』講談社.

Pr. = *Predigten*, 1-24 in DW 1, 25-59 in DW 2, 60-86 in DW 3. / 1989 エックハルト（上田兼義訳）「ドイツ語説教集」『キリスト教神秘主義著作集6 エックハルト』教文館（採録されている説教の番号 1-13a, 16b-22, 24-32, 39, 42, 50-53, 60, 62, 66, 68-72, 74-76, 79, 80, 82-86）. / 1990 エックハルト（田島照久編訳）「説教」『エックハルト説教集』岩波書店（採録されている説教の番号1, 2, 5b, 8-12, 17, 21, 22, 24, 28, 30, 43, 48, 52, 71, 72, 83, 86）

RU = *Die rede der underscheidunge*, DW 5. / 1989 エックハルト（上田兼義訳）「教導対話」『キリスト教神秘主義著作集6 エックハルト』教文館.

S = *Sermones*, LW 4.（ページの後の［n. ］内は、パラグラフ番号）/ 2011 エックハルト（中山義樹訳）『エックハルト ラテン語著作集Ⅳ 全五六篇のラテン語説教集』知泉書館.

SAP = *Sermo die b. Augustini Parisius habitus*, LW 5.（ページの後の［n. ］内は、パラグラフ番号）/ 2012 エックハルト（中山義樹訳）「聖アウグスティヌスの祝日にパリで行われた説教」『エックハルト ラテン語著作集Ⅴ 小品集』知泉書館.

VA = *Von der abegescheidenheit*, DW 5, Traktate 3. / 1989 エックハルト（上田兼義訳）「離脱について」『キリスト教神秘主義著作集6 エックハルト』教文館.

VEM = *Vom elden Menschen*, DW 5, Traktat 1. / 1989 エックハルト（上田兼義訳）「高貴な人について」『キリスト教神秘主義著作集6 エックハルト』教文館.

Eckhart, Meister 1993 *Meister Eckhart Werke I, II*. Texte und Ubersezungen v. Josef Quint. Frankfurt am Mein: Deutscher Klassiker Verlag.［略号 **QI/II**］

Emerson, Ralph Waldo 1983 *Emerson: Essays and Lectures,* ed. Joel Porte. New York:

paragraphus]
C = *Compendium,* Vol. 11. 3. / 2002 クザーヌス（大出哲／野澤建彦訳）『神学綱要』国文社.
d'Entreves, Alexander P. 1951 *Natural Law: An Introduction to Legal Philosophy*. London: Hutchinson. / 1992 ダントレーブ（久保正幡訳）『自然法』岩波書店.
Deleuze, Gilles 1968 *Spinoza et le Probéme de l'expression*. Paris: Éditions de Minuit. / 1991 ドゥルーズ（工藤喜作／小柴康子／小谷晴勇訳）『スピノザと表現の問題』法政大学出版局.［略号 GD, SPE］
Deleuze, Gilles 1993 *Critique et clinique*. Paris: Éditions de Minuit. / 2010 ドゥルーズ（守中高明／谷昌親訳）『批評と臨床』河出書房新社.［略号 GD, CC］
Deleuze, Gilles 2003［1970］ *Spinoza: Philosophie pratique*. Paris: Éditions de Minuit. / 2002 ドゥルーズ（鈴木雅大訳）『スピノザ——実践の哲学』平凡社.
Derrida, Jacques 2017 *Théorie et pratique: Cours de l'ENS-Ulm 1975-1976*. Paris: Éditions Galilée.
Descartes, René 2010 *Descartes Œuvres philosophiques*, 3 vols. Paris: Classiques Garnier.［略号 **DOP**］
M = *Meditationes de prima philosophia,* 1641, t. 2. / 2006 デカルト（山田弘明訳）『省察』筑摩書房（med ＊は省察番号、pr＊はAT（アダン・タヌリ）版の段落番号）
PA = *Les Passions de l'âme*, 1649, t. 3. / 1974 デカルト（野田又夫訳）「情念論」『方法序説・情念論』中央公論社.
PP = *Les Principes de la philosophie*, 1644, t. 3. / 2009 デカルト（山田弘明／吉田健太郎／久保田進一／岩佐宣明訳）『哲学原理』筑摩書房.（ただし、第Ⅰ部の翻訳と註解のみ）
Dewey, John 2008 *The Collected Works of John Dewey, 1882-1953*. ed., Jo Ann Boydston. Carbondale, IL: Southern Illinois University Press.［略号 **CW**, Early Works = ew / Middle Works = mw / Later Works = lw].
DE = *Democracy and Education*, CW, mw. 9.
Didi-Huberman, George 2010 *Remontages du temps subi: l'œil de l'histoire, 2*. Paris: Éditions de Minuit. / 2017 ディディ-ユベルマン（森本庸介・松井裕美訳）『受苦の時間の再モンタージュ——歴史の眼２』ありな書房.
Dreyfus, Hubert and Taylor, Charles 2015 *Retrieving Realism*. Cambridge, MA: Harvard University Press. / 2016 ドレイファス／テイラー（村田純一監訳）『実在論を立て直す』法政大学出版局.
［DS］= 1932-95 *Dictionnaire de Spiritualité, Ascétique et mystique, Doctrine et histoire,*

N = *Nachfolge*. 1937, DBW, Bd. 4. / 1988 ボンヘッファー（森平太訳）『キリストに従う』新教出版社.

Borkenau, Franz 1976（1936）*Der Übergang vom feudalen zum bürgerlichen Weltbild: Studien zur Geschichte der Philosophie der Manufakturperiode*. Darmstadt : Wissenschaftliche Buchgesellschaft. / 1965 ボルケナウ（水田洋ほか訳）『封建的世界像から市民的世界像へ』みすず書房.

Brunn, Emile zum/Libera, Alain de 1984 *Maître Eckhart*. Paris: Beauchesne. / 1985 ブルン／リベラ（大森正樹訳）『マイスター・エックハルト』国文社.

Buber, Martin 1962-4 *Werke*, 3 bde. München: Kösel Verlag / Heidelberg, Lambert Schneider.［略号 **MBW**］

ID = *Ich und Du*, MBW, Bd. I.

Caputo, John D. 1978 *The Mystical Element in Heidegger's Thought*. Athens, Ohio: Ohio University Press.

Cariolato, Alfonso/Nancy, Jean-Luc 2011 *Le Geste de Dieu: Sur un lieu de l'Ethique de Spinoza*. Paris: Éditions de la Transparence. / 2013 カリオラート／ナンシー（藤井千佳世／的場寿光訳）『神の身振り――スピノザ『エチカ』における場について』水声社.

Carré, Philippe 2005 *L'Apprenance : vers un nouveau rapport au savoir*. Paris : Dunod.

Clemens Romanus 2006- *Epistula i ad Corinthios, Clemens I, Magisterium Paparum, De Ecclesiae Magisterio, Documenta Catholica Omnia*. Cooperatorum Veritatis Societas［www.documentacatholicaomnia.eu］/ 1998 ローマのクレメンス（小河陽訳）「コリントのキリスト者へＩ」荒井献編『使徒教父文書』講談社.［略号 **CR, EC**］

Corbin, Alain 2016 *Histoire du silence: De la Renaissance à nos jours*. Paris: Flammarion. / 2018 コルバン（小倉孝誠／中川真知子訳）『静寂と沈黙の歴史――ルネサンスから現代まで』藤原書店.

Crouzel, Henri 1985 *Origene*. Paris: Editions Lethielleux/Namur: Culture et Vérité. / 1989 *Origen: The Life and Thought of the First Great Theologian*, trans., A. S. Worrall. San Francisco: Harper & Row.

Cusanus, Nicolaus 1932- *Nicolai de Cusa opera omnia, iussu et auctoritate Academiae Litterarum Heidelbergensis*, Hrsg, Karl Bormann, et al. Hamburg: Felix Meiner Verlag.［略号 **NCO**］

DDI = *De docta ignorantia*, Vol. 1. / 1994 クザーヌス（山田桂三訳）『学識ある無知について』平凡社.

DVD = *De visio dei*, Vol. 6. / 2001 クザーヌス（八巻和彦訳）「神を観ることについて」『神をみることについて 他二篇』岩波書店.［cap. = caput, p. =

SSC = *Sermo de symbolo ad catechumenos*, PL 40.

Barthelemy-Maudale, Madeleine 1966 *Bergson: adversaire de Kant*. Paris: Presses universitaires de France.

Belting, Hans 1990 *Bild und Kult: Eine Geschichte des Bildes vor dem Zeitalter der Kunst*. München: C. H. Beck Verlag.

Benedict XVI 2009 *Church Fathers.*. Vatican: Libreria Editrice Vaticana. / 2009 教皇ベネディクト16世『教父』カトリック中央協議会.

Benedict XVI 2011 *The Theoligians in the Middle Ages*. Vatican: Libreria Editrice Vaticana. / 2011 教皇ベネディクト16世『中世の神学者』カトリック中央協議会.

Bergson, Henri 2008 *Les deux sources de la morale et de la religion*. Quadrige, Paris : Presses Universitaires de France. / 2003 ベルクソン（森口美都男訳）『道徳と宗教の二つの源泉』Ⅰ・Ⅱ 中央公論新社.［略号 **HB, DS**］

Bergson, Henri 2009 *L' énergie spirituelle*. Quadrige, Paris : Presses Universitaires de France. / 2012 ベルクソン（原章二訳）『精神のエネルギー』平凡社.［略号 **HB, ES**］

Bergson, Henri 2009 *L'évolution créatrice*. Quadrige, Paris : Presses Universitaires de France. / 2010 ベルクソン（合田正人・松井久訳）『創造的進化』筑摩書房.［略号 **HB, EC**］

Bergson, Henri 2009 *La pensée et le mouvant : Essais et conferences*. Quadrige, Paris : Presses Universitaires de France. / 2000 ベルクソン（宇波彰訳）『思考と運動』第三文明社.［略号 **HB, PM**］

Bergson, Henri 2010 Matière et mémoire: Essai sur la relation du corps à l'esprit. Quadrige, Paris : Presses Universitaires de France. / 2015 ベルクソン（熊野純彦訳）『物質と記憶』岩波書店.［略号 **HB, MM**］

Bibliographisches Institut AG, Hrsg. 1981 *Farbiges großes Volkslexikon*, 12 Bde. Mannheim: Bibliographisches Institut AG.［略号 **FgV**］

Bishop, Paul 2008 "'Elementary aesthetics', hedonist ethics: The philosophical foundations of Feuerbach's late works, *History of European Ideas*, 34 (3): 298-309.

Blaise, Albert 1997［1954］"Sensus," *Dictionaire Latin-Français des auteurs chrétiens*. Turnholdt: Brepols Publishers.

Bonhoeffer, Dietrich 2011 *Dietrich Bonhoeffer Werke*, Hrsg. Eberhard Bethge, et. al. Gütersloh: Gütersloher Verlagshaus.［略号 **DBW**］

WE = *Widerstand und Ergebung: Briefe und Aufzeichnungen aus der Haft*, 1966, DBW, Bd. 8. / 1988 ボンヘッファー（倉松功・森平太訳）『ボンヘッファー獄中書簡集——抵抗と信従』増補新版 新教出版社.

DLA = *De Libero arbitrio*, PL 32. / 2015 アウグスティヌス（泉治典訳）「自由意志」『アウグスティヌス著作集』第 3 巻 教文館.

DM = *De Musica*, PL 32. / 2015 アウグスティヌス（原正幸訳）「音楽論」『アウグスティヌス著作集』第 3 巻 教文館.

DMG = *De Magistro*, PL 32 . / 1979 アウグスティヌス（茂泉昭男訳）「教師」『アウグスティヌス著作集』第 2 巻 教文館.

DNG = *De Natura et gratia*, PL 44. / 1979 アウグスティヌス（金子晴勇訳）「自然と恩恵」『アウグスティヌス著作集』第 9 巻 教文館.

DPIH = *De perfectione iustitiae hominis*, PL 44. / 1979 アウグスティヌス（金子晴勇訳）「人間の義の完成」『アウグスティヌス著作集』第 9 巻 教文館.

DQA = *De Quantitate Animae*, PL 32. / 1979 アウグスティヌス（茂泉昭男訳）「魂の偉大」『アウグスティヌス著作集』第 2 巻 教文館.

DSA = *De Spiritu et anima*, PL 40.

DSL = *De Spiritu et littera*, PL 44. / 1979 アウグスティヌス（金子晴勇訳）「霊と文字」『アウグスティヌス著作集』第 9 巻 教文館.

DT = *De Trinitate,* PL 42. / 2004 アウグスティヌス（泉治典訳）「三位一体」『アウグスティヌス著作集』第28巻 教文館［数字は順に、巻、章、節の番号］.

DVR = *De Vera religione*, PL 34. / アウグスティヌス（茂泉昭雄訳）「真の宗教」『アウグスティヌス著作集』第 2 巻 教文館.

DVD = *De Videndo Deo, seu epistola* 147, PL 33. / 2003 アウグスティヌス（菊池伸二訳）「神を見ること、あるいは手紙一四七」『アウグスティヌス著作集』第27巻 教文館.

IEIPT = *In Epistolam Ioannis ad Parthos tractatus*, PL 35. / 2009 アウグスティヌス（茂泉昭男訳）「ヨハネの手紙一講解説教」『アウグスティヌス著作集』第26巻 教文館.

IEIT = *In Evangelium Ioannis tractatus*, PL 35. / 1993 アウグスティヌス（泉治典／水落健治訳）「ヨハネによる福音書講解説教」『アウグスティヌス著作集』第23～5 巻 教文館.

SL = *Soliloquiorum*, PL 32. / 1979 アウグスティヌス（清水正照訳）「ソリロキア」『アウグスティヌス著作集』第 1 巻 教文館.

SP = *Sermones ad populum, classis I: De Scripturis*, PL 38. / 2009 アウグスティヌス（田村千里／上村直樹訳）「パウロの手紙説教」『アウグスティヌス著作集』第26巻 教文館［最初の数字は説教番号、§は節番号］.

S = *Sermones*, PL 38. / 1993-2009 アウグスティヌス（茂原昭男ほか訳）「説教51～116」『アウグスティヌス著作集』第21・22巻 教文館（部分訳）.

Arendt, Hannah 1998（1958）*The Human Condition: 2nd edn*. Chicago: University of Chicago Press.［略号 **HA, HC**］

Arendt, Hannah 2002（1960）*Vita activa oder Vom tätigen Leben*. München/Zürich: R. Piper & Co Verlag.［略号 **HA, VA**］

Arendt, Hannah 2003 *Responsibility and Judgment*, ed. Jerome Kohn. New York: Schocken Books.［略号 **HA, RJ**］

Arendt, Hannah 2006（1963）*Eichmann in Jerusalem: A Report on the Banality of Evil*. London/New York: Penguin Publishing Group. / アーレント（大久保和郎訳）『イェルサレムのアイヒマン――悪の陳腐さについての報告』みすず書房.［略号 **HA, EJ**］

Arendt, Hannah 2006（1961）*Between Past and Future*. London: Penguin Books. / 1994 アーレント（引田隆也・斉藤純一訳）『過去と未来の間』みすず書房.［略号 **HA, BPF**］

Arnold, Matthew 2011［1869］*Culture and Anarchy*. Cambridge: Cambridge University Press. / 1965　アーノルド（多田英次訳）『教養と無秩序』岩波書店.

Augustinus, Aurelius 2006- *Augustinus, Migne Patrogia Latina, Documenta Catholica Omnia*. Cooperatorum Veritatis Societas［www.documentacatholicaomnia.eu］［略号 **AA**］

C = *Confessionum,* PL 32. / 2007　アウグスティヌス（宮谷宣史訳）「告白録」上・下『アウグスティヌス著作集』第5-Ⅰ・Ⅱ巻 教文館.

CI = *Contra Iulianum*, PL 45. / 2007　アウグスティヌス（金子晴勇訳）「ユリアヌス駁論」『アウグスティヌス著作集』第30巻 教文館.

CSA = *Contra sermonen Arianorum*, PL 42.

CSIRIO = *Contra secundam Iuliani responsionem imperfectum opus*, PL 45.

CSM = *Contra Secundinum Manichaeum,* PL 42.

DAO = *De Anima et eius origine,* PL 44.

DBV = *De Beata Vita*, PL 32. / 1979　アウグスティヌス（清水正照訳）「至福の生」『アウグスティヌス著作集』第1巻 教文館.

DCD = *De Civitate Dei contra Paganos,* PL 41. / 1981　アウグスティヌス（赤木善光／泉治典／金子晴勇ほか訳）「神の国」1～5『アウグスティヌス著作集』第11～15巻 教文館.

DDC = *De Doctrina christiana*, PL 34. / 1988　アウグスティヌス（加藤武訳）「キリスト教の教え」『アウグスティヌス著作集』第6巻 教文館.

DGaL = *De Genesi ad litteram*, PL 34. / 1996　アウグスティヌス（片柳栄一訳）「創世記逐語註解」1・2『アウグスティヌス著作集』第16・17巻 教文館.

山之内靖 2004『受苦者のまなざし——初期マルクス再興』青土社.
山本耕平 1993 「総序」上智大学中世思想研究所編訳・監修『中世思想原典集成』14 平凡社.
山本佳生 2020「魂を反映する「鏡」——モンテーニュ『エセー』の言語観」『早稲田大学大学院文学研究科紀要』65: 275-88.
山本芳久 2014 『トマス・アクィナス 肯定の哲学』慶應義塾大学出版会.
リーゼンフーバー、クラウス 1995 『中世哲学の源流』創文社.
リーゼンフーバー、クラウス 2008 『中世における理性と霊性』知泉書館.
若松功一郎 2017 「マイスター・エックハルトの知性理解」『早稲田大学大学院文学研究科紀要』62: 966-955.
鷲田清一 1999 『「聴く」ことの力——臨床哲学試論』TBSブリタニカ.
鷲田清一 2001 『〈弱さ〉のちから』講談社.
渡辺一夫 1976 『フランス・ユマニスムの成立』岩波書店.

*

Aquinas, Thomas 2006- *Thomas Aquinas, Ecclesiae Doctores, De Ecclesiae Patribus Doctoribusque, Documenta Catholica Omnia.* Cooperatorum Veritatis Societas. [www.documentacatholicaomnia.eu]. [略号 **TA**]

DEE = *De ente et essentia.* / 1993 トマス・アクィナス（須藤和夫訳）「存在者と本質について」上智大学中世思想研究所編訳・監修『中世思想原典集成』14 平凡社. [prgはパラグラフ]

ESA = *Expositio in Symbolum Apostolorum.* / 1993 トマス・アクィナス（竹島幸一訳）「使徒信条講話」上智大学中世思想研究所編訳・監修『中世思想原典集成』14 平凡社.

QDV = *Questiones Disputatae de Veritate.* / 2018 トマス・アクィナス（山本耕平訳）『真理論』（上・下）上智大学中世思想研究所編訳・監修『中世思想原典集成』II - 1/2 平凡社.

SBDT = *Super Boetium de Trinitate,*

SCG = *Summa Contra Gentiles.*

SS = *Scriptum super Sententiis.*

ST = *Summa Theologiae.* / 1960-2012 トマス・アクィナス（高田三郎・稲垣良典ほか訳）『神学大全』（全45巻）創文社.

Arendt, Hannah 1978a *The Life of Mind, Vol.1: Thinking,* ed. Mary McCarthy. New York: Harcourt Brace and Co. [略号 **HA, LM1**]

Arendt, Hannah 1978b *The Life of Mind, Vol.2: Willing,* ed. Mary McCarthy. New York: Harcourt Brace and Co. [略号**HA, LM2**]

沓掛良彦　2014『エラスムス――人文主義の王者』岩波書店.
小林秀雄　2013『考えるヒント3』文藝春秋.
坂部恵　1976『理性の不安――カント哲学の生成と構造』勁草書房.
坂部恵　1997『ヨーロッパ精神史入門』岩波書店.
佐々木亘　2005『トマス・アクィナスの人間論――個としての人間の超越性』知泉書館.
高橋淳友　2002「エックハルトにおけるintellectus adeptus」中世哲学会編『中世思想研究』44: 101-112.
田川健三　2007-17『新約聖書 訳と註』全7巻 作品社.
田島照久　1988「光と闇の形而上学――マイスター・エックハルトにおけるesseとwesenの位相」早稲田大学哲学会『フィロソフィア』76: 51-67.
田島照久　1996『マイスター・エックハルト研究』創文社.
田中智志　2017a『共存在の教育学――愛を黙示するハイデガー』東京大学出版会.
田中智志　2017b『何が教育思想と呼ばれるのか――共存在と超越性』一藝社.
田中智志　2018「喚起されるアニムス――〈鏡の隠喩〉の教育思想へ」『思想』6月号（本書の第6章の初期版）.
田中智志　2019『教育の理念を象る――教育の知識論序説』東信堂.
田中智志　2020『独りともに在る――スピノザと象りの教育思想』一藝社.
田中智志編　2020『温暖化に挑む海洋教育――呼応的かつ活動的に』東信堂.
田中智志　近刊『超越性の教育学――メリオリズムと強度』Ⅰ・Ⅱ 東京大学出版会.
田中義久　1974『人間的自然と社会構造――文化社会学序説』勁草書房.
田辺元　2010『懺悔道としての哲学』藤田正勝編 岩波書店.
長倉久子　2009『トマス・アクィナスのエッセ研究』知泉書館.
中山善樹　1993『エックハルト研究序説』創文社.
西村拓生　2017「信仰を「教育に開く」ためには？」『近代教育フォーラム』26: 92-9.
春名純人　1984『哲学と神学』法律文化社.
藤本満　2010「神の像」鍋谷堯爾／藤本満／小林高徳／飛鷹美奈子監修『聖書神学事典』いのちのことば社.
前田富祺（監修）2005『日本語源大辞典』小学館.
八木雄二　2017『カントが学んだ「直観認識」――スコトゥスの「想起説」読解』知泉書館.
山崎正一　1977『幻想と悟り――主体性の哲学の破壊と再建』朝日出版社.
山之内靖　1982『現代社会の歴史的位相――疎外論の再構成をめざして』日本評論社.

〈引用文献〉（人新世の文献は、末尾に別途、まとめて記載されている）――――――

浅井太郎　2017 「ego animus――アウグスティヌスにおける魂animusの特質」『南山神学』40: 79-127.
石原謙　1979 『中世キリスト教研究』（石原謙著作集 第4巻）岩波書店.
伊東俊太郎　1999 『自然』三省堂.
稲垣良典（編）2000『教養の源泉をたずねて――古典との対話』創文社.
稲垣良典　2007 「トマスの「悔悛」神学」トマス・アクィナス『神学大全』第45巻 創文社.
稲垣良典　2013a 『トマス・アクィナス「存在」の形而上学』春秋社.
稲垣良典　2013b 『トマス・アクィナスの神学』創文社.
上田閑照　1966 「マイスター・エックハルトのInkarnatio論」中世哲学会編『中世思想研究』8: 46-65.
上田閑照　1973 「根源的人間――エックハルトに於ける「真人」（ein wâr mensche）について」高野山大学密教研究会編『密教文化』101: 31-45.
上田閑照　2001 「マイスター・エックハルト」『上田閑照集 7』岩波書店.［略号 **上田マ**］
上田閑照　2002 「非神秘主義――エックハルトと禅」『上田閑照集 8』岩波書店.［略号 **上田 非**］
上田閑照　2008 『非神秘主義――禅とエックハルト』岩波書店.
遠藤周作　2017（1992）『沈黙の声』青志社.
大庭健　1997 『自分であるとはどんなことか――完・自己組織システムの倫理学』勁草書房.
岡田温司　2009 『キリストの身体――血と肉と愛の傷』中央公論社.
金子晴勇 1975『ルターの人間学』創文社.
金子晴勇　1982 『アウグスティヌスの人間学』創文社.
金子晴勇　2001 『心で感じる神』教文館.
金子晴勇　2002a 『ヨーロッパの人間像』知泉書館.
金子晴勇　2002b 『エラスムスとルター――一六世紀宗教改革の二つの道』聖学院大学出版会.
金子晴勇　2004 『アウグスティヌスとその時代』知泉書館.
金子晴勇　2008 『ヨーロッパ人間学の歴史――心身論の展開による研究』知泉書館.
金子晴勇　2011 『エラスムスの人間学――キリスト教人文主義の巨匠』創文社.
金子晴勇　2012 『キリスト教霊性思想史』教文館.
金子晴勇　2016 「総説」『エラスムス神学著作集』教文館.
樺山紘一　1993 『ルネサンス』講談社.
神谷美恵子　1981 『存在の重み』（神谷美恵子著作集 6）みすず書房.

〈初出一覧〉　本書に収めるにあたり、初出の原稿にかなり手を加えています。

序　章　書き下ろし
第1章　「教育を支える霊性――アウグスティヌスの〈心の眼〉」仙台白百合女子大学カトリック研究所主催講演会配付資料、二〇一八年
第2章　「〈神を見る〉という隠喩――トマスの全体性なき全体性」『研究室紀要』東京大学大学院教育学研究科基礎教育学コース編、二〇一八年
第3章　「〈魂の根底〉に映る像――エックハルトの共感情」二〇二〇年、未発表.
第4章　「〈恵み〉に与る意志――エラスムスのアニマ」『研究室紀要』東京大学大学院教育学研究科基礎教育学コース編、二〇二一年
第5章　「〈アニムス〉の喚起――スピノザの〈鏡の隠喩〉」『思想』六月号、岩波書店、二〇一七年.
終　章　書き下ろし

装丁――アトリエ・タビト

著者紹介

田中 智志
(Tanaka Satoshi)

専攻——教育学（教育思想史・教育臨床学）、現職——東京大学大学院教育学研究科教授

履歴——1958 年、山口県生まれ。早稲田大学大学院文学研究科博士後期課程満期退学。博士（教育学）東京大学。

著書——『ペダゴジーの誕生』（編著、多賀出版 1999）、『他者の喪失から感受へ——近代の教育装置を超えて』（勁草書房 2002）、『〈近代教育〉の社会理論』（共編著、勁草書房 2003）、『教育学がわかる事典』（日本実業出版社 2003）、『教育人間論のルーマン——人間は教育できるのか』（共編著 勁草書房 2004）、『教育の共生体へ——Body Educational の思想圏』（編著 東信堂 2004）、『臨床哲学がわかる事典』（日本実業出版社 2005）、『人格形成概念の誕生——近代アメリカ教育概念史』（東信堂 2005）、『グローバルな学びへ——協同と刷新の教育』（編著 東信堂 2007）、『キーワード 現代の教育学』（共編著、東京大学出版会 2009）、『教育思想のフーコー——教育を支える関係性』（勁草書房 2009）、『社会性概念の構築——アメリカ進歩主義教育の概念史』（東信堂 2009）、『学びを支える活動へ——存在論の深みから』（編著 東信堂 2010）、『プロジェクト活動——知と生を結ぶ学び』（共著 東京大学出版会 2012）、『教育臨床学——〈生きる〉を学ぶ』（高陵社書店 2012）、『大正新教育の思想——躍動する生命へ』（共編著 東信堂 2015）、『共存在の教育学——愛を黙示するハイデガー』（東京大学出版会 2017）、『何が教育思想と呼ばれるのか——共存在と超越性』（一藝社 2017）、『教育の理念を象る——教育の知識論序説』（東信堂 2019）、『教育哲学のデューイ——連環する二つの経験』（編著 東信堂 2019）、『温暖化に挑む海洋教育』（編著 東信堂 2020）、『独りともに在る——スピノザと象りの教育思想』（一藝社 2020）、『大正新教育の実践——交響する自由へ』（共編著 東信堂 2021）、『超越性の教育学——強度とメリオリズム』Ⅰ・Ⅱ（東京大学出版会 近刊）など。

失《うしな》われた〈心《こころ》の眼《め》〉——人間《にんげん》の自然《しぜん》とベルクソン

2021年10月10日　初版第1刷発行

著　者　田中　智志

発行者　菊池　公男

発行所　株式会社 一藝社
〒160-0014 東京都新宿区内藤町1－6
TEL 03-5313-8890
FAX 03-5312-8895
振替　東京 00180-5-350802
E-mail：info@ichigeisha.co.jp
HP：http://www.ichigeisha.co.jp

印刷・製本　倉敷印刷株式会社

ISBN　978-4-86359-246-9 C3037